·21世纪高等院校·

JC

新闻学与传播学经典教材

JOURNALISM&COMMUNICATION

媒介文化研究

方晓恬 编著

Media Culture Studies

媒介文化研究

中国国际广播出版社

前言

PREFACE

文化研究是人文社会科学领域重点关注的命题，不同学科均从不同视角出发，使用不同的理论与方法，开展了丰富多元的研究，过往文化研究类教材较多出现在文学、艺术学领域，本教材为《媒介文化研究》，正是紧扣新闻传播学科中“媒介”这一核心概念，为现有文化研究类教材补充关于媒介及其与社会互动的重要面向。在新媒介对人们日常生活产生深刻影响的今天，关于媒介文化的探讨，有着与时俱进的文化价值。

本教材立足新闻传播学，回溯学科发展史，传播学自诞生之日起，所关注的问题一直是媒介的演进及其产生的影响。基于此，本教材尝试梳理关于“媒介”的文化，及其相关理论与方法，服务于新闻传播学科发展的核心命题。建构新闻传播学自主的知识体系，就要理解中国、理解世界，本教材在重要章节均对中国独特的媒介文化实践及历史阶段进行系统梳理，同时以宽阔的国际视野对中西方媒介文化进行对比，指引学生在从事媒介文化研究时做到立足中国实践、聚焦中国问题、感悟中国特色，为创新新闻传播学的学术体系、学科体系与话语体系提供启示。

本教材尝试在总体框架设计、凸显中国文化特色等方面不断创新，实现对现有媒介文化同类教材的有力补充。教材紧扣时间、空间两个维度设计整体框架。在时间上，现有同类教材较多立足一种或几种媒介文化进行专门研究，本教材遵循媒介技术演进的线性发展，对不同时期媒介文化开展接续性梳理，在历史脉络中把握媒介、文化与社会的互构规律；在空间上，现有同类教材或介绍西方理论，或考察中国实践，本教材将引入中西方比较的方法，例如，对中西方电视及电影文化的对比、对互联网在世界与中国起源历史的对比等，由此让学生拓宽研究视野，读懂中国在世界的位置。此外，本教材牢记建构自主知识体系的教学目的，在介绍不同媒介文化时重点介绍其在中国的本土化发展，例如在第四章“电视文化”中单设“中国电视发展史”一节，在第五章“电影文化”中单设“中国电影发展史”一节，在第六章“网络文化”中单设“世界互联网发展史”一节，且第七章专门介绍“中国互联网发展史”。这样的教学设计有助于增强学生的历史感，培养学生运用知识分析中国问题的能力。

本教材另一重要特色在于每章开篇都会阐释清楚与其他章节的逻辑关联，让学生以整体的、联系的视角开展学习，由此在学习过程中建构起完整的知识框架。本教材共设九章，第一章从基本概念入手，厘清媒介、文化与社会的基本内涵与互动关系，提出在媒介文化中重新发现人的主体性的问题意识；第二章、第三章重点介绍理论范式与研究方法，在认识论和方法论层面为全书提供宏观指引，所论述的每一个理论、每一种方法，都将在后续章节具体的媒介文化研究中得到体现。第四至第九章的内容充分体现了上文所说的时间、空间两条线索：一方面遵循媒介技术演进依次介绍电视文化、电影文化、网络文化和青年亚文化；另一方面介绍全球化中的媒介文化及反向流动，由此拓宽学生的研究视野。本书在最后的附录中展示了部分学生作品，借此呈现前九章内容的教学成果。

可以说，本教材是笔者入职中央民族大学以来教研相长、教学相长的一项成果。将科研融入教学、在课堂上实战、与学生互动反馈，是本教材得以建构起总体框架的重要基础。课堂外，很多关于新媒介文化的灵感则来自笔者的学生，即世代意义上标准的“Z世代”。笔者带领自己的硕士生、本科生组建了“MUC媒介文化研究小组”，共同学习媒介文化的理论方法，分析互联网时代的多元现象。因此，本教材非笔者一人之功，而是由小组成员合作完成，他们分别是：南京大学硕士生张恩培（第二章、第六章、第七章），中央民族大学硕士生石青（第一章）、马宏漪（第四章）、张雅茹（第五章）、李雨航（第八章）、韩毓仙（第九章），中央民族大学本科生黄慧莹（第三章）。他们是实践与感悟最前沿媒介的文化主体，也是梳理与解读媒介文化的研究主体，他们在观察、思考与写作中充分彰显了“新青年与新媒介”的研究活力。

中国于1994年正式接入国际互联网，作为人类媒介发展的最新形态，互联网将媒介、社会与人紧密连接在一起，与互联网“一起长大”的Z世代正在成为媒介文化最主要的实践者与研究者。本教材以较大篇幅回顾与探讨了中国互联网诞生的历史、对媒介文化的影响及对时代发展的贡献，在2024年完成全部写作，正是期待为纪念中国全功能接入国际互联网30周年做出微薄的学术贡献。

方晓恬

2024 年 4 月 20 日

目录

CONTENTS

第一章
理解文化、媒介与社会

本章知识要点

◎ 理解文化：基本内涵；知识谱系；研究意义

◎ 理解媒介：媒介演进史；媒介文化研究

◎ 理解社会：中国式现代化；人类命运共同体；人的主体性

当媒介技术成为与生活紧密相连的一部分，人们已经无法将大众传媒从社会整体剥离出来。一方面，媒介是文化传播的载体，文化将社会凝聚成一个整体，在某种意义上，大众媒介已经成为社会生活的组织者，人的社会化过程也已经与媒介的接入程度息息相关。另一方面，社会生产力的发展促进了媒介的更新迭代，新媒介不仅是文化传播的承载者，而且衍生出新的社会文化，重构社会生态的发展。媒介、文化与社会，在充分互动与彼此影响中，不断推动着人类的历史进程。

因此，“媒介即讯息”理论提出，“任何媒介对个人和社会的任何影响，都是由于新的尺度产生的；我们的任何一种延伸，都要在我们的事务中引进一种新的尺度”。[①]换句话说，媒介本身就在重构一种社会文化。基于此，本书将文化、媒介和社会作为核心词，讨论媒介变迁与社会发展演化之间的关系，并从中挖掘社会文化的形成与媒介文化的形成是如何相互交织融合的，而本章作为全书的开篇与导论，也将对这三个关键词进行系统的论述和深入的讨论。

本章第一节将从中西方文化研究的知识谱系和历史脉络入手，厘清媒介文化的基本理论来源，并基于文化研究讨论媒介文化研究的社会意义与价值；第二节从理论视角溯源媒介文化研究的提出和发展历程，对当下中西方媒介文化研究现状和重要理论成果进行梳理，从媒介演进史的角度出发对媒介、文化与社会发展的关系进行历时性的阐述；第三节将从社会发展的视角理解媒介文化，以人类命运共同体为理论指引，聚焦时代与人文关怀，重思媒介技术与人的发展之间的关系，并将研究视野拉回中国本土，探讨源自西方的媒介文化研究如何被引入中国并进行本土化建构，由此发现和探讨21世纪以后中国媒介文化的新现象和新理论，提出关于中国媒介文化研究路径新的可能性。

---

① 麦克卢汉.理解媒介：论人的延伸［M］.何道宽，译.北京：商务印书馆，2000：33.

作为全书开端，本章将重点阐明媒介文化的内涵及演变，为后续章节的展开提供清晰的概念界定。从全书结构看，在完成第一章理论总引后，本书第二章将从法兰克福学派、传播政治经济学派、伯明翰学派和媒介环境学派的学人与理论入手，建构媒介文化研究的理论框架；第三章将对媒介文化研究的研究方法进行深入细致的讨论，使理论与方法相结合；第四章、第五章、第六章从具体的媒介入手，分别对电视、电影、网络三种重要的媒介进行系统全面的梳理和阐释，挖掘其中的文化特点及其变迁；第七章从中国式现代化视角切入，探讨20世纪90年代以来中国互联网的本土发展情况，在中国全功能接入国际互联网30周年之际强调本土视野；第八章聚焦媒介文化中具有鲜明特色的青年亚文化，针对“Z世代”为主体的文化进行研究，深入理解新媒体时代媒介文化引发的青年娱乐、社交、情感变化；第九章将研究视野拓展至全球，尝试突破西方中心主义，以人类命运共同体为理论指引思考人类文化丰富的面向。

本书开篇致力于回应一些重要的理论问题：媒介如何影响文化？媒介文化与社会变迁之间存在怎样的互动关系？今天中国本土的媒介文化有怎样的新现象？媒介技术的发展如何影响人并最终服务于人的发展？在第一章的学习中，这些问题都将得到深入细致的讨论。

第一节　理解文化：在人类社会发展史中回溯中西方文化

一、西方文化研究的概况与经典

“文化”这一概念有很长的历史，然而学界对于“文化”的概念界定一直难以廓清。“文化”一词起源于拉丁文“Colere”，意为耕作土地，后引申为对一个人的兴趣、精神和智能的培养。英国人类学家爱德华·泰勒（Edward Tylor）给文化下的定义是：“包括知识、信仰、艺术、法律、道德、风俗以及作为一个社会成员所获得的能力与习惯的复杂整体。”此外，美国佛特大学哈维兰教授则将现代人可接受的文化定义为“一系列规范或准则，当社会成员按其行动时，所产生的行为应限于社会成员认为合适和可接受的变动范围之中”[①]。对于文化的定义十分丰富，随着技术的发展和社会的演进，文化的边界始终在变化，不断囊括进更多的内涵，对于文化的研究也有着越来越重要的意义。

回溯早期文化研究的经典成果，美国文化人类学家鲁思·本尼迪克特（Ruth Benedict，也译为露丝·本尼迪克、露丝·本尼迪尼特）可谓是文化模式论学派创始人，也是文化与人格理论研究的重要代表人物。她较早提出，“真正把人们维系在一起的是他们的文化，即他们所共同具有的观念和准则”。她对美洲不同印第安部落的文化特质进行精辟深入的分析，并在1935年撰写的《文化模式》中首次提出“文化模式”概念。她指出，文化所体现出的不同的主旋律——民族精神是文化模式形成的根源，因此，文化模式是文化的支配力量。

本尼迪克特的经典研究在于将不同文化及亚文化归入包括“酒神文化”和“日神文化”在内的文化模式分析框架当中，侧重文化的民族性，将文化定义为“通过某个民族的活动而表现出来的一种思维和行动方式，一种使这个民族不同于其他任何民族的方式”。[②]酒神文化和日神文化是在尼采的古希腊悲剧理论研究中提出的，所谓酒神就是通过“生存的一般界限和限制的湮灭”来追求生存价值的，通过强行突破原有的秩序与界限来获得自身的超越；日神则“只知道一种法则，即希腊人所说的‘度’。他总是保持一种中庸之道，不偏不倚，循规蹈矩，墨守成规，从不动那种冲出樊篱的邪念”[③]，是在原有的秩序和法则当中寻找一种平衡，以求得自身在秩序和法则之间的生存价值。酒神文化下的民族充满热情，富有想象力和竞争心，他们乐于打破生活中的种种束缚去追求新的精神状态和体验。日神文化的人则更加趋向于节制、中庸的生活准

① 刘智.新闻文化学［M］.北京：新华出版社，2001：12.

② 戴昭铭.文化语言学导论（增订版）［M］.北京：商务印书馆，2023：5.

③ 本尼迪克特.文化模式［M］.王炜，等译.北京：生活·读书·新知三联书店，1988：80.

则。由此可见，文化制约人的行为，民族文化与人的个性有着密切的关系。

第二次世界大战期间，本尼迪克特对罗马尼亚、荷兰、德国、泰国等国家进行民族性研究，运用文化人类学的方法对日本进行研究，并将研究的材料整理出版为《菊与刀》一书，这本书成为文化研究的经典著作。正如书中所说："菊是日本皇室家徽，刀是日本武士道文化的象征，'菊'体现着日本民族谦和、文雅的一面；'刀'却代表着日本民族精神中嗜血、好战的另一面。因此，融合了菊与刀的日本民族，形成了矛盾的双重性格——日本人生性好斗又和善；尚武又爱美；傲慢又懂礼；顽固又善变；驯服又桀骜；忠诚又叛逆；勇敢又懦弱等，所有这些矛盾都共存于日本文化中，造就了其独特的民族文化。"[①]本尼迪克特在对日本人的外部行为及其内部思维模式的分析考察中，得出日本文化不同于欧美"罪感文化"的文化模式——"耻感文化"。这些经典研究进一步证实了文化与社会及人的发展的充分互动。

1964年成立于英国伯明翰大学的当代文化研究中心（The Centre for Contemporary Cultural Studies，简称CCCS）标志着文化研究学派的诞生，也将西方文化研究带向高潮。斯图亚特·霍尔（Stuart Hall）在《文化研究：两种范式》中深入分析了文化主义和结构主义的特点和差异，并最终从文化研究转向了葛兰西主义。理查德·约翰逊（Richard Johnson）在《究竟什么是文化研究》中提出文化研究是对生产、文本、活文化的研究，并指出文化研究的三大基本前提，即文化研究与社会关系密切相关、文化研究涉及权力问题、文化是社会差异和社会斗争的场所。

可以说，西方文化研究产生了丰硕的理论成果，阐释了文化研究的内涵、特点、历史发展，形成了多种文化形式的相关理论，包括大众文化、消费文化、青年亚文化、工人文化、媒介文化等。中国相关领域的研究不可避免地学习与借鉴了西方文化研究的理论，本书在第二章将着重探讨对中国文化研究产生重要影响的相关流派与学人。如何立足于本土媒介与文化发展现状，与西方媒介文化研究展开深入的对话，是学界至今仍在努力的事业。

---

① 本尼迪克特.菊与刀［M］.胡新梅，译.北京：中华书局，2018：3.

二、中国文化研究的知识谱系

在了解了西方文化研究的演进路径及经典著作后，本书尝试将研究视野回归中国，勾勒中国文化研究的知识谱系。在最早从事文化研究的学者中，黄文山对中国的文化学体系建构做出了开创性贡献，他将文化定义为“人类为生存的需求，在交互作用中，根据某种物质环境，由动作、思想和创造共同产生出来的伟大的丛系或体系”。梁漱溟提出：“我今说文化就是吾人生活所依靠之一切；意在告诉人，文化是极其实在的东西，俗常以文字、文学、学术、思想、教育、出版等为文化，乃是狭义的；文化之本义，必包括经济、政治，而且作为主要部分。”[①]

对于文化研究，国内学者从多种角度展开过深入研究，包括文化批评、比较文化、马克思主义、后现代主义文化、青年亚文化等。文化研究学者陶东风在《文化研究：西方与中国》《文化研究精粹读本》等书中从历史角度系统梳理和介绍了西方文化研究的代表人物及其理论。《文化研究：西方与中国》则从比较研究视角出发对中西方文化研究进行了深入的分析阐释。[②]萧俊明在2004年出版的《文化转向的由来——关于当代西方文化概念、文化理论和文化研究的考察》中也对西方文化研究的历史进行了系统梳理。[③]这些丰富成果代表了文化研究在中国的兴起。

文化研究是一个动态发展的研究，过去广泛讨论的种种文化研究理论与方法，与今天正在发生的文化现象有着历史的必然的联系。20世纪90年代，中国市场经济转型，开始对中国社会整体价值观念等产生深刻的影响，大众文化正是在这样的背景之下兴起的。著名文化研究学者戴锦华的《隐形书写：90年代中国文化研究》以当代中国的大众文化为研究对象，讨论文化商品化带来

---

① 清华大学国学研究院.梁漱溟文存［M］.南京：江苏人民出版社，2014：274.

② 陶东风.文化研究：西方与中国［M］.北京：北京师范大学出版社，2002.

③ 萧俊明.文化转向的由来：关于当代西方文化概念、文化理论和文化研究的考察［M］.北京：社会科学文献出版社，2004.

的大众文化快速兴起成长。她认为，大众文化从根本上改造了文化与社会、经济的关系，大众文化的广泛覆盖遮蔽了中国社会复杂的文化现实，也遮蔽了全球化进程中复杂的权力关系。①这种基于中国社会兴起的特有文化现象被戴锦华称为“文化镜城”，她深入中国传统文化的脉络中去探讨20世纪90年代中国社会文化背后的深层次社会问题，并积极寻找突围的可能性。在总体关注中国文化研究的同时，戴锦华聚焦电影研究，将媒介呈现与文化研究联系在一起。她和王炎围绕电影及相关话题展开了七次深度对谈，完成著作《返归未来：银幕上的历史与社会》，在20世纪这一动荡多变的历史长流中讨论银幕呈现与个体、集体记忆的勾连，向读者揭示出电影这一特殊叙述语言在“书写历史”中的重要作用。②

国内学者从多视角出发在文化研究领域创造、积累了众多成果，但从媒介视角所开展的文化研究不多。具体到新闻传播学领域，在吴靖等人翻译的《媒介研究：文本、机构与受众》一书中，利萨·泰勒（Lisa Taylor）和安德鲁·威利斯（Andrew Willis）将媒介研究分为文本、机构和受众三个研究领域，从这三个视角出发，系统介绍了媒介研究的核心内涵、分类、基础理论等，为国内媒介文化研究提供了重要的理论基础。③吴靖本人也从媒介角度出发开展了丰富的文化研究，完成著作《文化现代性的视觉表达：观看、凝视与对视》，将日常生活、通俗文化、意识形态和大众传媒作为切入点，考察20世纪80年代以来中国社会的视觉现代性历程。视觉是人类最为依赖的感知方式，视觉文化与社会变迁有密切联系，因此，视觉文化在某种意义上代表着现代文化，塑造着“现代主体”和“现代性感知结构”的媒介和平台。④以视觉文化为切入点，

① 戴锦华.隐形书写：90年代中国文化研究［M］.北京：北京大学出版社，2018.

② 戴锦华，王炎.返归未来：银幕上的历史与社会［M］.北京：生活·读书·新知三联书店，2019.

③ 泰勒，威利斯.媒介研究：文本、机构与受众［M］.吴靖，黄佩，译.北京：北京大学出版社，2004.

④ 吴靖.文化现代性的视觉表达：观看、凝视与对视［M］.北京：北京大学出版社，2012.

吴靖从理性与科学、进步与竞争、民主与公众三组核心理念出发，探讨了视觉文化与现代主体之间的关系，并从中国现代文化的产生、发展和表达情景考察现代社会与传统社会何以出现历史断裂，以及视觉文化在其中扮演了怎样的角色。

在大众媒介演进历史中理解文化是当前新闻传播学研究的一个方向。工业革命以来，由于技术的发展催生了广播、电视、电影等大众传播媒介，并且逐步演绎出相应的媒介文化，媒介重构人们对社会的认知和观念，柏拉图的“洞穴比喻”形象阐释了媒介技术对人们文化观念的影响。美国学者李普曼在《舆论学》一书中提出“拟态环境”的概念，认为媒介通过对象征性时间或信息进行选择和加工、重新加以结构化以后向人们展示新的环境。[①] 从中可以看到，媒介是文化记录和传播的重要载体，文化似乎无法独立于媒介而存在，而媒介对文化的形成和演绎也有着深刻的影响，媒介甚至成为社会文化的重要组成部分，对人们的生产生活和思想观念产生重要影响。

进入21世纪以来，互联网为代表的信息技术发展势不可当，新媒体俨然成为人类生活不可或缺的一部分。中国互联网发展的30年几乎重塑了人们的社会生产生活，ChatGPT、Sora等人工智能技术的发展更是不断改变人们的认知方式和交流方式，深刻影响着社会结构和文化格局。在理解和探讨当代文化的发展和变化时，媒介是其中不容忽视的重要因素，它塑造和影响着我们的思想、行为和社会。这也是本书将媒介和文化紧密勾连在一起展开探讨的重要原因，本章下一节将以此为问题意识，在媒介演进历史中重新发现文化、理解文化、建构文化。

第二节 理解媒介：在媒介演进史中发现多元文化形态

1995年，美国学者道格拉斯·凯尔纳（Douglas Kellner）在其著作《媒介

① 李普曼.舆论学［M］.林珊，译.北京：华夏出版社，1989.

文化：介于现代与后现代之间的文化研究、认同性与政治》中描述了媒介文化的多重面向，“媒介文化是诸种系统的组合”，“是一种图像文化，常常调度人的视觉和听觉”；“是高科技的文化，是一种将文化与科技以新的形式和结构融为一体的科技文化，它塑造诸种新型社会”，“它避免了像‘大众文化’和‘流行文化’这样的意识形态术语，同时让人们关注媒体文化得以制作、发布和消费的那种生产、发行以及接受的循环系统”。[①]凯尔纳对媒介文化的研究为后续研究者对媒介文化的系统建构奠定了理论基础。

根据凯尔纳对媒介文化的论述，综合后来学者的诸多研究，可以将媒介文化划分为广义和狭义两种视角理解。广义的媒介文化可以理解为以传播媒介为载体的文化，即借用大众传播媒介或者各种媒介技术进行传播的文化，这里的“文化”是脱离大众传媒仍然独立存在的文化，所不同的是这些文化在进行传播的过程中采用了各种传播媒介技术。狭义的媒介文化则是大众传媒为核心的各类传播媒介和媒介技术在开展传播活动时，对人们的生活方式产生影响，甚至直接构成人们的生活方式所形成的一种文化。无论是广义还是狭义，媒介与文化在充分互动、互相影响中形塑历史与社会的事实是必然的。

诚然，媒介文化不是简单的“媒介”和“文化”相加结合体，而是在媒介技术发展变化的过程中不断形成与更新的，它的开放、动态、多元是不容忽视的。鉴于此，本书对媒介文化核心概念的讨论重点聚焦于媒介与文化、媒介与社会的关系：一方面关注媒介演化过程对人类社会文化的塑造；另一方面关注媒介文化的形成对社会发展所产生的影响。伴随媒介技术的不断更迭，以媒介为传播载体的文化也随之呈现不同特征，媒介文化的更新也不断重构人们的行为习惯和交流方式。如果简单理解三者关系，媒介与文化、社会之间有着相互交融的紧密联系，那么媒介文化自媒介出现以来就已经附着于媒介技术之上，媒介文化的演变也有很长的历史，但真正提出“媒介文化”，将其概念化并加以研究、形成一个研究领域的阶段，是在20世纪下半叶。以往的学科研究，

① 凯尔纳.媒体文化：介于现代与后现代之间的文化研究、认同性与政治［M］.丁宁，译.北京：商务印书馆，2004：9-10，60.

自文艺复兴时期以后多呈现出概念分化、学科分化的思维特点，然而媒介文化研究打破了这种学科建制的专业化区隔、界限划分，转向宏观的跨学科、跨领域研究，这不仅与文化本身内涵的宽泛性有关，也与媒介研究思想来源的开放性有关。许多学派和思潮都能够被吸纳其中，本书将在第二章系统梳理和讨论四个流派与相关学人，其涵盖哲学、社会学、人类学等多个学科，由此足见媒介文化研究宽阔的理论视野和广泛的应用领域。本节将当下新闻传播学、文化研究等领域中经常学习和参考的媒介文化研究进行综述，由此梳理中国本土媒介文化研究的脉络。

一、中国媒介文化研究的兴起与发展

进入20世纪90年代，中国经济迅猛发展，报刊、广播、电视等媒体行业获得长足发展，互联网、手机等新兴媒体也迅速发展，并广泛地进入人们的日常生活领域。媒介的繁荣不仅带来经济和科技的蓬勃发展，也推动了社会文化和新闻观念的更新。曾一果的媒介文化研究在国内具有一定代表性和影响力，其著作《媒介文化论》从媒介入手，勾连文化与社会相关理论，将丰富的媒介文化现象案例“置于复杂的历史脉络和现实语境中加以探究”[①]，并以强烈的本土意识和历史眼光透彻分析当代媒介文化现象。他强调媒介的沟通和连接价值，通过媒介人们能够理解人类历史发展至今的各种文化，借助不断更新的媒介来理解各种涌现的新兴文化，同样地，媒介也能帮助人们更加深入地理解所处的社会。他同时强调，要从文化和社会发展的角度深刻理解媒介的演进，“将媒介置于特定的历史、文化和社会语境中加以考察，能够让我们摆脱仅仅将媒介视为信息传递渠道的单一认识”。在《媒介文化论》中，曾一果对西方媒介文化研究的理论基础进行了梳理，讨论了媒介文化视域下的认同问题、媒介与权力问题，为当前很多媒介文化研究提供理论指引。

媒介文化研究的理论多源自欧美等国家。在《西方媒介文化理论研究》一

① 曾一果.媒介文化论［M］.广州：暨南大学出版社，2020：274.

书中，曾一果从全景化、全球化等多重视野归纳理解媒介文化的理论，对西方具有代表性的媒介文化理论研究学派，即法兰克福学派、文化研究学派、传播政治经济学派进行了细致耙梳，最终从他者的理论视角回归本土语境。①在他看来，媒介文化研究者应该“打破传统人文主义者仅用美学眼光评判当代文化价值的研究取向和狭隘的精英主义文化观念，在跨学科、跨媒介和跨文化的视域下，建构多元包容的媒介文化研究学术共同体”。曾一果和许静波合作出版的《中国传媒文化百年史》尝试借助中国传媒文化百年发展史将“媒介”和“文化”结合起来，历史地看待媒介、文化和社会的关系。曾一果在进行媒介文化研究的过程中，始终强调媒介研究的历史性和本土性问题，并且希望媒介文化研究能够打破不同学科的藩篱、打破传统文化与新媒体现象的壁垒，这些观点对当下媒介文化研究提供了诸多启示，使相关研究的知识谱系立体丰富了起来。

在媒介文化研究这一宽广的领域中，很多话题被重点关注，如青年亚文化等。马中红和陈霖在《无法忽视的另一种力量：新媒介与青年亚文化研究》一书中，同样从历史角度出发，对国内外青年亚文化研究进行了系统梳理，阐释了青年亚文化的一系列新的文化表征，梳理了青年亚文化与社会主流文化、社会伦理道德以及消费社会的商业逻辑之间的关系，勾勒了互联网环境下媒介发展对中国社会青年亚文化版图的不断重构。②马中红等人在书中重点讨论了新媒介空间中青年亚文化的表征和意义，例如，将互联网新媒介空间的青年亚文化归结为抵抗型文化、虚无型文化、解困型文化、逃避型文化、分享型文化和创造型文化。“一方面，青年亚文化依赖于媒介，离不开媒介这个传播载体；另一方面，媒介也在塑造、再现、建构、刺激和催生各种形态的青年亚文化。”媒介本身具有特定的文化属性和文化偏向，因此，从媒介技术和媒介文化的立场看待亚文化，是今天研究青年亚文化的重要视角。

女性青年亚文化在新媒介情境下也备受关注。新媒介赋权青年女性群体，

---

① 曾一果.西方媒介文化理论研究［M］.北京：学习出版社，2017.

② 马中红，陈霖.无法忽视的另一种力量：新媒介与青年亚文化研究［M］.北京：清华大学出版社，2015.

为其参与文化创造和传播提供了巨大可能性，相关传播实践突破了以往对女性性别的刻板印象。以往青年亚文化研究对于女性群体的关注仍是不足的，这一点在马中红的媒介文化研究中得到极大的补足。同时，《新媒介·新青年·新文化：中国青少年网络流行文化现象研究》一书对2015年中国青少年网络流行文化进行了广泛调研、系统梳理和深度剖析，透过中国社会纷繁复杂的文化关系，聚焦青年群体的文化形成，为研究“Z世代”媒介文化提供了丰富的一手资料和理论框架。[①]随着新媒体技术的快速发展和迭代，青年亚文化也呈现出更为丰富、复杂的特点，青年亚文化与新媒体的交织互动也愈加深入，在互联网技术深嵌入社会文化发展过程中，青年亚文化出现了诸多不同于往昔的现象，这也为后续学者在此基础上继续深耕挖掘提供了更多问题意识。本书也将从不同视角切入，探索青年亚文化现象，期待揭示这一方向更加深层次的变化和规律。

近年来，在经济和媒介技术发展的双重推动下，我国大众媒体蓬勃发展，学术界对各类媒介文化现象的关注与研究日益加深，媒介文化成为社会文化的主体。综观近些年我国媒介文化研究现状，可以清晰地梳理出学术界对媒介文化的研究主要集中在如下几个方面。对于这些方向的梳理，是本书开启研究的重要基础。

第一，对媒介文化基本内涵的讨论在不断丰富和深入。国内不少学者尝试对媒介文化的概念内涵进行界定，如鲍海波对媒介文化进行“本体论”建构，从多维视角建构媒介文化理论，在《媒介文化的阐释与批判》一书中他提出，“媒介文化既是人对自然本能的超越，同时也是人类在社会实践中借助于媒体及其表征系统来实现人的本质力量的对象化，具有内在的机理和文化图式以促进个体的意识形态”。[②]周宪基于凯尔纳对媒介文化的阐释，将媒介文化定义为“传媒与文化的高度融合，是文化的日益传媒化”，“传媒文化是以电视为核心、以视觉符号为主导的大批量生产和大众消费的形式，它深刻地影响

① 马中红，杨长征.新媒介·新青年·新文化：中国青少年网络流行文化现象研究［M］.北京：清华大学出版社，2016.

② 鲍海波.媒介文化的阐释与批判［M］.北京：中国社会科学出版社，2009：83.

了我们的生活、价值观和认同感”。[①]童兵将媒介文化定义为“在文化大系统中，以媒介为影响人的主要方式而构成的社会亚文化系统”，[②]童兵为代表的学者从系统的视角对媒介文化进行概念的阐释，将媒介文化视为一种过程和系统。对其内涵的诸多讨论展示了媒介文化研究的丰富性，也正如凯尔纳所说，“媒介文化极为复杂，而且至今为止依然”。[③]尽管学者们尽可能将媒介文化概念具象化，但媒介文化本身的内涵过于宽泛难以厘清，媒介文化研究如同文化研究一样，具有极大的开放性、丰富性和包容性。正如蒋原伦所提出的，“媒介文化研究是以整个媒介社会为文本的，有着无限广阔的空间。如果把媒介文化作为一个文本来解读的话，那么这是一个没有明确边际的文本”。[④]可以说，对于媒介文化开放式的内涵界定，也为这一领域提供了更加多元丰富的研究视角。

第二，对媒介文化与社会观念之间影响的分析不断加强。透过历史，我们能够对媒介文化的社会影响力有初步的认识，随着媒介技术的丰富和繁荣，媒介对社会的影响力和渗透程度也越来越高。一些学者研究了媒介文化对社会认知、价值观念、行为习惯等方面的影响，探讨媒介如何塑造和影响个体与群体的意识，以及对社会发展和进步的推动作用。张宇丹和孙信茹认为，一定的媒介文化源于相应的社会文化背景，媒介的发展又反过来作用于这一社会文化现实。[⑤]贾明在《现代性语境中的大众文化》一书中提出，大众文化是大众传播媒介时代的主流文化，“在现今诸种文化形态中，大众文化是唯一由现代传播技术所制造出来的新型文化。可以这样说，大众文化是现代大众传播中的重要部分，大众文化的特性在很大程度上被大众传媒的特性制约着，大众文化与大众传媒的联系是如此密切，以至于大众文化的许多重要特性都需要在大众传

① 周宪，刘康.中国当代传媒文化研究［M］.北京：北京大学出版社，2011：4.

② 童兵.理论新闻传播学导论［M］.北京：中国人民大学出版社，2000：109.

③ 凯尔纳.媒体文化：介于现代与后现代之间的文化研究、认同性与政治［M］.丁宁，译.北京：商务印书馆，2004：13.

④ 蒋原伦.媒介文化十二讲［M］.北京：北京大学出版社，2010：10.

⑤ 张宇丹，孙信茹.应用电视学：理念与技能［M］.昆明：云南大学出版社，2003：383.

媒中得到说明和解释"[①]。由此可见，文化与社会的发展形态、传播媒介的性质特点密切相关，从口语传播到电子传播再到今天的网络传播，不同传播媒介和传播方式形成了历史上不同的社会形态和文化内涵。

媒介文化对社会观念影响的相关研究还发现媒介文化削弱了精英文化和主流文化。网络社会的"去中心化"使大众获得更多信息自主权，深刻严肃的精英文化在快节奏、去中心化的网络环境中难以快速传播和被获取，精英文化和主流文化逐步被弱化，取而代之的是通俗、多元的媒介文化。有研究认为，媒介文化潜移默化瓦解了人们几个世纪积淀下来的农业文明和工业文明价值观，代之以信息时代的生活模式和意识形态，人们的价值观念、情感体验和思维方式都得以重新建构。[②]媒介文化改变了人们的价值观念，重塑着社会整体的文化生态，因此，对于媒介文化的考察和研究不能脱离个人或群体的社会因素和个人因素。诸如此类的研究进一步将媒介、文化和社会三个关键词连接在一起。

第三，立足本土勾勒媒介文化研究图谱的趋势加强。媒介文化研究起源于西方，立足中国本土的理论研究一直有着先天不足的情况，因此，如何立足于中国本土的现实问题展开媒介文化研究、建构中国媒介文化研究的自主知识体系有着非常重要的意义。陈立旭为中国的大众文化研究指明了出路，认为要建构中国大众文化现象分析的事业，"就应该实现伯明翰学派或文化研究理论资源和法兰克福学派批判理论资源的结合，并将之导入中国地方性语境中"[③]。这一观点一定程度上指引了媒介文化研究的理论发展路径。还有一些国内学者在进行媒介文化研究时也不断尝试本土化，如朱庆好将媒介文化置于中国本土社会环境中，从职业发展变化的角度出发，选取作家群体、采编群体、青年学生、农民群体和教师群体，将媒介文化对人的影响和他们的个人因素相

① 贾明.现代性语境中的大众文化［M］.上海：上海人民出版社，2007：43.

② 朱庆好.消解与重构：媒介文化对不同社会群体的观念及行为变迁的影响［M］.杭州：浙江工商大学出版社，2013：31.

③ 陈立旭.法兰克福学派与英国文化研究：对中国大众文化研究的启示［J］.浙江社会科学，2010（10）：38-46，126.

连接，从微观层面具体考察媒介文化的社会影响，更贴近中国本土的现实。[①]对西方理论进行本土化阐释和发展，是未来媒介文化研究所要面临的挑战之一。

第四，跨文化与跨媒介比较研究日益受到重视。随着全球化进程的加速推进，不同国家和地区的媒介文化之间产生了密切的联系。学者们致力于跨文化媒介比较研究，探讨不同文化背景下的媒介发展特点、传播模式和文化意义，以及在全球化背景下的文化认同与认知差异。科林·斯巴克斯（Colin Sparks）的《重温文化帝国主义》认为，文化帝国主义理论近几十年间在全球化背景下被淡化，然而现实中国际竞争和冲突也表明这一理论在今天仍然值得重视，媒介文化的全球化研究也应当对此高度重视。长期以来，中国传播学界一直受困于本土化与国际化两条似乎彼此对立的研究路径，始终在探索研究视角的交汇点。程雪峰指出，媒介技术的发展使得媒介文化产品的传播迅速超越了国界和种族，互联网已将全球媒介市场融为一体，逐步消除全球贸易的人为障碍，这已成为人们的一种共识。[②]不同文化与意识形态更加容易借助媒介文化产品这一载体渗透到不同国家和民族中，如何平衡全球化与自身文化发展的独立性，成为不同国家和民族重要的问题意识。

综上所述，近年来我国媒介文化研究呈现出蓬勃发展的态势，学者们在各个领域积极探索和深入研究，生产出丰富的研究成果，为未来研究提供了重要思想资源和理论支撑。媒介文化研究所体现出的几种趋势进一步表明，实现媒介文化的理论本土化，在全球化视野中发现中国实践的独特性，将成为中国媒介文化研究的发展趋势。

二、在媒介演进史中理解媒介与文化的互动

如弗洛姆所言，“社会化是社会和文化得以延续的手段”。社会由具体的

① 朱庆好.消解与重构：媒介文化对不同社会群体的观念及行为变迁的影响［M］.杭州：浙江工商大学出版社，2013.

② 程雪峰.软实力博弈：媒介强度与文化势能［M］.北京：光明日报出版社，2019.

人组成，社会的发展离不开具体的人的参与，而人在接受社会文化教化的过程中不断强化自身的社会化程度。媒介在人的社会化进程中发挥了不可替代的作用。人类社会任何一种媒介，都是社会生产力发展到一定水平的产物。在这一理论指引下，本书尝试提出，目前学界在媒介文化研究领域仍需要补充媒介演进史的视角，即在电视、电影、互联网等媒介发展的时间线索中历时性考察文化模式的变迁。本书将引入这样的视角，将文化研究融入媒介发展的历史脉络中，以媒介文化发展史作为指引进行历史梳理。大众文化自产生发展到广泛覆盖，大众媒介在其中发挥了不可忽视的作用。因此，本书在第四、五、六、七、八章中，将遵循媒介技术演进逻辑依次讨论电视文化、电影文化、网络文化、移动互联网文化及青年亚文化。在完成历时性梳理的同时，本书尝试不断拓宽视野，以全球化和本土化的比较视角共时性考察媒介文化的全球传播，由此获得的知识将对中国如何更加自主地建构媒介文化研究的知识体系提供方法论上的启示。

口语传播时代，人类运用自身具备的发声能力来实现对对象的指认和意义的表达，这种信息传播方式时至今日仍然是人类最为广泛和普遍使用的传播方式。口语的出现带来了文化上的传承和繁荣，中国古代社会的《诗经》，就是以口口相传的方式将一些优秀的民间歌谣保存延续了下来，经过流传过程不断加工以及后来的“采诗”才形成今天所看到的诗歌。口语传播时代，人们主要以部落、村庄等小规模群体组织的方式生活，这也和口语传播的方式有着紧密的关系。然而由于人自身能力的限制，口语传播的人际交流方式也有其无法达成的效果，最为明显的就是这种传播方式受到时间和空间的限制：一方面，口语传播的内容保存和记录效果较差；另一方面，这种传播方式也只能进行小范围、近距离的传播。但随着人类社会的发展，可保留传播内容的文字时代很快到来。

文字是信息传播发展的第二阶段，文字书写也是真正意义上的第一种实物媒介。从手写字的传播到约翰内斯·古腾堡（Johannes Gutenberg）印刷术带来的传播革新，纸张的发明和印刷术的发明让文字传播快速发展，并且直接推动报纸这一大众传播媒介的产生，满足了人们对于信息的需求。在大众传播媒介发展的过程中，报纸的历史最为悠久，在很长一段时间内主导着媒介发展的方向。手写字的传播在古代社会对人们的生活方式起到了重要的指导作用，信息得以承载和看见，能够被记录和传播到更远的范围，而报刊、书籍这类印刷媒介的出现不断重构和改变人们的生活方式，以潜移默化的浸润方式塑造社会文化生活。这一时期人们的生活不再局限于小范围社群活动，开始通过印刷媒介了解到远方、曾经和当下正在发生的各种事情。印刷媒体的出现将更广泛区域、更长久时间的人们连接了起来。

随着媒介技术的进一步演进，20世纪中期兴起的广播电视和有线电视开启了电子传播时代。1906年，美国发明家雷金纳德·费森登（Reginald Fessenden）利用无线电波播送《圣经》和一些朗诵节目，被大西洋上一艘轮船的报务员接收到，这次广播的成功播放标志着人类利用无线电传送声音信息的开始。在家庭文化方面，广播、电视等电子媒介的出现使人们的生活开始回归家庭，尤其在电视媒介出现以后形成的“客厅电视文化”，电视成为接收信息的主要媒介，电视节目也成为家庭交流的重要内容。电视一方面淡化了家庭与家庭之间的联系，另一方面又强化了家庭内部的联系。在社会文化方面，广播、电视为载体的大众传播进一步为不同区域的人们建构起了“想象的共同体”，进一步对塑造社会形态发挥重要作用。可以说，电子媒介对人们的日常生活、社会文化不断产生影响，新媒体发展也在不断对整个社会文化生态发挥结构化影响。

继广播、电视之后，国际互联网的诞生可谓为人类传播带来了一场深刻的变革，网络媒介的新传播形式是传播历史上又一里程碑。作为一种先进通信和传媒技术的汇聚，互联网在新闻传播领域尤其是媒介文化上引发的变革可以称得上一场革命。互联网增加了公众自由参与信息传播的可能性，信息传播的主体与受众发生了前所未有的改变，而这种主体变化所带来的直接影响即信息传播主体的思想附着在新媒体之上被带入新闻传播过程中。这也意味着，随着网络时代的到来，每个信息传播者的思想都有可能成为重构传播生态的一部分，互联网环境中的媒介文化将会更加开放、多元和丰富。伴随着互联网文化的兴起与发展，理解媒介文化也有了更多的研究对象。

溯源大众传播发展的漫长过程，社会历史的发展同时也是一部媒介的发展史，而信息载体变化和媒介技术更迭的过程同样深刻影响着社会文化生态的变化。媒介文化的研究为我们理解所生存的社会环境提供了重要视角，媒介文化的图景激发新闻传播学科以及其他社会学科不断参与和关注这一重要话题，启发人们重新思考媒介技术对于文化的更新再造。概言之，随着新媒介技术的迅速发展，媒介文化的理论和实践研究仍旧有很大拓展的空间。对于媒介文化研究，不仅需要从社会与媒介发展历史的角度去理解，也需要以全球化的高度、从共时性的角度出发，去探究媒介文化中人的主体性的回归。

第三节　理解社会：在媒介文化发展中建构人的主体性

本章前两节分别从人类社会发展过程中的文化、人类文化演进历史中的媒介两个维度层层深入、逐步展开，对媒介文化的基本内涵进行了思考与讨论。在第三节中，本书将研究视野回归到媒介文化研究的主体上，着重审视和探讨人的主体性。现有媒介文化研究多聚焦于媒介或技术本身，对于媒介文化中人的发现与关怀是不够的。尤其近30年来，媒介技术迭代更新越来越快，人工智能应用介入新闻传播领域，ChatGPT在各个领域带来颠覆性变革，Sora引领数字文明时代媒介新范式等，技术的发展一次次超越我们的认知，但学界、业界从未停止过对机器与人关系的思考：技术是否会代替人类劳动？人类如何平衡自身与机器的关系？当下人的主体性何在？基于此，本书将在两个方面实现对过往媒介文化研究的创新：一方面，引入口述史研究方法，在中国互联网30年历史中的不同媒介文化发展阶段重新发现“网民”的主体性，并以独特的代际视角发现和理解作为“互联网原住民”的Z世代；另一方面，超越全球媒介文化研究中的西方中心主义，在世界媒介文化研究谱系中发现中国，以中国式现代化、人类命运共同体为理论指引，在媒介文化研究的知识谱系中，探索中国独立自主发展的路径和面向。

一、在媒介文化的历史演进中发现人的主体性

美国学者托德·吉特林（Todd Gitlin）提出，“在一个日益模糊与不确定的世界里，人们越来越多地依赖于大众媒介来寻找并试图发现自我”，“大众媒介已经成为支配意识形态的核心体系”。[①]道格拉斯·凯尔纳在《媒体文化：介于现代与后现代之间的文化研究、认同性与政治》一书中也对媒介文化内涵进行了阐释：“媒体文化有助于塑造有关世界和最为深刻的价值流行观念：它对什么是好或不好、积极或消极、道德或邪恶等作出界定。媒体的故事和图像提供了象征、神话和资源等，它们参与形成某种今天世界上许多地方的多数人所共享的文化。”[②]可以说，大众媒介越来越影响着人们对外部世界和自我的认识，这一认知被很多学者发现并讨论。但辩证地看，媒体文化更多是为大众提供批量生产的文化，在一定程度上成为人们借以逃避社会苦难和生存烦恼的一种文化，且在一定程度上也掩饰了大众文化作为商品的本质，这一视角与法兰克福学派的批判观点具有一致性。与之类似，凯尔纳还提出应当发展“批判的媒体教育学”，使人们懂得明辨“最佳的媒体文化”和“最糟糕的媒体文化”，让媒体文化促进民主社会的发展而不是加以阻碍。无论是法兰克福学派还是文化研究学派，媒介技术的日益发展不仅带来了日益丰富的媒介文化研究视角，也在不断激发学界开始批判和反思，就人与媒介、人与技术的关系展开更深入的剖析。

在凯尔纳提出“媒介文化”后，尼克·史蒂文森（Nick Stevenson）在《认识媒介文化：社会理论与大众传播》一书中进一步指出，现代文化是“依凭大众传播媒介来传达的”，并强调了媒介文化理论的日益重要，媒介文化理论的发展需要介绍“那些已建立了媒介理论的学者彼此进行思想交流的历史”[③]，

① 吉特林.新左派运动的媒介镜像［M］.张锐，译.北京：华夏出版社，2007：9.

② 凯尔纳.媒体文化：介于现代与后现代之间的文化研究、认同性与政治［M］.丁宁，译.北京：商务印书馆，2004：9-10，571.

③ 史蒂文森.认识媒介文化：社会理论与大众传播［M］.王文斌，译.北京：商务印书馆，2001：19.

应当让更多人参与媒体文化的论辩中，将媒体文化“与更广泛的社会实践结合起来”，以使得更多人了解媒介文化理论史，更好地认识当代社会。在后来的一些研究中，也有学者尝试寻找当代媒体文化带来的社会价值。戴安娜·克兰（Diana Crane）在《文化生产：媒体与都市艺术》中对媒体文化的范式及其生产过程进行了深入的研究，试图从社会生产层面考察媒体文化的出现，她“关注媒体娱乐是怎样随着生产和消费状况的不同而变化的”①，从中挖掘媒体文化所表现出的意义和意识形态，以及这种意义和意识形态与时代变化之间的联系。

对于媒介文化的辩证思考一直伴随着这一研究范式的发展。进入工业社会以后，不少学者就注意到资本主义对社会文化所产生的影响，并且开始从事相关的研究。媒介文化的提出和发展，与西方批判学派对社会文化的论辩有着紧密关联，诸如法兰克福学派中对工业文化的批判、伯明翰学派对于大众文化的研究、媒介环境学派对媒介与社会文化环境关系的研究等，而凯尔纳本人也自称是法兰克福学派的第三代理论家。众多经典理论既对媒介文化研究提供了重要的理论基础，同时也从媒介文化研究当中汲取养料。媒介文化的提出虽然历史久远，但仍是一个开发尚浅的研究领域，有学者从研究派别的角度将媒介文化的研究分为四种范式，即法兰克福学派的意识形态批判范式、结构主义学派的文本分析范式、伯明翰学派的接受研究范式和北美文化研究的综合范式。②这些被学界普遍认定和使用的理论，也是从事媒介文化研究的重要基础。本书第二章将对法兰克福学派、传播政治经济学派、伯明翰学派和媒介环境学派的理论、学人进行梳理，分析媒介文化在西方研究中的理论基础及其发展历程。

上文对西方媒介文化的理论提出和主要的发展源流进行了梳理，结合今天大众传媒发展的现状以及随之产生的媒介文化，我们可以从中管窥到媒介文化开辟的若干焦点及其研究领域。对其中一些具体问题的研究进行整合，能够帮助我们以小见大去理解媒介文化研究的系统性和普遍性。综观媒介文化研究

① 克兰.文化生产：媒体与都市艺术［M］.赵国新，译.南京：译林出版社，2001.

② 于德山.当代媒介文化导论［M］.北京：中国广播电视出版社，2012.

的历史和现实，本节将简单概述媒介文化研究的四个方面：媒介与权力、网络时代人的主体性、后工业社会的媒介文化、青年亚文化。从这四个方面入手，可以分析和思考媒介文化研究中人的主体性。

（一）媒介与权力

大众媒体与权力关系之间的问题一直是媒介文化研究的重要议题，从马克思主义理论对资本主义生产关系的揭示，到赫伯特·马尔库塞（Herbert Marcuse）的媒介意识形态研究，再到赫伯特·席勒（Herbert Schiller）的文化帝国主义理论，话语的权力问题始终受到学界的高度关注。大众文化与高雅文化的分野就是从文化与文化工业的关系开始的，相比一些马克思主义者对大众传播媒介与剩余价值创造所进行的批判，今天的媒介文化研究者们更多采取的是葛兰西式或福柯式的研究。大众传媒作为文化的承载体，能够将各种社会思潮和意识形态传输到媒介终端，对媒介的使用者进行观念的重塑。此外，20世纪90年代新自由主义思潮的传播为西方中心主义的扩张建构了合理性，葛兰西的文化霸权主义理论进一步在全球媒介文化研究中被广泛应用。

（二）网络时代人的主体性

哈罗德·伊尼斯（Harold Innis）在《传播的偏向》中指出：“所有的文明都是靠对空间领域和时间跨度的控制而存在，因此可以在有关的空间领域和时间持续方面对它们进行评价。”[①] 所有文明中占据支配地位的媒介不是对空间的偏重，就是对时间的偏重，而文明的兴衰基本上可以被理解为占支配地位的传播媒介产生影响所致。然而媒介技术发展到今天，已经实现了媒介同时对于时间和空间的平衡和超越，传播受到时间和空间的限制越来越小，这也引发了今天网络时代的一种新局面，即媒介主体的去中心化。大众媒介不再有曾经占据话语垄断的地位，新型的互动性改造着媒介的主体性，传播媒介的网络化、去中心化使得人们的身份模糊化，信息发送者和接收者、生产者和消费者之间的界限也开始模糊，“自我”与“他者”的形象不断转换。如何在这样的媒介环境中寻找个体的主体性和认同感，是今天媒介文化研究中的重要论题。

① 伊尼斯.传播的偏向［M］.何道宽，译.北京：中国人民大学出版社，2003：77.

（三）后工业社会的媒介文化

资本主义社会发展到后工业社会阶段，技术的更迭已经超越以往任何时代，媒介基础设施以及其中蕴含的媒介文化同样蓬勃发展。以法兰克福学派为代表的许多学派和学人对后工业社会的媒介文化都有过相关研究。霍克海默和阿多诺在《启蒙辩证法》中指出，文化作为产品，其生产和消费都已经纳入市场交换流程中，"艺术商品自身的性质正在发生变化。艺术也是商品，这并不新鲜，这一变化新就新在艺术心悦诚服地承认自身就是商品"。[①]后工业社会的媒介文化逐步与消费文化融合，瓦尔特·本雅明（Walter Benjamin）在其著作《机械复制时代的艺术作品》中将批量复制生产出来的工业艺术品称为缺乏"灵韵"的消费品，让·鲍德里亚（Jean Baudrillard）的《消费社会》也深刻阐明了消费文化中的一切关系都是以物质为核心的，并且强调"我们的整个文化体系就是建立在这个基础之上的"[②]。消费文化影响下的媒介文化建构了很多景观，对于媒介社会中消费主义的面向，是值得深入思考的话题。

（四）青年亚文化

从事媒介文化研究必不可少的课题是研究作为主体的人。青少年是媒介文化领域最活跃的人群，媒介文化作为大众文化的一部分，很大程度上是由青少年推动发展的，青少年群体在这一领域扮演着主动创造者的角色。中国互联网在20世纪90年代开始发展，进入21世纪以后开始广泛普及，从网吧在中国的发展到电脑走进家庭，青少年群体始终是媒介演进过程中重要的推动者。在这一过程中，这一群体也借助网络媒介的发展，逐渐形成自己独特的圈层文化。不少学者对青年亚文化的议题有过深入细致的研究，如在20世纪50年代英国文化研究学派研究欧美工人阶级文化时，就有学者重点关注了工人阶级子弟的青年亚文化现象。本书也关注到了中国的"Z世代"。Z世代青年，又称"数字原住民"，泛指1995—2009年间出生的青年群体。与20世纪70年代和80

① 霍克海默，阿多诺.启蒙辩证法［M］.渠敬东，曹卫东，译.上海：上海人民出版社，2020：23.

② 鲍德里亚.消费社会［M］.刘成富，全志钢，译.南京：南京大学出版社，2014：前言.

年代出生的人相比，Z世代出生于一个物质非常丰富的时代。本书第八章将对互联网文化主体Z世代及其身处的时代与社会环境进行深入分析，由此进一步探讨Z世代引领的网络媒介文化的变迁和特点。以上列出的是媒介文化研究自提出以来所关注的主要议题，但并不意味着这些议题建构了媒介文化研究的边界，相反，这些议题展现了媒介文化研究的广阔前景。随着媒介技术的不断更迭，其带来的社会影响和对社会文化观念的改变将会更进一步启发研究者的思考。

纵览媒介变迁历程，保罗·莱文森（Paul Levinson）为我们指出了媒介发展的趋势："一切媒介的性能终将越来越人性化。"媒介的演化过程始终围绕"以人为尺度"的规则进行，"每一种媒介都像一个生物有机体，其运动功能和生存都由我们进行选择，而不是由自然来选择。我们选择媒介的依据是：它们在多大程度上延伸我们生物有机体传播的能力，在多大程度上维持我们面对面交流的能力或前技术传播的能力"[①]。德国哲学人类学家米夏埃尔·兰德曼（Michael Landmann）在讨论人与文化互相构建时提到，"文化按定义是由人自身的自由的首创性所创造的，而正因此，人赋予文化如此多样的形式：一个民族不同于另一个民族，一个时代区别于另一个时代。但是，在创造文化的过程中，人创造了自己"。[②]霍尔曾说，一切人造之物都是人身心的延伸。网络媒介创造了许多没有边缘的中心，也使得整个社会划分出虚拟的现实或物质的现实，人们的身份不断发生变化，网络所带来的变革极大冲击了人们的价值观念。有学者提出，信息技术革命造就了一种新文化，即"真实虚拟的媒介文化"，流动空间和无时间性时间取代了地方并废止了时间，真实的虚拟性意指"真实本身完全沉浸于虚拟意象的场景和伪装的世界里，其中象征并不只是隐喻，还包括真实经验"[③]。

大众传播媒介的发展历程几乎与人类发展历史同步，人们运用传媒技术

---

① 莱文森.软利器：信息革命的自然历史与未来［M］.何道宽，译.上海：复旦大学出版社，2011：5，1.

② 兰德曼.哲学人类学［M］.张乐天，译.上海：上海译文出版社，1988：1.

③ 陈默.媒介文化传播［M］.北京：中国传媒大学出版社，2016：15.

在特定历史社会环境下从事信息沟通、文化创造，人类的社会生产生活也因此与传播媒介技术紧密关联在一起。或者说，当代人对社会生活的理解、所开展的文化实践活动，都愈加深受大众媒介的影响。但媒介技术迅猛发展的另一面，是对人的主体性的关注日渐减弱。在西方社会，不少对于媒介与文化关系的相关研究都走向了媒介中心主义，诸如利奥塔、詹姆逊等学者无不带有媒介中心论的倾向，甚至认为“电视不是社会的反映，恰恰相反，社会是电视的反映”，或认为媒介就是文化本身。将媒介等同于文化，这就忽略了文化的物质基础和生活来源，也忽略了人类建构文化的历史以及人在其中所发挥的主动创造作用。

对文化的解释和建构过程，恰恰是对人类自身认识的过程，也是对人之所以为人的哲学反思过程。陈华文在《文化学概论》中提出：“当人们在谈论文化时，人类必然要牵涉到‘人’这一主体，思考人与人、人与动物、人与环境、人与传统、人与历史、人与创造等各种问题。”[①]以往的媒介文化研究多聚焦于媒介技术本身的分析讨论，而忽视了对于创造文化的主体即人本身的发现。对于这一问题的关注与补充，也是本书的重点内容之一。

当代中国大众文化是一个复杂的社会存在，并且正处于极其重要的历史发展机遇期，中国本土的媒介文化研究，要基于中国本土的社会现实展开。中国的媒介文化理论研究，既需要引入和借鉴西方相对成熟的媒介文化理论，同样需要进入现实的田野去发现和归纳中国本土社会文化的现象与特征，要结合中国传统文化探索理论的创新。尽管媒介文化研究的主体是以媒介为特征的文化，但是文化本身无法脱离人类社会而存在，一个民族的文化与本民族的社会、历史及文化紧密联系，雷蒙德·亨利·威廉斯（Raymond Henry Williams）对文化的定义是“一种生活方式”，文化也常常被视为一个民族或共同生活在同一地域的人们的生活方式。陈默在《媒介文化传播》中指出：“每一种文化都以原始的力量从它的土壤中生长出来，融在民族的血液里，有自己的信仰、观念、生活、愿望、感情和兴衰。当今的文化正在经历一场历史性的大转变，

① 陈华文.文化学概论［M］.上海：上海文艺出版社，2001：2.

从传统意义上的文化，即民族性、地域性、历史继承性的文化，向超越民族边界、地域封闭，即一种非历史性、全球性、融合开放性的媒介文化转移。传统文化是人类学意义上的，是从土壤中生长出来的根系文化；而现代文化则更多的是通过媒体网络传播的信息符号文化。”[①]可见，尽管传统文化与现代文化在历史时间线上具有一定的脱离，文化本身具有很强的连续性和继承性，传统文化和现代文化并非完全割裂，而具有很强的内部一致性。

从中国本土社会文化的发展来看，中国式现代化为中国媒介文化研究提供了重要的理论指引。习近平总书记在党的二十大报告中指出：“从现在起，中国共产党的中心任务就是团结带领全国各族人民全面建成社会主义现代化强国、实现第二个百年奋斗目标，以中国式现代化全面推进中华民族伟大复兴。”[②]立足中国本土实际开展媒介文化研究，同样需要从国家社会发展的站位思考如何将西方媒介文化理论和研究成果融入中国媒介文化研究，建立中国本土媒介文化研究的自主知识体系。中国式现代化是中国共产党领导的社会主义现代化。既有各国现代化的共同特征，更有基于自己国情的中国特色。中国式现代化是人口规模巨大的现代化，是全体人民共同富裕的现代化，是物质文明和精神文明相协调的现代化，是人与自然和谐共生的现代化，是走和平发展道路的现代化。要大力发展社会主义先进文化，加强理想信念教育，传承中华文明，促进物的全面丰富和人的全面发展。这为中国媒介文化研究的发展指明了方向，精神文明的发展需要媒介载体的高质量发展，要坚持以人民为中心的根本立场，以媒介发展推动文化的创造和传播，不断满足人民群众的精神生活需求，不断强化人民群众作为文化主体的地位。

基于此，本书将力图打破媒介文化研究中的媒介中心主义，创造性地引入以人为主体的口述史研究方法，在不同媒介文化发展阶段发现“人”在媒介与文化关系中的作用，以习近平文化思想为指引，以服务于中国式现代化为根

---

① 陈默.媒介文化传播［M］.北京：中国传媒大学出版社，2016：10.

② 习近平.高举中国特色社会主义伟大旗帜 为全面建设社会主义现代化国家而团结奋斗——在中国共产党第二十次全国代表大会上的报告［N］.人民日报，2022-10-16.

本目标，在中国互联网30年的发展历程中挖掘媒介技术演化历程中人的思想文化观念的变化，并在考察新媒体发展时以独特的代际视角发现和理解作为“互联网原住民”的Z世代。以这样丰富多元的视角展开研究有助于更好探索媒介文化研究自主知识体系的建构。

二、在世界媒介文化研究谱系中发现中国的自主知识体系

自20世纪80年代媒介文化研究在中国兴起以来，媒介文化研究的理论和实践日益渗透到文学、社会学、传播学等多个学科领域，逐渐改变着这些学科的研究格局，媒介文化研究自身也日渐成为一个广受关注的研究领域。长期致力于传播文化研究的李金铨，倡导中国的文化研究要超越西方霸权，他在《超越西方霸权：传媒与“文化中国”的现代性》一书中提出以“多元的视角，多重的解释”寻求多元文化之间的对话交流。[①]在全球格局日趋复杂化的进程中，媒介为文化的交流和对话提供了不可替代的平台，中国的媒介文化研究需要从跨文化视角出发，探讨多元对话的方式，破除西方中心主义的媒介文化研究，并最终回归到中国本土的研究，从中国传统文化、社会主义文化当中去挖掘和建构中国媒介文化研究的自主知识体系。

由于媒介文化研究是伴随媒介技术发展、社会文化生态变迁而发展的，媒介技术的发展已经将世界各国联系在一起，因此，在讨论媒介文化时无法回避其全球化的现象。当今世界的全球化进程已经不只是经济上的互联互通，还包容了经济、政治、社会、文化等诸多方面，学界对全球化问题的研究也凸显出综合研究的特点，涉及经济学、政治学、民族学、历史学、国际关系学、生态学、文化学等学科，对全球化的研究需要从系统视角进行多学科、跨学科的研究。

对于媒介文化的全球化研究，既需要从媒介文化产品流动的空间视角展开研究，也需要更加关切媒介环境下如何借助媒介文化重构人类生存环境。研

① 李金铨.超越西方霸权：传媒与“文化中国”的现代性［M］.香港：牛津大学出版社，2004：24.

究媒介文化的全球化问题，是为了在世界媒介文化研究谱系中发现中国，因此，从共时性的角度看，媒介文化的研究需要站在全球的视野，最终回归中国本土，即本土的全球化和全球的本土化的融合研究。约瑟夫·斯特劳巴哈（Joseph Straubhaar）指出，文化杂糅的过程极具复杂性，在20世纪后伴随着后殖民时代的移民、大众媒介跨国化和经济全球化而不断加速。在全球化时代，美国为代表的西方文化常被认为占据全球文化霸权和支配性地位，文化和大众媒介的发展深刻影响着全球化各方面的发展。赫伯特·席勒在《大众传播与美利坚帝国》一书中指出，文化领域“到处充斥着美国制造的影像与信息。美国的流行文化已经迷住了世界各国的青年人”[①]。电子媒介的出现更是强化了美国等西方国家的媒介帝国主义力量，也强化了“中心”对“边缘”的主导力量。媒介文化源于西方国家，如何在去西方化的视角下研究媒介文化的本土化和全球化具有重要价值。戴维·莫利（David Morley）也提出，要从非西方的观念重新思考现代性问题，认为“西方以外的社会是可以创造属于自己的现代化形式的，只有认识到这种可能性，我们才能清楚地看到‘现代化’这个概念并不一定与某个特定的人种、民族、国家或暂时的地点有必然联系”[②]。因此，在全球化语境下开展“去西方化”的媒介文化研究是当前媒介文化研究需要全面打开的局面。

马克思主义理论认为，每个文明国家中的“每一个人的需要的满足都依赖于整个世界”，然而当前各个国家的历史文化仍然只局限于本民族的历史文化，世界历史进程的最终方向是要打破民族之间的隔阂，将各个民族的发展目标汇聚到一起。马克思在《共产党宣言》中进一步阐释了“世界主义”理念，指出整个世界在物质生产和精神文化方面都在打破以往自给自足的状态，“各民族的精神产品成了公共的财产，民族的片面性和局限性日益成为不可能，于是由许多种民族的和地方的文学形成了一种世界的文学”。世界历史的形成是人类

① 席勒.大众传播与美利坚帝国［M］.刘晓红，译.上海：上海译文出版社，2006：39.

② 莫利.传媒、现代性和科技：“新”的地理学［M］.郭大为，常怡如，徐春昕，译.北京：中国传媒大学出版社，2010：150.

社会长期交往发展的结果，国家间的广泛交往、各民族之间的竞争与合作能够促进生产力水平的提高，进一步推动世界一体化，促进人类社会的整体进步和社会文明的发展。

按照美国等西方国家以自我为中心的世界主义或“中心—边缘”理论，一国的发展强大必定要牺牲已有强国的利益为代价，如美国针对中国经济发展所提出的“中国威胁论”“中国发展威胁论”等。但要清楚地看到，“威胁论不是来自中华文明自身的发展，而是来自一些人试图遏制中国，或将中国的发展强行纳入这些人所预先设定的轨道。对中华文明的这种敌视和对抗态度，将使中华文明和西方文明再次相互对峙。中国和平的革命一旦失败，为贫穷、饥饿、灾害所笼罩，对于世界文明的发展，那才是真正的威胁”①。从媒介文化发展的角度来看，超越美国“威胁论”的西方中心主义的发展逻辑，真正让世界各民族文化平等交流、互融互通，既有世界共同的文化发展，也有各民族各具特色的文化繁荣，媒介文化研究的全球化应当以此为发展目标和方向，才能真正走向马克思所阐释的“世界主义”。

英国学者詹姆斯·卡伦（James Curran）的《去西方化媒介研究》一书深入“不同的社会语境”中考察各个国家的传播和传媒体制，以回顾全球传媒生态的整体图景，改变以往单一化、同质化、西方化的媒介研究思维。詹姆斯·卡伦站在“去西方化”的立场上批判性反思了媒介帝国主义理论，并且试图重建国际传播新秩序和建构非西方化的媒介理论。②詹姆斯·卡伦为媒介文化的研究图景开辟了新的思维模式，但《去西方化媒介研究》一书多集中于对报纸、广播电视等传统媒体的讨论，而对新兴媒体未能给予足够重视，但詹姆斯·卡伦一直试图构建起来的一种新的传播秩序理论，为本书开展研究提供了重要启示。

国内外学界在对媒介文化进行研究时，已经开始着眼思考如何超越西方模式，从本土和全球的视野探讨自主知识体系的建构，但较多仍停留在“破”

① 方克立.走向21世纪的中国文化［M］.太原：山西教育出版社，1999：506.

② 卡伦，朴明珍.去西方化媒介研究［M］.卢佳银，崔明伍，杜俊伟，等译.北京：清华大学出版社，2011：5.

西方中心而未能“立”住本土特色的“全球—本土”模式上。与此同时，也需要注意到，全球化与本土化并不是二元对立的发展模式，全球的视野能够帮助我们更加清醒地认识本土的处境，本土的回归能够让我们更理性公正地看待与他国文化之间的关系。本书将以人类命运共同体为理论指引，全面探讨媒介文化研究的全球化与本土化，深入剖析西方模式之外的可能性，为建构自主的知识体系提供方法论启示。

2015年9月28日，国家主席习近平在纽约联合国总部出席第七十届联合国大会一般性辩论并发表题为《携手构建合作共赢新伙伴 同心打造人类命运共同体》的重要讲话，提出我们要继承和弘扬联合国宪章的宗旨和原则，构建以合作共赢为核心的新型国际关系，打造人类命运共同体。[①]2017年2月，联合国社会发展委员会第55届会议首次将“构建人类命运共同体”理念载入联合国决议；同年3月，这一理念首次载入联合国安理会决议。2022年11月，联合国大会裁军与国际安全委员会（联大一委）表决通过“防止外空军备竞赛的进一步切实措施”等三项决议，均写入“人类命运共同体”理念。自中国提出人类命运共同体理念后，该理念连续六年被写入联大一委决议。

邵培仁等指出，习近平总书记对世界和人类文明现状以及发展趋势所持有的系统性认识、论述、主张和行动方案可以从“新世界主义”视角来理解，其中包含了反对霸权主义和西方中心主义，反对地域保护主义和利己主义，反对干涉他国内政，反对否认、歪曲、篡改历史等方面的内容。[②]叶险明认为，人类历史发展在纵向方面表现为社会结构从低级到高级的演变发展，在横向方面则表现为世界整体化的发展。[③]随着生产力的发展，媒介技术突破了时间和空间的限制，人类社会的隔离状态被打破，人类交往不断走向更加紧密的状态，不论是在物质基础上，还是在精神文化上，物质交往和精神交往的普遍化、全球化都在不断推动人类命运共同体、世界一体化格局的形成。

---

① 杜尚泽，李秉新，庞兴雷.习近平出席第七十届联合国大会一般性辩论并发表重要讲话［N］.人民日报，2015-09-29.

② 邵培仁，王昀.新世界主义视野下的中国传媒发展［J］.编辑之友，2017(1)：5-12.

③ 叶险明.世界历史理论的当代构建［M］.北京：中国社会科学出版社，2014：298.

马克思、恩格斯在《共产党宣言》中指出，未来人类解放是要建立一个新型的联合体、共同体，“在那里，每个人的自由发展是一切人的自由发展的条件”，这里所述的“联合体”，可以理解为“人类命运共同体”的最高阶段。人类命运共同体是对马克思、恩格斯所提出的“联合体、共同体”的阶段性发展目标，其本质与“联合体”的形成一脉相承。可以说，人类命运共同体理念将为媒介格局的形成提供一种新的方向，为媒介文化研究提供一种超越全球化、西方中心主义的新的视角，为建构中国自主知识体系提供一种新的方法论。

本章思考题

1. 列举西方文化研究的经典著作或代表人物。
2. 列举中国文化研究的经典著作或代表人物。
3. 论述大众媒介演进的历史并思考不同阶段文化形态的变迁。
4. 思考中国式现代化对中国媒介文化研究的理论指引。
5. 思考人类命运共同体对中国媒介文化研究的理论指引。
6. 思考如何建构中国媒介文化研究自主的知识体系。

第二章
流派与学人：媒介文化研究的理论

本章知识要点

◎ 法兰克福学派：文化工业；机械复制时代的艺术作品

◎ 传播政治经济学派：受众商品论；媒介帝国主义

◎ 伯明翰学派：工人阶级文化；编码与解码

◎ 媒介环境学派：麦克卢汉和波兹曼的媒介理论

最早提出“媒介文化”概念的英国学者尼克·史蒂文森在《认识媒介文化：社会理论与大众传播》中指出，媒介文化理论是更好认识当代文化和现实社会的重要基石，要介绍“那些已建立了媒介理论的学者彼此进行思想交流的历史”[①]，要让更多人了解与媒介文化相关的理论学派。本书在上一章完成了对媒介文化基本概念的详细介绍，本章将接续讲解对媒介文化研究发挥理论指引作用的四个学派：法兰克福学派、传播政治经济学派、伯明翰学派、媒介环境学派。本章依据不同学派分成四小节。

法兰克福学派是文化研究批判理论的重要起点与精神内核，该节将学习其经典理论文化工业，并了解以《机械复制时代的艺术作品》为代表的相关反思性观点；传播政治经济学派从生产、流通、分配和消费的过程拆解媒介文化，该节将学习以马克思主义理论为指引的受众商品论及全球化视野下的媒介帝国主义理论；伯明翰学派也称为文化研究学派，该节将重新审视大众在媒介文化中的主体地位，了解早期英国工人阶级文化，学习编码解码理论；不同于经验学派和批判学派，媒介环境学派强调媒介技术对大众文化的形塑，该节相关媒介理论包括媒介即讯息、媒介是人的延伸、冷媒介和热媒介、地球村、童年的消逝、娱乐至死等。

作为全书的理论指引，本章与其他章节存在丰富而密切的关联。法兰克福学派和传播政治经济学派提出的文化工业、受众商品论等理论，为分析第四至第九章中不同时期、不同区域的媒介文化提供了全新的批判视角。伯明翰学派的理论与方法，将有助于重新发现不同媒介文化中受众的主体性、文本解读的开放性，尤其对理解第八章青年亚文化具有有益启示。媒介环境学派对于媒介技术的强调，将成为第六章、第七章网络文化的重要指引。与此同时，第九

① 史蒂文森.认识媒介文化：社会理论与大众传播［M］.王文斌，译.北京：商务印书馆，2001：19.

章关于全球化浪潮中媒介文化的分析，将充分借鉴媒介帝国主义为代表的传播政治经济学派理论。本章所介绍的流派、学人及理论均属于媒介文化研究中不容忽视的经典，这些理论如何对具体的媒介文化现象发挥指引作用，又如何基于实践发展不断获得范式的创新，在完成本书的全部学习后，我们将获得答案。

第一节　法兰克福学派：从对“文化工业”的反思谈起

一、流派与学人：法兰克福学派及其代表人物

法兰克福学派的理论，历来被视为文化特别是媒介文化研究的重要理论基础。甚至可以说，不读法兰克福学派著作，就没有资格从事传播学文化研究。法兰克福学派是西方新马克思主义中影响最大、最具代表性的一个学派。回溯历史，1923年，德国法兰克福大学社会研究所成立，以马克思主义经济学、历史学为理论指引，致力于考察社会主义和工人运动，具有深厚的历史研究传统，第一任所长是原维也纳大学历史学教授卡尔·格林贝格（Carl Grunberg），成员主要是共产党员、社会民主党党员及一些具有马克思主义倾向的知识分子。1930年，马克斯·霍克海默（Max Horkheimer）担任所长，推动了研究所研究重点的转型，开始致力于运用马克思主义理论分析社会现状、文化与意识形态。[①]1932年，研究所又创刊了《社会研究杂志》，成为当时前沿思想碰撞与交流的阵地。法兰克福大学社会研究所和《社会研究杂志》成为当时从事相关研究的重要平台，“法兰克福学派”的核心成员也正因此而聚集，代表人物包括西奥多·W.阿多诺（Theodor W.Adorno）、本雅明、赫伯特·马尔库塞、埃里克·弗洛姆（Erich Fromm）等，但直到研究所成员离开德国之

① 马德普.西方政治思想史（第五卷）：二战以来［M］.天津：天津人民出版社，2005：269.

前，其观念尚未形成。[1]

回顾法兰克福大学社会研究所的发展史，第二次世界大战为其带来了一定政治变动，因其被视为具有思想危险的存在，研究所主要成员纷纷逃向美国，尽管陌生的美国使这些学者处于边缘状态，但相对自由的环境激发了他们的学术活力，使这些主要成员由反思德国法西斯掌权的原因转向批判整个资本制度，由此开创了大众文化批判的先河，这一时期也因此成为法兰克福学派研究成果最丰富的时期。

1949年，社会研究所恢复了同法兰克福大学的联系，主要成员应德国政府邀请回国，1951年11月14日，研究所在法兰克福重新挂牌[2]，恢复学术阵地，用以表征“正统马克思主义与自由民主主义的批判者”形象的“法兰克福学派”这一名称[3]开始出现在大众视野中。研究所在美国的分支机构同时保留，使未回国的成员得以在美国学术界不断发展学派早期研究。[4]到了20世纪60年代，法兰克福学派的影响力达到鼎盛时期，已超越纯经院式的研究，成为60年代大学生运动的思想武器，相关领域的学者不断涌现。其中，尤尔根·哈贝马斯（Jürgen Habermas）被视为法兰克福学派第二代代表人物，他尝试用批判科学技术取代批判资本主义，开始与实证主义和解，因此被视为法兰克福学派第二代人物中的“右翼”代表。但总体来看，20世纪60年代末以后，随着第一代人物相继退休，法兰克福学派作为一个学派，开始走向衰落。[5]

概言之，法兰克福学派主张恢复马克思主义的批判本质，以马克思主义为理论基础对现实社会进行批判[6]，把大众文化等传播现象同意识形态、社会

---

① 杰伊.法兰克福学派史［M］.单世联，译.广州：广东人民出版社，1996：3.

② 郑春生.拯救与批判：马尔库塞与六十年代美国学生运动［M］.上海：上海三联书店，2009：16.

③ 欧力同，张伟.法兰克福学派研究［M］.重庆：重庆出版社，1990：10.

④ 马德普.西方政治思想史（第五卷）：二战以来［M］.天津：天津人民出版社，2005：269.

⑤ 王雨辰.当代西方马克思主义哲学研究［M］.北京：中国财政经济出版社，2002：196-197.

⑥ 马德普.西方政治思想史（第五卷）：二战以来［M］.天津：天津人民出版社，2005：270.

控制联系在一起，开创了批判的研究传播现象的传统。其对现代工具理性、实证主义的批判具有极大的前沿性和颠覆性，深刻影响了传播批判学派。值得注意的是，法兰克福学派对20世纪90年代以来中国的文化研究产生了深刻影响，国内学界对大众文化的批判，无一不是大量引用法兰克福学派的批判理论，尤其是《启蒙辩证法》关于文化工业（Culture Industry）的讨论。[①]可以说，即便在新媒体现象丰富多元的当下，文化工业仍具有持久的理论生命力。

二、文化工业：法兰克福学派对媒介文化的批判

20世纪初期，广播、电视和电影等媒介快速发展，逐步融入大众生活，这种依靠现代化工业和技术形成的大众传媒及其文化遭到了法兰克福学派的批判。其中，阿多诺被称为法兰克福学派中“最先把大众文化和高等文化同时纳入现代文化的理论研究视野”[②]的学者，法兰克福学派的文化工业理论，也一直被视为文化特别是大众文化分析的重要理论基点。[③]这一理论的缘起要追溯到1944年霍克海默和阿多诺合著出版的《启蒙辩证法》，这一经典之作提出启蒙并非专指近代欧洲18世纪以来的启蒙运动，而是泛指一切旨在把人类从恐惧中解放出来并确立主权的“最一般意义上的进步思想”。[④]霍克海默和阿多诺对资本主义制度和启蒙本身进行了一次彻底反思和批判，被称为后现代主义风气之前对现代性最为激烈的批判之一。沿袭德国社会学家马克斯·韦伯（Max Weber）的思考，他们意识到启蒙本身便是一种“神话”。启蒙虽然消除了神话，让人们摆脱了对神与君王的控制，但却创造了科学主义的神话，让人们陷入了对机器、数字和科学技术无以复加的迷恋中。[⑤]所谓启蒙辩证法，指的是启蒙精神不仅包括从神话到科学、从野蛮到文明的过程，也包括由文明再

① 陆扬，王毅．文化研究导论［M］.3版．上海：复旦大学出版社，2022：379-380.
② 徐贲．走向后现代与后殖民［M］．北京：中国社会科学出版社，1996：291.
③ 陆扬，王毅．文化研究导论［M］.3版．上海：复旦大学出版社，2022：99.
④ 霍克海默，阿多诺．启蒙辩证法［M］．渠敬东，曹卫东，译．上海：上海人民出版社，2020：3.
⑤ 曾一果．西方媒介文化理论研究［M］．北京：学习出版社，2017：36.

次进入野蛮的过程，启蒙本身经历了一个辩证的发展过程，并由于自身逻辑而转向反面，从理性到非理性。可以说，《启蒙辩证法》标志着法兰克福学派创立了具有自己特色的社会批判理论，《文化工业：作为欺骗群众的启蒙》一文中首次使用文化工业，提出“电影和广播不再需要作为艺术”，而是转变成为“工业”。

霍克海默和阿多诺认为，启蒙作为技术的统治，也加速了统治技术的发展。① 在现代化的生产体系中，刚拥有主体性的人，又因技术统治下工具理性的支配重新沦为物。文化工业自上而下整合消费者，把分离了数千年的高雅艺术与低俗艺术的领域强行聚合在一起，结果使双方都深受其害。大众沦为被算计的对象、机器的附件。② 就文化工业本身来看，其本质是更为庞大的资本主义体系的有机环节，资本主义通过文化工业把工人的闲暇时间纳入与在工厂时一样的精神状态，休闲与娱乐并非人们下班后自由选择的行为，而是被进一步整合进生产消费链条。③ 文化选择上的个性化只是商业逻辑下的一种表象，娱乐本质上是异化劳动的延伸。处于工业化逻辑中的文化加深了人的异化，在涉及“外在自然”时解放了人，但在“内在自然”方面却奴役了人。④ 就处于文化工业中的人来看，文化工业利用启蒙发挥了欺骗麻醉大众、导致其丧失判断力的作用，⑤ 即通过灌输“虚假意识形态”使大众沉浸于资本主义现存秩序的幻象中。依据法兰克福学派另一位代表人物马尔库塞的说法，在发达的晚期资本主义社会，“政治的制造者和他们的大众信息供应商系统地助长了单向度的思索”，造就了“单向度的人”。⑥ 总体来看，法兰克福学派的代表人物大都认

① 向德平.科学的社会价值［M］.杭州：浙江科学技术出版社，1998：132.
② 赵勇.整合与颠覆：大众文化的辩证法——法兰克福学派的大众文化理论［M］.北京：北京大学出版社，2005：42.
③ 李彬，曹书乐，等.欧洲传播思想史［M］.上海：复旦大学出版社，2016：58.
④ 奚广庆，王谨，梁树发.西方马克思主义辞典［M］.北京：中国经济出版社，1992：219.
⑤ 霍克海默，阿多诺.启蒙辩证法［M］.渠敬东，曹卫东，译.上海：上海人民出版社，2020：156-161.
⑥ 马尔库塞.单向度的人：发达工业社会意识形态研究［M］.刘继，译.上海：上海译文出版社，1989：14.

同，文化工业是在向大众提供一种“虚假的需要”，这种状态已经扩展到精神文化的生产与消费领域。

法兰克福学派深受西方马克思主义者“商品拜物教”等观念影响。阿多诺曾指出，在现代社会，文化工业把一切艺术作品变成商品，而作品的内在属性与具体使用价值被忽略，交换价值取代使用价值成为备受瞩目的事物，同时也将人与人之间的关系商品化了。马尔库塞也提出类似的说法，“在这个世界中，艺术作品，同反艺术一样，即成为交换价值，成为商品”[①]。阿多诺还将大众喜爱的流行音乐视为文化工业的商品，认为其是标准化的、丧失个性的，会导致听众品位的下降。这种对流行音乐的思考，在今天仍旧能够对反思由新兴媒介技术催生的流行文化现象提供理论启示。

值得一提的是，法兰克福学派对文化工业及大众文化的批判，一直受到不同学者不同程度的质疑与反驳。有学者认为其论调过于简单偏激，过度强调生产方式对文化商品内容的决定作用，可能忽略了文化产品本身和受众解读过程中的自主性和解放性，缺乏相应的经验研究。但从法兰克福学派兴起的历史看，这一局限可能与该学派代表人物在美国的边缘地位及原有文化精英身份密不可分，甚至有学者将其形象描述为“书斋中的革命”[②]。

三、“灵韵”与“震惊”：机械复制时代的艺术作品

在法兰克福学派普遍对文化工业批判的氛围中，本雅明、列奥·洛文塔尔（Leo Lowenthal）等学者也提出了不同见解，以较为客观中立的态度看待大众文化中的媒介技术转型。其中，“灵韵”（aura）与“震惊”是本雅明媒介文化思想的关键词。1936年，本雅明发表《机械复制时代的艺术作品》，关注到媒介技术带来的新文化现象。随着照相机、电影和电视等的出现，机械复制技术

① 马尔库塞.审美之维［M］.李小兵，译.上海：生活·读书·新知三联书店，1989：192.

② 刘海龙.大众传播理论：范式与流派［M］.北京：中国人民大学出版社，2008：307.

开始介入文化领域，艺术品批量走向大众和市场，艺术的“灵韵”因此丧失。本雅明对“灵韵”丧失的批判，本质与霍克海默、阿多诺是一致的，但他进一步提出，传统艺术品在被新媒介破坏时，也带来了一种“震惊美学”和“民主参与”，这种“震惊”破除了艺术蕴含的宗教色彩，打破了艺术的垄断，让现代人的身体和意识苏醒过来。[①]可以说，从“灵韵”到“震惊”，机械复制技术使大众开始获得对艺术的发言权和批判权。

本雅明的思想，可以从艺术品的两种价值进行理解。一种侧重艺术品的膜拜价值，另一种侧重艺术品的展示价值。[②]传统的艺术膜拜价值在机械复制技术面前开始瓦解。19世纪前后，技术复制不仅能复制一切已经传世的艺术品，从而延续扩展它们对社会的影响力，同时还在艺术处理方式中获得一席之地。它的两种不同表现形式，即对艺术品的大规模复制生产和电影艺术，都反过来对传统艺术的形式、表达和传播，产生了深刻的影响。[③]机械复制第一次将艺术作品从对艺术的寄生依赖中解放出来[④]，艺术作品不再具有神秘性和神圣性，逐渐接近日常生活，不断满足大众展示和观看自身想象的需要。现代技术制造的产品不仅仅作为艺术作品而存在，更作为具有其他广泛社会功能的产品，在日常生活中发挥更直接的影响。

概言之，本雅明对大众文化所持有的肯定态度自然是有别于霍克海默与阿多诺的，他关注到了大众在文本（作品）意义生成上的主动性。相比于一味将技术与统治、支配以及工具理性等连接起来的思想，本雅明看到了现代技术给艺术带来的进步，关注到艺术与科技的结合，为大众展示了更丰富的世界，从而使得在视觉与听觉方面感官得以进一步深化，这与阿多诺所批判的受众精神涣散是不同的。可以说，本雅明等学者为法兰克福学派带来思想丰富多元的面向。这种对媒介文化受众自主性的解读将在本章第三节得到进一步深入的讨论。

① 曾一果.西方媒介文化理论研究［M］.北京：学习出版社，2017：48-50.

② 陆扬，王毅.文化研究导论［M］.3版.上海：复旦大学出版社，2022：121.

③ 本雅明.机械复制时代的艺术作品［M］.王才勇，译.北京：中国城市出版社，2002：53.

④ 陆扬，王毅.大众文化与传媒［M］.上海：上海三联书店，2000：60.

第二节　传播政治经济学派：马克思主义理论对媒介文化的指引

一、流派与学人：传播政治经济学派及其代表人物

以霍克海默、阿多诺为代表的法兰克福学派思想家，大多以哲学和文学批评角度切入开展对大众文化的研究，尚没有从政治经济学视角去关注整个文化工业的生产、流通、分配和消费过程，也没有对文化工业中“受众”解读的主体性进行深入剖析。[①]由此就不得不提及深受法兰克福学派影响的传播政治经济学派，该理论学派把大众传媒看作一种产业，主张去媒介中心化的研究取向，用政治经济学方法对大众传播产业的生产、再生产过程进行研究。追溯学派诞生的媒介背景，20世纪30年代以来，以电视为主的电子媒介迅速普及，资本推动相关产业不断发展，国家也开始逐步成为传播的生产者、行销者、消费者及监控者。最后商业和国家共同推动了西方核心国家的大众媒介向世界其他地方扩展，造成世界范围内的传播不平等和媒介帝国主义（Media Imperialism）现象。在不同的社会语境下，学者们关注不同的议题，作为一种学术思潮，传播政治经济学催生了三种不同的研究传统：北美的传播政治经济学、欧洲的传播政治经济学以及第三世界国家的传播政治经济学。

达拉斯·W.斯迈思（Dallas W. Smythe）充分吸收借鉴法兰克福学派理论，于1948—1949年在伊利诺伊大学传播学院开设“传播政治经济学”，传播政治经济学学科至此成立。斯迈思提出将大众传媒和大众文化“置于更广泛的政治经济学，尤其是马克思主义理论的框架中进行理解”[②]。其中，他提出的受众商

① 刘海龙.大众传播理论：范式与流派［M］.北京：中国人民大学出版社，2008：312.

② 莫斯可.传播政治经济学［M］.胡正荣，张磊，段鹏，等译.北京：华夏出版社，2000：74-78.

品论（Audience as Commodity）对媒介文化有重要影响。另一位传播政治经济学代表人物是赫伯特·席勒，在“文化帝国主义”（Cultural Imperialism）等理论的基础上阐释媒介帝国主义，集中对媒介入侵政治经济领域并控制信息流通进行分析探讨。[①]在传播政治经济学派中，学者们关注大众媒介作为一种经济力量对社会的影响，以及政治、经济机构对大众传播的影响，强调以一种“历史的”“制度的”方法来研究传播现象[②]，注重国家权力、垄断组织与大众媒介的关系。斯迈思的《依附之路：传播、资本主义、意识和加拿大》、席勒的《大众传播与美利坚帝国》以及托马斯·贝克特（Thomas Becket）的《国际电影产业：1945年以来的西欧与美国》等著作，都深入探讨了生产和政治对大众传媒的影响。[③]从这些学者的经历看，斯迈思和席勒都有经济学背景，斯迈思曾是联邦通讯委员会首任经济学家，席勒参加过第二次世界大战及战后美国驻德托管工作，他们依据丰富的实践经验进行理论探讨，并推动一个批判的北美传播体制学术圈形成。

20世纪70年代后，美国传播政治经济学向世界各地扩散。受到广播电视商业化进程的推动，欧洲学者也开始关注媒体所有权，以大众传媒为研究对象，探讨媒介与政治、经济的关联，欧洲传播政治经济学研究主要集中在英国和法国。尼古拉斯·加汉姆（Nicholas Garnham）在《解放·传媒·现代性——关于传媒和社会理论的讨论》中批评经验学派的“行政研究”，认为传媒研究关涉人类生存问题，要以“人文科学为基础”[④]，强调政治和经济因素在传媒生产、分配和消费过程中的决定性作用。[⑤]与北美学者有所不同，英国学者重视文化和权力结构分析，从马克思主义政治经济学角度来研究大众传播问题，将文化研究对于文本意义和受众解释的研究纳入政治经济研究中，主张以非工具

① 吴志远.超越主体主义：反思20世纪传播学的哲学源流［M］.南京：江苏人民出版社，2020：105.

② 刘晓红.西方传播政治经济学研究［M］.上海：上海人民出版社，2007：32.

③ 莫斯可.传播政治经济学［M］.胡正荣，张磊，段鹏，等译.北京：华夏出版社，2000：85.

④ 加汉姆.解放·传媒·现代性：关于传媒和社会理论的讨论［M］.李岚，译.北京：新华出版社，2005：7.

⑤ 曾一果.西方媒介文化理论研究［M］.北京：学习出版社，2017：115.

性、非决定性的方式看待经济对意识形态的影响，强调建立关于阶级矛盾与阶级冲突的媒介理论和维护服务公众的传播系统，谋求社会变革。相关代表人物及其著作包括格雷厄姆·默多克（Graham Murdock）、彼得·戈尔丁（Peter Golding）的《论大众传播政治经济学》以及《资本主义、传播与阶级关系》，阿曼德·马特拉特（Armand Mattelart）与赛斯·西格劳伯（Seth Siegelaub）的《传播与阶级斗争：资本主义与帝国主义》，以及尼古拉斯·加汉姆的《大众传播政治经济学》等。①

将传播政治经济学的理论演进放置在全球发展史中看，第二次世界大战后，第三世界国家普遍将发展视为要务，推崇发展主义和现代化理论。随着全球化和美国全球霸权的建立，第三世界国家开始将文化研究整合进传播政治经济学知识框架中，把帝国主义意识形态与美国等发达国家的全球文化工业联系在一起。随着信息技术、资本垄断及全球化进程加快，传播政治经济学的研究呈现日益丰富多元，开始与后现代主义、消费主义等理论结合在一起，甚至出现后现代主义传播政治经济学等。诚然，也有学者对此提出反思，认为很多大众媒介研究只关注经济和产业因素，传播研究变成了产业研究，忽略了传媒产业背后的权力逻辑。

二、受众商品论：媒介文化产品不是“免费的午餐”

在文化工业的生产、内容（文本）及消费等诸多环节中，传播政治经济学强调文本和消费中经济因素的影响以及文本的生产。传播政治经济学研究充分承袭马克思主义理论，关注大众传播机构不同所有制形式对传播活动的控制，关注文化的商品化问题。关于商品，马克思指出：“资本主义生产方式占统治地位的社会的财富，表现为‘庞大的商品堆积’，单个的商品表现为这种

① 黄良奇.仪式拯救与功能再造：传媒泛娱乐化批评研究［M］.北京：新华出版社，2021：146.

财富的元素形式。因此，我们的研究就从分析商品开始。”[①]由此可见，马克思在《资本论》中的分析就是以商品为起点的。继承马克思这一分析方法，斯迈思也提出，一种普遍的马克思主义传播理论的起点应该是商品交换理论。[②]

斯迈思以政治经济学视角洞悉大众传播在资本主义经济中的服务角色和运作机制，于1951年在瓦萨学院消费者联盟研究所的一次会议上，第一次提到“受众商品理论”；1977年，他在《传播：西方马克思主义的盲点》中正式提出受众商品理论，标志着该理论正式形成。该理论也成为传播政治经济学的经典理论。斯迈思提出，大众传播研究应该转向对意识形态工业复杂机制的唯物主义分析，即着重于研究大众传播系统服务资本主义的经济功能。大众传播最终的产品是受众的劳动，换句话说，也就是受众的闲暇时间成为垄断资本主义的物质现实。[③]由此可以发现，在所有工作时间外的劳动力再生产时间中，绝大多数人仍然在为资本主义工作。受众商品理论反映了一种“受众”认识观念，为“受众”概念提供了另一种解读方式。[④]

根据马克思主义政治经济学理论，媒介制造的产品具有使用价值与价值双重属性，符合“商品”的定义。以被视为媒介商品之一的“广播电视节目”为例，媒体成为具有“钓饵”性质的“免费的午餐”，将各种免费的娱乐文化产品作为诱饵，将受众吸引到电视机这一生产现场，将受众作为商品出售给广告商，受众成为用于广告商品销售的不耐用的生产原料，受众的劳动同时创造了对广告的需求。[⑤]可以说，劳动时间被垄断资本主义双倍转化，受众一方面进行着自己劳动力的生产与再生产，另一方面通过“学会购买特定品牌消费品”这一受众劳动形式创造了商品的潜在“象征价值”，受众在劳动中不但没有获得报酬，反而促使其消费新商品，在消费中将“免费的午餐”变为可口的

① 马克思.资本论（第一卷）[M].中共中央马克思恩格斯列宁斯大林著作编译局，编译.北京：人民出版社，2004：47.

② FUCHS C. Digital labour and Karl Marx [M]. New York：Routledge，2013：81.

③ 谢芳芳.马克思主义视域中的福克斯数字劳动思想 [M].广州：广东人民出版社，2021：90-91.

④ 朱振明.西方国际传播的想象 [M].北京：中国传媒大学出版社，2021：61.

⑤ 刘海龙.大众传播理论：范式与流派 [M].北京：中国人民大学出版社，2008：318.

美味佳肴，受众非但没有得到经济补偿，反而要承担经济后果。①同时，传播政治经济学理论被质疑的面向也是其不认为受众是主动参与媒介传播和意义创造的生产者，而是没有生命和思想的“商品”，任由媒介统治者摆布。②

受众商品论直指美国商业广播电视对受众的剥削，斯迈思的观点也遇到了很多反对声音，如被称为“庸俗政治经济学”，该观点忽略了新技术带来的变化，没有认识到通俗文化的多样性及人们会采取各自不同的方式来理解文化内容等。③也有学者称，该观点只解释了商品的形式，忽略了文化商品内容背后的意识形态控制与斗争。苏特·加利（Sut Jhally）指出，斯迈思的受众商品无法说明受众的价值创造问题，认为传播媒体与广告商之间交换的商品应该是“受众的观看时间”④，大卫·海斯莫汗（David Hesmondhalgh）等学者甚至完全反对受众商品论，认为其是还原主义和机能主义的。呈现斯迈思受众商品论及其反对声音，既可以充分还原传播政治经济学派的丰富面向，也有助于以马克思主义理论为指引开展媒介文化研究，不断拓宽思路、丰富视野。

三、媒介帝国主义：在全球化背景中反思媒介文化

第二次世界大战后，许多殖民地国家相继摆脱殖民统治，国家发展与现代化成为最紧迫的任务。同时，科学技术革命使大众媒介在现代社会中的影响力日益突出，成为传播现代化观念和思想的重要工具，在世界各国经济社会发展中扮演重要角色。在历史与现实的推动下，文化与传播研究不断生发出新范式，与此前站在发达国家立场上宣传利用大众媒介推动国家发展不同，开始有学者站在第三世界国家立场上，以宽阔的全球视野重新审视国家发展，探索文

① 许正林.欧洲传播思想史（修订版）[M].上海：上海人民出版社，2022：517.

② 谢梅，王理.大众传播学理论及方法教程[M].成都：电子科技大学出版社，2020：264.

③ 巴兰，戴维斯.大众传播理论：基础、争鸣与未来[M].曹书乐，译.3版.北京：清华大学出版社，2004：235.

④ JHALLY S，LIVANT B.Watching as working：the valorization of audience consciousness[J].Journal of communication，1986，36(2)：124-143.

化传播与国家发展模式，通过反思“文化传播霸权”“文化侵略”等，逐步形成媒介帝国主义理论。

追溯理论的缘起，20世纪60—70年代，发展中国家意识到信息交流和文化传播成为发达国家控制第三世界国家的重要手段，不断开展不结盟运动，从呼吁建立“国际经济新秩序”到主张建立“国际信息新秩序”，要求改变国际信息流通不平等、不均衡、不对称的现象。基于此，学者们从“帝国主义”与“殖民主义”视角对文化传播与国家发展理论进行反思，探讨在全球经济与文化传播的结构中，大众媒介在社会发展中的作用。代表人物及研究成果包括席勒于1969年出版的《大众传播与美利坚帝国》，该书中的内容揭开了媒介帝国主义理论研究的序幕，把第二次世界大战后国际传播信息流通不平衡以及第三世界国家的传播活动受制于资本主义发达国家的现象，归结为一种新的帝国主义形式。[①]在大众媒介文化领域，以席勒为代表的学者突破了单纯讨论资本影响文化的局限，将讨论延展至美国等西方国家的政治军事体制上，将视野从一国拓展至全球范围，极大丰富了媒介文化研究的理论图谱。

1976年，席勒在《传播与文化支配》中首次提出“文化帝国主义”，认为文化帝国主义“是过程的集合，在这一过程中，一个社会被卷入现代世界体系，而这个社会的主导阶层被吸引、压迫、强制并且有时被贿赂，以形成符合甚至促进世界体系主导中心价值和结构的社会体制”。[②]受此启发，1977年，奥利费·博伊德–巴雷特（Oliver Boyd-Barrett）在论文《媒介帝国主义：媒介系统分析的一种框架》中首次提出媒介帝国主义，指出“媒介帝国主义是权力来源不平衡所造成的不可避免的结果”，概括了媒介帝国主义的四种形式：“一是传播工具的形式，二为整套工具的安排，三为理想实行的价值观，以及特殊的媒介内容。”[③]媒介帝国主义与文化帝国主义是两个密切关联但又有差异的概念，[④]媒介帝国主义是文化帝国主义的主要组成部分，同时又是文化帝国主义

① 庄晓东.传播与文化教程［M］.昆明：云南大学出版社，2021：71-74.

② 兰塔能.媒介与全球化［M］.章宏，译.北京：中国传媒大学出版社，2016：84.

③ 庄晓东.传播与文化教程［M］.昆明：云南大学出版社，2021：69.

④ 程雪峰.软实力博弈：媒介强度与文化势能［M］.北京：光明日报出版社，2019：40.

实现霸权所必须使用和依赖的工具。①可以说，正是大众媒介向发展中国家输入了西方的科技和文化，一定程度上影响了国家的独立发展。

针对西方传媒及其产品输出具有控制他国意图等观点，有学者提出了不同看法。1991年，约翰·汤林森（John Tomlinson，也译为约翰·汤姆林森）出版了《文化帝国主义》，提出虽然媒介是“文化帝国主义”的重要方面，但媒介并不是现代文化的“中心”，其只是中性地、平等地扩散，而不是把自己的意识形态强加于第三世界国家。②科林·斯巴克斯（Colin Sparks）提出，任何一个国家、民族的文化往往都代表该国主流文化，但无法涵盖所有群体，因此，外来文化也许可以表达在本国受压制群体的文化诉求。③在全球化带来的文化博弈中，外来文化并不一定是侵略一方，反而有可能让内在传统文化在适应全球化的进程中被赋予新的内驱力。因此，全球化不一定会导致国家成为外来文化主体的附庸。汤林森认为根本不存在一个固定的文化帝国主义概念，有的只是关于它的不同话语。④媒介帝国主义还未建立一个抽象完善的理论体系，如今的世界文化正朝着多中心、多层次方向发展，深入发掘文化传播的多重面向，拓展文化传播的研究视野，将具有重要的意义。

第三节　伯明翰学派：在媒介文化生产中发现受众主体性

一、流派与学人：伯明翰学派及其代表人物

在西方文化研究的发展脉络中，“文化研究”不是泛义对“文化”的一般

① 曹爱民.西方新闻理论教程［M］.南京：南京师范大学出版社，2014：82.

② 汤林森.文化帝国主义［M］.冯建三，译.郭英剑，校订.上海：上海人民出版社，1999：6-7.

③ 单波，刘学.全球媒介的跨文化传播幻象［M］.上海：上海交通大学出版社，2015：23.

④ 刘海龙.大众传播理论：范式与流派［M］.北京：中国人民大学出版社，2008：328.

讨论，而是特指第二次世界大战以后在英国形成的知识流派。[①]文化成为对英国共同生活状况“所发生的普遍和重大变化所作出的一种普遍反应”[②]，文化保守主义者马修·阿诺德（Matthew Arnold）和F. R.利维斯（F. R. Leavis）都对工业革命后英国的文化和社会感到失望。第二次世界大战后，英国进入了一个高速发展时期，知识分子开始关注在战后复兴过程中产生的新的经济和政治权力结构，1956年匈牙利“十月事件”使左派知识分子对马克思主义本身进行深入反思，虽批判其隐含的欧洲中心主义思想，但又从马克思主义研究对象里找到了新的方向，包括语言、象征符号、文化、意识形态等，重新挖掘文化的意涵。20世纪50年代至60年代初，英国出现了文化研究的代表人物和著作，包括理查德·霍加特（Richard Hoggart）的《识字的用途》、雷蒙德·亨利·威廉斯的《文化与社会：1780—1950》和《漫长的革命》、E. P.汤普森（E.P.Thompson）的《英国工人阶级的形成》等。这些学者及其理论标志着一种新文化观的形成，塑造了早期文化研究的特色，为文化研究奠定了重要基础。[③]

1964年，英国伯明翰大学英语系成立了当代文化研究中心，其宗旨是研究文化形式、文化实践和文化机构及其与社会和社会变迁的关系，这标志着文化研究正式进入高等教育体制，伯明翰学派也称为文化研究学派。该学派核心成员包括上文提到的霍加特、威廉斯、汤普森，以及霍尔、约翰·费斯克（John Fiske）。文化研究中心第一位主任便是霍加特。在认识论层面，早期文化研究关注现实问题，主张文化是一种实践，强调将整个社会生活方式纳入对文化的考察，研究“鲜活的文化”，关注各种实践之间相互妥协与对话的状态；在方法论层面，采用反科学主义、反学科体制的跨学科方式，借助话语的交叉融合开展研究，尤其提倡民族志的研究方法。

20世纪70年代中期以后，文化研究逐渐在英国学界获得更大的影响力，

① 崔欣，孙瑞祥.大众文化与传播研究［M］.天津：天津人民出版社，2005：115.

② 威廉斯.文化与社会：1780—1950［M］.高晓玲，译.长春：吉林出版集团有限责任公司，2011：311.

③ 刘海龙.大众传播理论：范式与流派［M］.北京：中国人民大学出版社，2008：336.

许多学校不仅开设文化研究课程，还开始授予文化研究学位，学术地位日益凸显。20世纪70年代末，英国开放大学集结了“大众传播与社会”与“大众文化”等课题成员，使文化研究影响力进一步扩大。[①]20世纪80年代初期起，文化研究逐步影响到世界各国，掀起了学术热潮。在《文化研究：两种范式》一书中，霍尔提出了文化研究的两种路径：文化主义和结构主义。虽然这两种路径有共同立场与方向，但是也存在一些差异，体现在对主体与结构的关系认识的不同上。结构主义的分析使霍尔看到文化主义普遍重视的总体性概念所存在的问题，通过二者的融合，不断丰富文化研究的知识谱系。[②]

20世纪90年代后，作为新兴媒体的互联网的兴起与发展，引起了戴维·莫利等文化研究学者的关注，开始思考媒介技术在文化上对人类生活的影响，莫利关注到“以电脑为基础的群体组织和日程安排已经从职场蔓延到了家庭生活中”[③]，新的媒介技术已经成为家庭生活的一部分。约翰·哈特利（John Hartley）对新兴数字媒体持乐观态度，认为数字时代改变了以往少数精英控制文化的局面，文化开始“从只读不写的传播模式走向读写并用的传播模式过程中，其自身也转变成了知识生长的引擎”[④]。但随着理论拓展，文化研究逐渐演变为对各种文化形式进行开放性对话的一种文化主张[⑤]，研究取向越来越朝着多元化、跨学科方向发展，电影、电视及新兴电子传媒成为文化研究主要对象，受众和效果研究不断成为媒介文化研究新趋向，逐渐取代早期社会和文本研究。当代文化研究中心后与社会系合并，改称“文化研究与社会学系”。尽管伯明翰大学在2002年撤销了该系，但并不意味着文化研究的衰落，相反，文化研究范式开始广泛地被世界各国学界所接受。

从伯明翰学派的理论述评可见，其形成了与法兰克福学派精英主义文化

① 潘知常，林玮.传媒批判理论［M］.北京：新华出版社，2002：192.

② 盛立民.作为整体生活方式的文化：雷蒙德·威廉斯文化唯物主义思想研究［M］.天津：天津人民出版社，2021：197-199.

③ 莫利.传媒、现代性和科技：“新”的地理学［M］.郭大为，常怡如，徐春昕，译.北京：中国传媒大学出版社，2010：206.

④ 哈特利.数字时代的文化［M］.李士林，黄晓波，译.杭州：浙江大学出版社，2014：161.

⑤ 崔欣，孙瑞祥.大众文化与传播研究［M］.天津：天津人民出版社，2005：116.

观的对话，重新界定了文化。文化开始被看成“一种生活方式”，新兴的工人阶级文化、青年亚文化、大众媒介文化都得到了充分肯定。①伯明翰学派同时矫正了法兰克福学派过于浓重的批判色彩，关注到文本意义解读的开放性，关注到自下而上的大众文化的“能动”层面，拓展了文化工业的研究思路。在伯明翰学派看来，技术只是一个“中性概念”，技术的“单向传送”无法完全控制文化与传媒，文化传播是一种“复式传送”，不可能导致人的能动性即接受与反应的能力完全丧失，该学派赋予了“经验”一种可信的地位。诚如威廉斯所解释的，“人们的心理世界是由他们的整个经验塑造的”，“技术高明的传送可能会对活动与信念的几个方面有影响”，“但在混乱中，整体的经验将会重新抬头，固守它自己的世界”。②

二、工人阶级文化：在大众生活内部发现文化

种族、阶级、性别是文化研究非常重要的方面，在大众媒介高度发展的当下，三个议题研究的重要性进一步凸显。阶级的概念诞生于工业革命时期，指具有相同社会和经济地位，或参与共同经济活动的某一人群。韦伯的阶级分析方法关注阶级意识和阶级文化。在文化研究领域里，霍加特、威廉斯与汤普森成为将文化与阶级连接起来的重要学者，他们的思想普遍受到本节开篇提到的文化保守主义者利维斯的深刻影响。利维斯把文化定位在优秀文学传统上，将当时出现的广告、通俗小说视为“大众文化”，主张用优秀古典文化“伟大传统”中包含的道德和价值观念来教化民众，建构一个17世纪工业革命以前未受污染的“美好过去”，希望借其来拯救“糟糕的当下”。③可以说，在深入学习伯明翰学派前，了解英国文化研究的先声利维斯主义是非常必要的。

① 曾一果.西方媒介文化理论研究［M］.北京：学习出版社，2017：60.

② 威廉斯.文化与社会［M］.吴松江，张文定，译.北京：北京大学出版社，1991：392.

③ 刘海龙.大众传播理论：范式与流派［M］.北京：中国人民大学出版社，2008：336.

作为伯明翰大学当代文化研究中心的主要创办人及首任主任，霍加特及其重要著作《识字的用途》是文化研究的重要成果。在书中，霍加特描写了20世纪30年代霍加特童年时代的工人阶级文化与20世纪50年代传统的工人阶级文化受到大众娱乐新形式深刻影响的两部分内容。其中，20世纪30年代的工人阶级形成了有着共同情感经历的有机工人文化，传统的"活的文化"再现。但到了20世纪50年代，第二次世界大战后，美国商业通俗文化的入侵，"活的文化"开始衰落。霍加特批判的不是工人阶级的"道德"丧失，而是提供给工人阶级的文化中的"道德严肃性"的丧失。①20世纪30年代的工人阶级文化表达了一个以强烈的群体意识为标志，基本上由大众创造的文化，后来的大众娱乐开始破坏健康的工人阶级文化组织。霍加特也经历了从精英视角逐步开始从民众内部观察他们文化的研究转型，他认为工人阶级可以抵抗大众文化的控制："工人阶级天生有强大的能力，通过适应或吸收新秩序的需要，忽视其他，在变化中生存下来。"他还坚信工人阶级"了不起的道德源泉"会鼓励他们为自己的目的继续改造利用文化工业的产品和实践活动。②霍加特吸收利维斯的理论精髓，认识到文化的衰落，但不同于利维斯的保守，他对工人阶级文化进行细致入微的关注，其所指的优秀文化不只局限于利维斯等称为"伟大传统"的古典精英文化，而是扩展到工人阶级具体生活方式内部，他所谓的"美好过去"也不只是17世纪工业革命以前的有机社会，而更多指涉20世纪30年代的工人阶级文化。

伯明翰学派另一位学者雷蒙德·亨利·威廉斯，是英国文化研究开山鼻祖、批判学派代表人物之一及"西方马克思主义"文化批评家。在《漫长的革命》一书中，他将文化定义成三种形式：第一种是理想型文化，文化是一种人类完善的心理状态和过程，用以指称所谓"伟大传统"的优秀思想和艺术经典，这个定义为利维斯所用；第二种是文献式文化，文化是用作象征"知

① 斯道雷.文化理论与通俗文化导论［M］.杨竹山，郭发勇，周辉，译.2版.南京：南京大学出版社，2006：48.

② 斯道雷.文化理论与通俗文化导论［M］.杨竹山，郭发勇，周辉，译.2版.南京：南京大学出版社，2006：53.

识，尤其是艺术活动的实践及其成品”，而这些作品以丰富多彩的方式记录了人类的思想和经历；第三种是文化的“社会”定义，文化是对一种特殊生活方式的描述，用于指涉“一个民族、一个时期、一个团体或整体人类的特定生活方式”。[①]威廉斯对文化的定义不再局限“理想”和“文献”，而是包括生活方式在内的颇具社会学和人类学意义的文化，被认为具有“建立文化主义的决定性意义”。文化诞生于“普通”的日常生活中，是在日常生活的作品和实践相互交流过程中创造出来的，文化应该是普通人的“活生生的经历”。[②]可以说，威廉斯对文化的理解与认识，突破了“精英”与“通俗”的二元对立，从社会学视角出发，将文化看成某个时期多层的“鲜活”的整体，推崇实现一种“共同的文化”，即所有阶级和社会阶层都可能创造性参与和分享的文化。他不再用内容的优劣来评价文化，这与利维斯对“美好过去”的幻想形成强烈的对话，也成为伯明翰学派在理论上对文化研究的推进。霍尔称《漫长的革命》是“英国战后知识分子生活的一个创新事件”，它为通俗文化研究奠定了基础。简言之，威廉斯的文化研究范式以文学批评作为方法，兼容社会学、政治学等多重视角，将鲜活的大众文化现象视为考察与分析的文本，这也同时启发了后来文化研究中流行的民族志方法。

第三位学者汤普森具有坚定的社会主义和人道主义立场，以独立的马克思主义者自居。他1963年出版的《英国工人阶级的形成》成为早期文化研究的经典之作。该书的核心内容并非抽象的经济和政治分析，而是讲述普通人的经验、价值观、愿望，如何与工业革命中的经济过程发生冲突。[③]《英国工人阶级的形成》深入讨论了英国工人阶级政治和文化的形成。首先，这一文化重建了18世纪末英国激进主义的政治和文化传统；其次，该书着重分析了不同劳动阶层在工业革命中的社会和文化经验；最后，汤普森提出，工人阶级觉悟

① WILLIAMS R. The analysis of culture［M］//STOREY J. Cultural theory and popular culture：a reader. 2nd ed. London：Prentice Hall，1998.

② 斯道雷.文化理论与通俗文化导论［M］.杨竹山，郭发勇，周辉，译. 2版.南京：南京大学出版社，2006：58，74.

③ 温特.自我意识的艺术：文化研究作为权力的批判［M］.徐蕾，译.重庆：重庆大学出版社，2019：36.

是随着政治、社会和文化权力的增加而提高的。汤普森认为，阶级不是一个事物，而是一种关系，这种关系不由经济直接决定，工人阶级内部团体的形成条件是拥有持续性的政治文化传统。阶级意识是基于文化形成的，工人对整个阶级的身份认同和文化想象在一定程度上受到作家、革命者、工会组织者等的影响。他明确将阶级的产生定位在阶级成员的共同利益上，共同利益受到生产关系影响。[①]在对文化的定义上，汤普森承袭了威廉斯的社会学研究态度，认为文化在工人阶级形成过程中发挥了重要作用，文化是社会存在与社会意识之间的协商和对话。[②]但与威廉斯将文化视为整体的视角不同，汤普森认为工人阶级文化并不具有整体性，而是一直处在冲突和对话之中，是复数的而非统一的、大写的文化，他的思想也被认为是一种文化马克思主义范式。

三、编码与解码：发现电视话语“意义”的多元性

1966年，霍尔加盟伯明翰大学当代文化研究中心，1969年接替霍加特成为中心第二任主任。作为文化研究重要代表人物，霍尔继承了霍加特对工人阶级文化民族志的研究方法[③]，将“媒介和文化”作为重要问题意识。但值得注意的是，霍尔所面对的社会环境不同于霍加特，他的理论与阶级、种族和性别的相关性更强。霍尔不断探索大众媒介的文化表征是如何维系资本主义社会统治阶级意识形态的，这一思想在霍尔的研究成果中得到持续、集中的体现。

1973年，霍尔发表《电视话语中的编码和解码》，深入讨论了电视话语“意义”的生产与传播，他提出电视文化研究的“对象”是某种“信息”产品。马克思主义政治经济学包括对生产、流通、使用（包括分配或消费）、再生产四个环节的研究，受此启发，霍尔借鉴语言学家费尔迪南·德·索绪尔（Ferdinand de Saussure）的语言学和符号学理论，提出电视话语“意义”生产

① 陆扬.文化研究概论［M］.上海：复旦大学出版社，2008：65.

② 刘海龙.大众传播理论：范式与流派［M］.北京：中国人民大学出版社，2008：337.

③ 许正林.欧洲传播思想史（修订版）［M］.上海：上海人民出版社，2022：476.

与传播的三个阶段。第一阶段是电视话语“意义”的生产阶段，即电视工作者对原材料的加工，离不开加工者的知识结构以及生产关系和技术条件等因素，这便是编码（Encoding）。第二阶段是“成品”阶段，“意义”被注入电视话语后，占主导地位的便是赋予电视作品意义的语言和话语原则，电视的信息是多义的，符号的意义并不一定与事实完全符合。第三阶段是观众的解码（Decoding）阶段，观众面对的不是社会原始事件，而是加工过的“译本”，观众要通过解码理解“译本”的意义，解码这一行为本身就成为一种社会实践，即“通过话语的流通，‘生产’成为‘再生产’然后又成为‘生产’”①。

在大众媒介文化中，受众受到知识结构、社会地位、解码语境、与传播者关系等不同因素影响，会对相同的传播内容做出不同的解码。受社会学家法兰克·帕金（Frank Parkin）的《阶级不平等与政治秩序》启发，霍尔提出三种假设的解码立场。第一种为“支配—霸权立场”，该立场深受安东尼奥·葛兰西（Antonio Gramsci）霸权理论的指引，提出文化与权力的密切关系；第二种为“协商代码或协商立场”，观众与占据支配地位的意识形态处于一种充满矛盾的商议过程中；第三种为“对立码”，观众能识别出电视话语的编码，但选择自己的立场解码。编码与解码理论提出了一个重要问题，即意义不是传送者“传递”的，而是接受者“生产”的，受众存在一定的主动性和选择性，主导的意识形态并不能使受众完全接受。但与此同时，该理论又不赞同经验学派的“选择性认知”，认为其夸大了受众的选择自由。客观地看，任何文化都有一定的封闭性，主导的文化秩序始终会限制受众的解码自由。②

从霍尔的理论特色看，他充分借鉴克洛德·列维–斯特劳斯（Claude Levi-Strauss）、罗兰·巴特（Roland Barthes）、路易·皮埃尔·阿尔都塞（Louis Pierre Althusser）及安东尼奥·葛兰西等学者的理论成果，不断强化威廉斯等建构起来的文化主义传统。这种文化研究范式同时形成了与美国经验学派的对话，创新了从经验与行为对大众传播过程解读的路径，为文化的生产和接受提供了一

① 陆扬，王毅.文化研究导论［M］.3版.上海：复旦大学出版社，2022：189.

② 刘海龙.大众传播理论：范式与流派［M］.北京：中国人民大学出版社，2008：363.

套新的分析话语，为电视文化及电视观众民族志研究提供了新的符号范式。可以说，以霍尔的编码与解码为代表的相关理论，使大众文化中的受众首次被赋予积极的角色，从被动和消极的状态中解放出来，成为“意义”的自主生产者。英国文化研究者约翰·斯多雷（John Storey）甚至盛赞霍尔的《编码与解码理论》是一个标志着西方文化研究新起点的里程碑。

第四节 媒介环境学派：全面理解技术、媒介和人

一、流派与学人：媒介环境学派及其代表人物

回顾大众传播的历史，美国经验学派发挥过持久的影响力，使传播学从一开始就带有美国文化实用主义的印记，同时服务于当时的政治体制和商业机制。经验学派将传播学本体论定义为媒介内容效果，一定程度上限制了传播学的想象力。与之对话的，自然是以法兰克福学派、英国伯明翰学派、传播政治经济学派等为代表的批判学派，他们以马克思主义理论为指引，对现存美国体制深刻反思，但因过于批判和思辨，其影响力仅限于学术圈。与前两种学派均有不同的是以马歇尔·麦克卢汉（Marshall McLuhan）为代表的媒介环境学派，该学派有强烈的人文关怀、道德关怀、社会关怀，同时不乏明显的批判倾向[①]，且拓宽了媒介的含义，将语言、文字、影像等载体，甚至莎草纸、皮肤、汽车等物体都视为媒介。媒介环境学探究媒介与人类社会的关系，将媒介与社会结构变迁、人性、生活方式联系起来，其重要问题意识在于传播技术如何给人类社会和文化带来深远影响，进一步将技术的维度引入媒介文化中。

20世纪30年代，媒介环境学诞生于北美，在20世纪70年代得到蓬勃发展。媒介环境学派主要分为加拿大多伦多学派和纽约学派。媒介环境学派经

① 何道宽.媒介环境学：从边缘到庙堂［J］.新闻与传播研究，2015，22（3）：117-125.

历了三代学人，最终发展成为与经验学派、批判学派并称的传播学第三学派。第一代代表人物包括罗伯特·帕克（Robert Ezra Park）、帕特里克·格迪斯（Patrick Geddes）、刘易斯·芒福德（Lewis Mumford）、本杰明·李·沃尔夫（Benjamin Lee Whorf）、苏珊·K.朗格（Susanne K.Langer）等。媒介环境学派的主要思想源头为沃尔夫首创的“语言相对论”和芒福德的“城市生态学”。媒介环境学建立的思想基础是“认识的环境是我们的感官、符号和工具提供的现实”，即人们接触的现实并非外在于人的存在，而是我们的感知、探索、表征和传播工具提供的外在现实版本，而“语言及一切表征经验的符号系统扮演重要的作用，影响我们如何构建现实，进而影响我们在现实里如何做事”①。芒福德代表作有《技术与文明》《权力五边形》等，其重要思想包括对技术历史的分期、有关技术和人类发展的技术有机理论、对“王权机器”（非人性技术垄断）和国家机器的批判等，可以说是对媒介环境学思想产生了非常深远的影响。

随着媒介技术的发展，媒介环境学派不断发展壮大，第一代代表人物还包括哈罗德·伊尼斯和马歇尔·麦克卢汉，他们被称为媒介环境学派的奠基人和旗手。伊尼斯是著名历史哲学家、媒介理论家和传播学家，他在美国芝加哥大学获得政治经济学博士学位，回到加拿大多伦多大学任教，随后转向传播学研究。他于20世纪50年代初出版《帝国与传播》和《传播的偏向》，提出任何媒介都有时间偏向和空间偏向；麦克卢汉则以“媒介讯息论”继承超越了伊尼斯的“媒介偏向论”，代表作有《机器新娘：工业人的民俗》、提出媒介史分期的《古登堡星汉璀璨：印刷人的诞生》、论述“电子人”的《理解媒介：论人的延伸》等。麦克卢汉批判工业人，悲叹印刷人，欢呼电子人，②首创“媒介环境学”。该术语虽未公开使用，但在世界各国学术界影响甚广。

第二代代表人物于20世纪70年代进入大众视野，包括尼尔·波兹曼（Neil Postman）、沃尔特·J.翁（Walter J.Ong）和詹姆斯·凯利（James Carey）等。

---

① 莱文森.手机：挡不住的呼唤［M］.何道宽，译.北京：中国人民大学出版社，2004：212-215.

② 陈默.媒介文化传播［M］.北京：中国传媒大学出版社，2016：3-5.

1968年，媒介环境学在波兹曼的演讲中被正式提出，成为“将媒介作为环境的研究”[①]。1970年，波兹曼接受麦克卢汉建议，在纽约大学创建媒介环境学博士点，成为媒介环境学派第二代核心人物，代表作有《娱乐至死》《技术垄断：文化向技术投降》等。波兹曼认为，媒介是复杂的信息系统，媒介环境学能够揭示其隐含的结构、媒介对人的感知方式的影响等。沃尔特·J.翁是麦克卢汉的学生，在其代表作《口语文化与书面文化》中，他创造性地提出了口语文化与书面文化的两极性理论，强调了口语的主体性地位。承袭沃尔特·J.翁的语言与文字两极性差异思想，语言、文字、影像三者可被视为存在三级性差异的关系。[②]沃尔特·J.翁的思想对之后的第三代学者也产生了重要影响。

第三代代表人物有保罗·莱文森、约书亚·梅罗维茨（Joshua Meyrowitz）、德里克·德克霍夫（Derrick Dekerckhove）、兰斯·斯特雷特（Lance Strate），以及马歇尔·麦克卢汉的儿子埃里克·麦克卢汉（Eric McLuhan）等。这些学者多半在20世纪90年代以后登场，目前活跃在世界各地。梅罗维茨将伊尼斯和麦克卢汉的观点与欧文·戈夫曼（Erving Goflfman）的情景理论充分结合，提出了“媒介情境论”，以此考察媒介、场景和行为三者间的关系。他认为，处于不同场景中的同一个人或者同一个群体的角色、行为是不一样的，场景既包括物理空间形塑，也包含媒介所创造的“信息场景”。[③]莱文森是波兹曼的学生，在其博士论文《人类历程回放：媒介化理论》中提出了媒介“人性化”趋势和“补救性媒介”理论。在《数字麦克卢汉：信息化新千纪指南》一书中，莱文森又对麦克卢汉的理论进行了修正，认为“不仅过去的一切媒介都是互联网的内容，而且使用互联网的人也是其内容。因为网上的人和其他媒介消费者不一样，无论他们在网上做什么，他们都是在创造内容”。[④]作为麦克卢

① 李明伟.知媒者生存：媒介环境学纵论［M］.北京：北京大学出版社，2010：50.

② 白姗姗，苏静怡，杨东伟，等.传播的维度：基于不同视角的延伸［M］.成都：四川大学出版社，2021：249.

③ 梅罗维茨.消失的地域：电子媒介对社会行为的影响［M］.肖志军，译.北京：清华大学出版社，2002：4.

④ 莱文森.数字麦克卢汉：信息化新千纪指南［M］.何道宽，译.2版.北京：北京师范大学出版社，2014：40-41.

汉研究所所长，德克霍夫继承了麦克卢汉跨学科研究方法，代表作有《文化肌肤：真实社会的电子克隆》《连接智能》《智能建筑》等，横跨传播学、管理学等学科开展媒介文化研究。

概言之，媒介环境学派以人、技术和文化三者关系为问题意识，以泛环境论著称，致力于研究技术和媒介对人和社会心理的长效影响。从20世纪六七十年代开始，麦克卢汉的学术思想因受到嬉皮士欢迎而被广泛传播。到了20世纪90年代，随着数字化和网络技术的迅速发展，媒介环境学派开始为硅谷精英在社会上谋求新技术合法性提供理论支持，再次受到欢迎。媒介环境学派突破了实证学派对媒介长期影响阐释力不足的局限，把传播学研究视野从传播者、传播内容、传播效果的传统框架中解放出来，为传播学研究注入活力。媒介环境学派注重深厚的历史底蕴和社会关怀，以跨学科研究为方法，可以说，其核心思想“媒介是社会构成的要件之一”为媒介文化研究提供了重要的逻辑前提。①

二、麦克卢汉的预言：技术对媒介文化的重要形塑

关于技术对媒介文化所发挥的作用问题上，不得不提的一位代表人物就是麦克卢汉。20世纪50年代起，麦克卢汉由文学研究转向媒介文化研究，跨学科视野使他将研究对象确定为美国等资本主义国家的现代大众媒介及其与大众社会文化的关系。②与传播政治经济学派有所不同，麦克卢汉的媒介研究强调媒介环境和技术变化对于人的影响。在研究方法上，麦克卢汉没有从固定概念出发，而是从整体环境界面入手，在界面的相互动态关系中不断探索发现洞见。③麦克卢汉深受老师伊尼斯“技术决定论”的影响，认为传播媒介技术是社会变革的决定力量，媒介形态及演变对人类文明发展史的影响比

① 白姗姗，苏静怡，杨东伟，等.传播的维度：基于不同视角的延伸［M］.成都：四川大学出版社，2021：255.

② 胡易容.传媒符号学：后麦克卢汉的理论转向［M］.苏州：苏州大学出版社，2012：29.

③ 陈默.媒介文化传播［M］.北京：中国传媒大学出版社，2016：24.

传播内容更重要。他由此提出了很多流传至今的经典理论，具体包括媒介即讯息（The Medium is the Message）、媒介是人的延伸（Understanding Media: The Extension of Man）、冷媒介和热媒介（Cool Media & Hot Media）、地球村（Global Village）等。其中，麦克卢汉很早便预言了互联网的传播形态及其对人类思维方式、行动方式和生活方式的影响，这种大胆创新也使其成为20世纪最负盛名且最富争议的媒介理论家。

麦克卢汉首创“媒介”概念，并指出媒介是人的一切外化、延伸、产出，总的来说，媒介是人的一切文化。在他看来，技术的进步会使人类更有效地生活和劳动；媒介具有有机体性质，其任何发展都能延伸人类的五官功能。例如，电子媒介是中枢神经系统的延伸，其余一切媒介（尤其是机械媒介）是人体个别器官的延伸。这也正是他关于“媒介即讯息”的论述。麦克卢汉的理论让我们看到媒介作为一种工具已不是与机械类似的东西，而是充满了人性，甚至是具有知觉和思想的事物。[①]麦克卢汉的理论基础是将人类现象归结为自然科学推理，流露出明显的技术乐观主义色彩。

过往学者较多认为媒介仅仅是形式，是信息、知识、内容的载体，是空洞、消极、静态的。但麦克卢汉认为，媒介对信息、知识、内容有强烈的反作用，是积极的、能动的，其对信息有重大的影响，决定着信息的清晰度和结构方式。[②]在《理解媒介：论人的延伸》一书中，他对各种媒介进行了详尽分析，提出媒介即讯息理论，认为每一种媒介发出的信息都代表着或规模、或速度、或类型的变化，所有这些都会介入人类生活中。具体而言，“任何媒介（人的任何延伸）对个人和社会的任何影响，都是由于新的尺度产生的；我们的任何一种延伸，都要在我们的事物中引进一种新的尺度”[③]。此外，他还提到，媒介之间具有互文关系，传播内容又是另一种媒介，媒介与信息不能分开，某一种

① 王庆奖，杨燕.后现代主义的理论与实践研究：文化权力碎片化［M］.昆明：云南大学出版社，2014：139.

② 何道宽.加拿大传播学派的双星：伊尼斯与麦克卢汉［J］.深圳大学学报（人文社会科学版），2002（5）：93-99.

③ 麦克卢汉.理解媒介：论人的延伸［M］.何道宽，译.北京：商务印书馆，2000：33.

媒介既是另一种媒介的形式，又构成媒介的内容。因此，将媒介仅仅视为承载内容的形式是不恰当的，技术本身以及由技术创造出来的工具也是与人密切相关的。技术演进对改变人们意识起到了重要作用，当然，麦克卢汉之后兴起的新兴媒介，仍在继续改变世界，改变人的思维方式与生活方式。当下新媒体的蓬勃发展恰好验证了麦克卢汉的预见。

麦克卢汉同时提出，电子媒介使电子传播瞬息万里，空间距离与时间差异不复存在，地球已经变成了一个小小的“地球村”，整个人类结成了一个相互作用、不再孤立的小社区。但“地球村”这一提法的局限性在于，他将地区和民族的差异抹除，全球化社会成了世界各国现实性、特殊性和民族性之外的存在。麦克卢汉还将人类社会划分为“部落化—非部落化—重新部落化”三个阶段。他从媒介演化史视角出发，为解读人类发展史提供了一个全新视角。他认为，人类历史上一共有三种基本的技术革新。第一是拼音文字的发明，打破了感官平衡，并造成人、社会和知识的分割，加速了部落人到“文明人”转变的过程，使人类进入“非部落化”的阶段；第二是16世纪机械印刷的推广，加快了感官失衡的进程；第三是电子媒介使人类连为一体，数字技术把纯视觉转换成声觉和触觉，使人重新部落化。他甚至认为，空间与时间的差异不复存在，而是具有同步性与瞬时传播性。麦克卢汉特别指出，重新部落化意味着对口语化的声觉世界的重视，人类的“重新部落化”不是对“部落化”的简单恢复，而是在高层次上的回归。①

除了以上三个经典理论，麦克卢汉还颇具创新性地将媒介划分为冷媒介和热媒介。②热媒介指那些信息鲜明度高的媒介，受传者通过此类媒介不必补充和想象即可完成信息接收，如广播、电影等。热媒介一定程度上剥夺了人深度参与的机会；冷媒介与之相反，是一种需要人深度参与的媒介，多感官进行想象补充完成信息接收，如电视、电话等。通过对媒介的划分来认识媒介对文化和社会的影响，使日常生活及娱乐日益专业化。麦克卢汉还提到，对媒介冷热的区分有助于理解社会的冷热，冷的社会高度集中、强调服从，热的社会高

① 庄晓东.传播与文化教程［M］.昆明：云南大学出版社，2021：65.

② 麦克卢汉.理解媒介：论人的延伸［M］.何道宽，译.北京：商务印书馆，2000：51.

度参与、强调个性与创新。

概言之，麦克卢汉的媒介理论，一方面全面打开了从媒介技术出发观察人类社会的视角，高度强调了媒介技术对社会历史的作用；另一方面在研究方法上突破了以往的实证研究与经验研究，拓宽了人们对媒介的认知，使得媒介的概念范围得到最大限度的拓展。他将媒介置于社会历史文化背景中考察，重新认识了媒介性质，强调了媒介的作用，对媒介内容和媒介存在形式进行综合考察①，为媒介文化研究提供了全新的认识论与方法论。诚然，他的理论也存在一些局限性，在理论建构上带有片面性，过度强调媒介技术的决定性，忽略了历史、社会等的复杂性等，“虽然他想通过传播媒介来追踪人类文化的发展，他的历史学却难以置信地缺乏真正的人民”②。

三、波兹曼的反思：“娱乐至死”和“童年的消逝”

如果说麦克卢汉是一位技术乐观主义者，那么波兹曼的理论将为媒介环境学派带来一些批判与反思。1968年，波兹曼在“英语教师全国委员会”年会上发表演讲，首次公开介绍“媒介环境”这一概念，后来该演讲以《革新的英语课程》为题发表。1979年，他在《教学作为一种保存性的活动》一文中，对媒介环境学的概念再次进行界定，指出要将信息环境作为一个整体研究，以便“理解技术和传播工具如何控制了信息的形式、数量、速度、分布和方向，继而这些信息的结构和偏向又如何影响到人们的观念、价值和态度”③。波兹曼提出媒介环境学的研究目的是讲述媒介环境如何创造语境以改变人们的思考方式和组织社会生活的方式，这与麦克卢汉对媒介环境和技术变化对于人类影响的观点是一致的。但波兹曼在思辨的态度上，比麦克卢汉更进一步，提供了批判的视角，他著有三本关于电视媒介分析的经典著作《娱乐至死》《童年的消

① 何道宽.跨学科的文化研究:《人的延伸》中译本序［J］.四川外语学院学报，1991(1)：112-114.

② 切特罗姆.传播媒介与美国人的思想：从莫尔斯到麦克卢汉［M］.曹静生，黄艾禾，译.北京：中央广播电视出版社，1991：195.

③ 李晓云.尼尔·波兹曼与媒介生态学［J］.新闻界，2006(4)：84-85.

逝》《技术垄断：文化向技术投降》，被称为波兹曼"媒介批判三部曲"。由此发展出两种流传至今的经典理论：娱乐至死（Amusing Ourselves to Death）和童年的消逝（The Disappearance of Childhood）。

在经典著作《娱乐至死》中，波兹曼延伸了麦克卢汉的媒介即讯息理论，提出媒介即隐喻，认为媒介"更像是一种隐喻，用一种隐蔽但有力的暗示来定义现实世界"，同时指出"媒介的独特之处在于，虽然它指导着我们看待和了解事物的方式，但是这种介入却往往不为人们所注意"。[①]他采用现象学的观察方法，悬置媒介技术的操作对象，以物喻物，突出强调媒介在影响社会文化、思维方式等方面的重要作用。[②]具体来说，媒介即隐喻理论具有两层含义：一是媒介内容建构了世界，类似于沃尔特·李普曼（Walter Lippmann）提出的拟态环境（pseudo-environment）理论，即人们将自己包裹在语言形式、艺术形象、神话特征或宗教仪式之中，不借助媒介就无法看见或了解事物；二是不同媒介形式对思维方式的影响，思维方式的变化直接影响人类文化内容的变化。每一种媒介都包含意识形态因素，"当一种有很大影响力的媒介进入一个文化时，结果并不是旧文化和新媒介的简单混合，而是产生了一种新的文化"[③]。对媒介技术态度积极的麦克卢汉忽略了思维方式的影响以及形式对内容反作用的间接性[④]，波兹曼对此提出补充，认为每一种媒介都能超越原来的语境延伸到新的语境，影响人们的意识与社会结构，"它们在我们的生活中绵延不断，它们构成思想自身的内容"[⑤]。

在另一本经典著作《童年的消逝》中，波兹曼以媒介技术为理论指引，通过大量历史学和人口学资料分析"童年"的诞生和消逝过程。他提出，电子信息环境正在使成年消逝，揭示了由电视这一媒介形式造成的成人与儿童的

① 波兹曼.娱乐至死［M］.章艳，译.桂林：广西师范大学出版社，2004：12-13.

② 吴晓恩.逃离电子文化的陷阱：尼尔·波兹曼媒介学思想研究［M］.北京：北京大学出版社，2015：71.

③ POSTMAN N. Conscientious objections：stirring up trouble about language，technology，and education［M］. New York：Alfred A.Knopf，Inc，1988：66.

④ 曾建辉.尼尔·波兹曼媒介思想初探［J］.重庆邮电大学学报（社会科学版），2009（5）：99-102.

⑤ 波兹曼.娱乐至死［M］.章艳，译.桂林：广西师范大学出版社，2004：23.

异化与错位，即“成人儿童化”和“儿童成人化”。电视作为一种新的传媒技术，成为大众文化的研究重点，带来革新性的“隐喻”。电视将人们引向了文化的反面，即“幼稚和肤浅的弱智文化”，这种娱乐使印刷媒体时代的高级思维以及人的鲜活个性面临威胁，将成人世界开放给儿童，使儿童原本拥有的“文字、学校、羞耻心”三种要素面临消逝，填平了童年与成年在印刷时代建构起的文化区隔，也让成人在电子世界里逐渐退化，重新回到心理年龄上的童年。①

此外，波兹曼还出版了《技术垄断：文化向技术投降》，将人类文明史分为工具使用文化、技术统治文化和技术垄断文化。他对媒介技术的关注和理解不断走向成熟，对技术的理论批判也不断完善。他认为，技术垄断始于20世纪初，美国是当今世界唯一处于技术垄断文化中的国家，“所谓技术垄断论就是一切形式的文化生活都臣服于技艺和技术的统治”。在分析新兴数字媒介技术对文化的影响时，他指出，计算机是当今技术文化的表现工具以及象征，是“我们这个时代统治性的隐喻，它暗示了一种新的与信息、工作、权力和自然本身之间的关系，并由此界定了我们这个时代”。②可以说，计算机所代表的新传播技术削弱了私人观念，导致出现了信息过载和无法控制的负面影响，当人们对技术带来的信息过载毫无防御时，便会出现信息泛滥的情况，文化也会因此受困。波兹曼提出，要回归人文主义，通过教育的方式来抗衡技术垄断，矫治技术垄断文化的困局。

概言之，波兹曼统观媒介发展史，延续了麦克卢汉的技术分析，重视媒介技术对社会、文化的影响。他从媒介环境视角审视社会和文化的发展，强调媒介环境的长远传播效果，而非具体的传播活动和短期的传播效果，为传播学研究贡献了全新的视角和方法。此外，波兹曼将伦理道德的视角引入媒介文化研究，其对电视内容娱乐化的批判，表现出了一个媒体研究者和批评家的社会责任与人文关怀。

---

① 曾建辉.尼尔·波兹曼媒介思想初探［J］.重庆邮电大学学报（社会科学版），2009（5）：99-102.

② 波兹曼.技术垄断：文化向技术投降［M］.何道宽，译.北京：北京大学出版社，2007.

本章思考题

1.论述文化工业理论及其可能存在的局限。

2.结合达拉斯·W.斯迈思的受众商品论思考当下网络综艺节目。

3.论述媒介帝国主义理论，并基于全球化背景思考媒介文化。

4.论述霍尔关于电视话语“意义”生产与传播的三阶段。

5.列举马歇尔·麦克卢汉的经典媒介理论。

6.结合尼尔·波兹曼媒介理论思考新媒体环境中的娱乐现象。

第三章

范式与路径：媒介文化研究的方法

本章知识要点

◎ 文本分析：精神分析；框架分析；话语分析

◎ 观察与访谈：观察法；访谈法

◎ 民族志：海外/多点/虚拟民族志；全球媒介志

研究方法是获得知识的途径，是进行研究时所用到的工具、策略和手段，也是架通理论和现实之间的桥梁。[①]本书在上一章以“流派与学人”为题，完成了对媒介文化理论的学习，既梳理理论的流派，也介绍重要学人及其经典理论。本章将以“范式与路径”为题，接续讲解具体从事媒介文化研究所使用的方法，既讨论质化研究方法的范式特征，也介绍解决问题的具体路径。可以说，前三章基本完成了媒介文化研究从理论到实践的融合。传统社会科学研究方法分为量化和质化两种范式，学界常说，量化研究方法是一门技术，可以通过学习技能并反复熟练来掌握，质化研究方法更像一门艺术，更加考验研究者所具备的渊博知识、随机应变的反应和敏锐的思考能力。本章并不致力于面面俱到地介绍每一种方法，而是侧重质化研究这一有助于发现媒介文化背后历史、社会因素的范式，选择文本分析、观察与访谈、民族志等方法深度讲解，同时延伸论述这些方法的具体应用和相关演变。

作为全书方法论上的指引，本章并不是孤立的，而是与其他章节存在丰富而密切的关联。本章第一节将从不同视角切入介绍文本分析法，这是对传统媒体时代大众传播内容进行质化研究的重要方法，本书第四章讨论的电视文化、第五章讨论的电影文化，都将充分利用这一方法。第六至第八章讨论的互联网文化、青年亚文化，不仅需要借鉴文本分析法对新媒体内容展开研究，更会将互联网作为新的田野开展质化研究，本章第二节将要介绍的观察法和访谈法，是质化田野研究中最常使用的资料收集手段，而第三节重点介绍的民族志及当下新闻传播学使用较多的虚拟民族志，正是新媒体时代考察媒介现象的重要方法。同时，本章将对民族志方法进行拓展介绍，学界目前较少讨论过的全球媒介志将成为本书第九章研究全球媒介文化的重要方法。可以说，本章详细

① 陈阳.大众传播学研究方法导论［M］.2版.北京：中国人民大学出版社，2015：3.

介绍了从事媒介文化研究必不可少的具体的方法，为研究者解决问题提供诸多路径，本章延伸介绍的诸多新方法，正是启示学界要不断基于新媒体传播实践探索方法的创新发展。

第一节　文本分析法：考察媒介文本蕴含的深意

本节将介绍媒介文化研究中经典的质化研究方法——文本分析法。文本分析法并不是一种具体的研究方法，而是集合了许多不同理论与思想形成的多种方法的总称。在大众传播学领域，文本分析法主要应用于媒介内容的研究，在媒介文化研究中十分常见，如分析报纸的报道内容、微博的评论、粉丝群的互动文本等。文本分析法适用于样本量小的个案研究，强调研究者对研究对象的深入理解和分析，因此，对作为研究工具的研究者提出了很高的要求。

在介绍三种具体的文本分析法之前，需要先明确“文本”的概念。“文本”（text）一词起源于拉丁文“textum”（意指纤维/写作）与“texere”（意指编织），因此，可以将“文本”理解为通过写作的文字以编织意义。在传统的文学批评中，“文本”被认为是以文字写成的书面文稿，如诗词和小说等文学作品。在“语言转向”后的后结构主义中，“文本”的定义不再只是“书面文稿之静态成品”，而被扩充为说出来的语言，甚至是非语言性的图片、影像、音乐等，这些都可以被赋予意义进行解读。在媒介文化研究中，文化的呈现形式多种多样，它们都能作为符号被研究者个体进行识别、分类、整理与分析，因此，本章对此概念的界定也包含但不限于语言、声音、图像、视频等不同形式的文本。

文本分析（text analysis）是指按某一研究课题的需要，通过各种分析手段，对系列相关文本进行比较、分析、综合，发现文本中潜藏的信息，并最终从中提炼出评述性的说明。[①]研究者通过对媒介内容细致入微的理解与分析，

① 徐燕.基于传播学文本分析方法的张悟本事件研究［D］.合肥：中国科学技术大学，2011：9.

能够获取文本更深层、隐含的意义，为文本内容带来不断的“重新”发现。[①]除此之外，部分研究者还追求提炼文本内容中各种符号组合和信息元素组织的逻辑，从效果层面试图总结更抽象和普遍适用的规律以指导实践。但文本分析本质上还是无法摆脱研究者“一言之词”“一家之谈”的局限，长期以来因分析中反映出个人情感态度及主观认知而受到争议，这也提示研究者需要在研究中不断提升自身的思辨能力与文字表达能力，以平等的态度对待其他读者不同的解读，不以自身解读强行“压制”其他不一致的观点。

一、精神分析

精神分析法由奥地利精神科医生、心理学家西格蒙德·弗洛伊德（Sigmund Freud）于19世纪末20世纪初创立，是20世纪重要的科学理论与成果。精神分析法最初应用于心理疾病的临床治疗，后因其强大的解释力被推广至文学、电影学及文化研究等多重领域，可以应用于对大众媒介一切文本的分析。[②]本节将以学者为核心，通过介绍精神分析法代表性学者弗洛伊德、卡尔·古斯塔夫·荣格（Carl Gustav Jung）和雅克·拉康（Jacques Lacan），来梳理精神分析的理论脉络。

（一）弗洛伊德：心理结构、人格结构与释梦

1. 心理结构

弗洛伊德将人的心理结构分为三部分：意识（conscious）、前意识（preconscious）和潜意识（unconscious）。他在1895年出版的《歇斯底里症研究》（*Studies in Hysteria*）中首次提出冰山理论，用冰山比喻三种意识。海平面之上的部分为“意识”，是人有目的、有意识、外显的行为与表达；在海平面上下浮动、若隐若现的部分为“前意识”，是指不在人意识之中，但通过注

① 谢梅，王理. 大众传播学理论及方法教程［M］. 成都：电子科技大学出版社，2020：339.

② 伯格. 媒介与传播研究方法：质化与量化研究导论［M］. 张磊，译. 4版. 北京：中国传媒大学出版社，2021：132.

意力的集中或在没有干扰的情况下能自主回忆的经验；完全隐藏在海平面之下的则是“潜意识”，也被称为无意识，处在心理结构的最底层，也是占冰山体积最大的部分，指与性冲动直接相连的非理性的部分，通常被压制和隐藏，却能够直接影响甚至决定人的意识和行为。此处的性冲动（libido，即力比多）被弗洛伊德赋予本体的地位，并非只指性活动本身，也包括各种感官上的满足与愉悦。弗洛伊德分别以古希腊神话中的“俄狄浦斯情结”（Oedipus Complex，即恋母情结）和“伊拉克特拉情结”（Electra Complex，即恋父情结）来论证男孩对母亲的依恋、女孩对父亲亲近等结论。如《红与黑》的作者司汤达，他在童年时期十分眷恋母亲，却在七岁时丧母，而后父亲对他严格专横的管教使他更加思恋母亲，其在作品中多次表现出对母亲的想念，这就是潜意识中的恋母情结。但由于弗洛伊德在对不同文学作品的探讨中，几乎都从性冲动角度切入，夸大了人的性心理的自然性，而忽视了社会及背景、物质条件等更复杂的影响因素，此种泛性论主张也备受质疑。

在文化研究与文本分析中，媒介或文学作品体现生产者头脑里的潜意识，同时又被接收者头脑里的潜意识所理解[①]，在艺术作品的创作中这些“压抑的欲望”被移置和升华。[②]文本分析意味着研究者解读研究对象内容中蕴含的潜意识，在媒介文化研究中，以精神分析法作为理论指引，可以从不同视角发掘媒介文本背后深层次的心理动因与意义。首先，精神分析法有助于探查创作动因，分析文本背后创作者想要表达的关乎历史、时代等因素；其次，在受众日益被重视的新媒体时代，精神分析法有助于理解受众使用媒介文本时的解读框架、情感结构等；最后，分析读者和作者之间潜在的互动，有助于进一步丰富媒介文本内涵。

2. 人格结构

弗洛伊德将心理结构发展成人格结构，并将人格分为三部分：本我（id）、自我（ego）和超我（superego）。本我指人格结构最基本、最原始的部分，对

① 陈阳.大众传播学研究方法导论［M］.2版.北京：中国人民大学出版社，2015：242.

② 王颖吉.传播与媒介文化研究方法［M］.北京：北京大学出版社，2017：467.

应潜意识，代表与生俱来的本能欲望。超我与本我相对应，是遵循完美至善的原则，内化了所有社会规范、伦理道德、正确价值观的一种人格典范。自我则介于二者之间，发挥协调本我和超我之间冲突的作用以调和和满足个体的需求。本我、自我和超我三者间的动态博弈如果不能处于稳定和平衡的状态，人就会精神失常。

在文学或文艺作品中，三种人格的展现对人物角色复杂性的塑造与呈现起到至关重要的作用。极致的正派或反派，通常都会展现出超人的本我或超我特征，而主角人物的成长与发展，几乎都伴随着三种人格特征的此消彼长与动态平衡，既要疏导本我的杂乱有力的冲突，也要按照理想原则去构造自己。①因此，有了三种人格的理论指引，对于电视电影等媒介内容的人物分析，就会更加丰富全面。

3. 释梦

弗洛伊德在其著作《梦的解析》中系统地阐述了释梦原理，他指出，形成梦的刺激源包括外部（客观的）感觉刺激、内部（主观的）感觉兴奋、内部（器官的）躯体刺激以及兴奋的精神来源。②当人的本我产生的许多本能欲望与社会道德准则相违背时，这些欲望会在睡眠时“趁虚而入”，因而成梦。梦正是人们潜意识的产物，梦境可以被看作表达欲望和释放刺激的场所。释梦理论多用于对电影及文学作品的分析与研究，与文学批评类似，都是为了发现并揭示其中更深层的隐含意义。

（二）荣格：集体无意识与原型

1. 集体无意识

在对人格结构的理解上，与弗洛伊德千篇一律地以性来解释神经性官能症的立场不同，荣格不认同弗洛伊德将无意识看成遗忘和压抑内容的集合场所并将它完全个人化的倾向。③荣格将人格结构分为：意识、个人无意识和集体

① 王颖吉. 传播与媒介文化研究方法［M］. 北京：北京大学出版社，2017：472.
② 弗洛伊德. 梦的解析［M］. 张艳蕊，译. 上海：上海译文出版社，2021：55.
③ 杨远婴. 电影概论［M］. 北京：中国电影出版社，2010：636.

无意识三类。意识指人们能够察觉到的思想、记忆与经验等。个人无意识与弗洛伊德的潜意识十分相似，具有鲜明的个人特征，包含了一切被自我遗忘的记忆、被压抑的经验、梦和幻想等，荣格将个人“情结”纳入个人无意识的范畴，并认为这种个人无意识只是表层的。更深层次的无意识则是集体无意识，这是荣格最独特的理论，也是他与弗洛伊德最大的理论分歧点。集体无意识指通过遗传和经验积累作用在人们头脑中的集体经验，反映了人类社会发展过程中一些共同经验通过遗传形成的先天模式，使我们形成各种本能行为和思维定式，与远祖保存着相同回忆。相较于个人无意识更为普遍且具有基础性意义。集体无意识的内容从未出现在意识之中，因此，不能为个人后天学习所得。荣格的集体无意识理论进一步区分了人与作为集体的人类，对人类的整体行为更具解释力。

2. 原型

原型（archetype），也被译为原始意象，是荣格除集体无意识外的另一理论贡献。原型就是集体无意识的内容，无论在梦中，还是神话、宗教以及艺术品中，都存在着一些普遍的主题，这些主题就是原型。[①]个人可能未目睹过神话中的象征符号，因而无法直接意识到这些原型，但在梦境和幻想中，或在人们以原型作为实际生活中的行为指导时，原型会直接影响到人们的行为与情感活动。荣格认为原型有不同的表现形式，最有代表性的有人格面具（personality）、阿尼玛（anima）、阿尼姆斯（animus）和阴影（shadow）等四种。[②]人格面具指一个人掩盖真实本我、迎合社会期望的行为模式，与“角色扮演”相似；阿尼玛表示男性身上的女性气质，阿尼姆斯则代表女性身上的男性特质，二者在个人内心的平衡对于一个人的心理发展起着重要作用；阴影则接近于本我，代表许多不符合道德标准的原始欲望与冲动。

荣格认为，文学作品的创作除了受作者个人意识的影响，更受到作者个

① 伯格. 媒介与传播研究方法：质化与量化研究导论［M］. 张磊，译. 4版. 北京：中国传媒大学出版社，2021：145.

② 赵毅衡，傅其林，张怡. 现代西方批评理论［M］. 重庆：重庆大学出版社，2010：103.

人所携带的集体无意识的影响，作品的叙事结构和人物形象反映了积淀于特定社会和文化之中的原型。[1]因此，在荣格看来，对文化或文学的深度分析就在于找到作品中蕴藏的作者所受的集体无意识的影响。这一理论为媒介文化研究提供了新视角，即从历史记忆、经验传承等视角进行研究与分析。

（三）拉康：语言学与镜像理论

1. 语言学

拉康希望将精神分析的主要内容回归到弗洛伊德最早提出的潜意识领域，并将其发展成一门独立的科学理论。[2]如前文所说，弗洛伊德认为，潜意识是不确定、非理性的，也是先于语言表达或被剥夺了语言表述的，即语言是不能说、不可说的。而拉康则在对潜意识的探讨中加入了语言的维度，提出潜意识具有语言结构，他人的话语就是潜意识的内容，人们在对话的过程中，能够获得对自我的确认。此外，拉康从索绪尔的语言学概念——能指与所指出发，认为能指对应意识、所指对应潜意识。拉康提出的语言学与潜意识理论，使得潜意识不再如弗洛伊德所说的那样神秘未知，而是可以通过语言这个中介和通道被有规律、有结构地认知，被发掘的潜意识最后可能是一段话或者一篇文本。[3]他的视角无疑是充满创新性和研究活力的。

2. 镜像理论

除了在潜意识研究中引入语言维度，拉康还提出过另一个经典的“镜像理论”。通过这个理论，拉康试图指出，个体需要通过外在的他者才能逐渐产生自我的认知。婴儿自我意识的确认发生在前语言期阶段，这个阶段则为“镜像阶段”。处在6—18个月期间，婴儿起初以为镜子中的自己是他人，而后婴儿依附于不同的表情、动作分辨出其与母亲（他者）的区别，发现镜子里有两个不同的形象，继而通过他者意识到镜子里的人是自己，并将婴儿的镜像内化成

---

① 陈阳．大众传播学研究方法导论［M］.2版．北京：中国人民大学出版社，2015：242.

② 杨远婴．电影概论［M］.北京：中国电影出版社，2010：647.

③ 王颖吉．传播与媒介文化研究方法［M］.北京：北京大学出版社，2017：468-469.

“自我”。虽然此时婴儿还未从语言习得的维度里获得“我”的概念，但已经实现对自我的首次认知。通过婴儿照镜子的例子，拉康将一切混淆了现实与想象的情境都称为镜像体验。

20世纪70年代，让–路易·博德里（Jean-Louis Baudry）发展了荣格的镜像理论，于《电影手册》发表的《基本电影机器的意识形态效果》一文中，首次将电影比喻成一面“镜子”。观众观看电影的过程就是一种镜像体验。观众既看到了电影里的人物和情节（影像），又要调动和联系自己的实际经验（现实）来理解这些内容，影像与现实、在场与缺席交织，观众从中获得对自我的认识。[①]镜像理论后多被用于电影叙事与效果、媒介文本的研究并产生了重要影响。

当前媒介文化形态丰富，充斥着多元复杂的视觉、听觉符号，精神分析无疑为媒介研究提供了更广泛的方法指引。但同样要正视，精神分析也存在局限，除了理论自身泛性论的缺陷，精神分析作为一种科学研究方法，带有研究者强烈的主观阐释性，容易受到缺乏实证性的质疑。同时，许多媒介内容的形式与文学作品相比，并不具有丰富且充分的细节描写与逻辑结构，当精神分析法应用于媒介文化研究中，难以避免研究者仅基于自身经验进行流于表面的分析。

二、框架分析

（一）框架的概念

“框架”的概念最先由人类学家G.贝特森（G. Bateson）在论文《一项关于玩耍和幻想的理论》中系统提出，他认为，框架是传者给受者应当如何理解符号所提供的诠释规则。[②]在此基础上，1974年，社会学家欧文·戈夫曼（Erving Goffman）在其著作《框架分析：经验组织论》中系统阐述框架理论，

---

① 陈阳.大众传播学研究方法导论［M］.2版.北京：中国人民大学出版社，2015：244.

② 侯东阳.传播理论教程［M］.广州：暨南大学出版社，2022：311.

将“框架”概念引入社会学领域。戈夫曼将框架定义为人们用来认识和解释社会生活经验的一种认知结构[①]，它探讨是什么因素决定了人们回答“当下正在发生什么”以及“在什么样的情况下，我们思考的事物是真实的”等基本问题。[②]人们对于现实生活的认知、经验的归纳都依赖一定的框架，框架使得人们能够定位、感知、理解、归纳众多具体的信息。

戈夫曼认为，框架并非仅是人个体的心灵与认知，更是与社会结构和组织紧密联系的社会现实，而框架之所以被看作一种社会现实，与“初级框架”的概念有关。初级框架是指任何行动者在认识事物时都会自然而然采取的解释基膜。这里的基膜是由实体、基本条件和规则组合而成的成型系统，大多缺乏清晰的组织形式，而只是提供思考的方式及视角。这种框架之所以是“初级的”，是因为对它的运用无须依赖或回溯至现在或原初的阐释。戈夫曼在此基础上将初级框架一分为二，分别是自然框架和社会框架。从字面意思上看，自然框架是纯物理性和决定性的，没有价值取向，也不随着人的主观意志发生改变，如物理时间具有单向性和不可逆性，自然框架主要发生在物理与生物等领域。相反，社会框架则依托于社会中具有共识性的标准，具有较强的引导性和倾向性，人们在形形色色社会框架中选择不同的框架来认知和理解当下正在发生的活动，但与自然框架不同，社会框架是可以随人们的意志发生改变的。借助这两种框架，戈夫曼在固有结构和能动性这一矛盾之间维持了动态的张力[③]，两者构成了不同社会个体在采取行动时的认知路径，个体可以在尊重自然框架客观制约的前提下，根据自身经验选择不同的社会框架。例如，实际的天气状况是自然框架，而天气预报则是一种社会框架，人们可以在二者间做平衡，如果下雨，人们可以选择是否听从天气预报做好相应准备。这些具有跨学科视野的理论都为更加深刻而丰富地理解社会发展、媒介与文化变迁奠定了基础。

---

① 陈阳.大众传播学研究方法导论［M］.2版.北京：中国人民大学出版社，2015：246.

② 王晴锋.欧文·戈夫曼：微观社会学的探索［M］.北京：中央民族大学出版社，2018：119.

③ 陈阳.大众传播学研究方法导论［M］.2版.北京：中国人民大学出版社，2015：247.

（二）媒介框架

在薛佛乐（Scheufele）的定义中，媒介框架指媒介机构信息处理的组织框架，即认知结构或定性准则，媒介组织利用媒介框架来建构媒介产品和话语。[①]媒介框架为新闻工作者提供了便利，他们可以根据成型、稳定的模式快速组织和处理素材。同时，在不同媒介机构的文本背后，能窥见该组织对信息性质的基本判断、立场与态度。当媒介框架应用于新闻的选择、加工、新闻文本和意义的建构中时，就被称为新闻框架。

新闻媒体在进行框架建构时并不会停留于表面，而是隐藏在叙事系统中，新闻工作者一般通过两种机制影响新闻框架的建构与实现，即选择与重组。选择是先入的过程，即限定“框限”（boundry），新闻工作者通过事先选择哪些新闻事件进入报道范围而哪些被排除在外，来决定或影响人们能接触到的社会事件，接近“拟态环境”的概念，在此前提下，不同组织以及社会群体都力图使符合自己利益的意义和解释进入媒介框架之中。[②]重组则体现在具体的内容呈现上，即内在结构（frame as a latent structure），新闻工作者可以通过排列不同事件报道的顺序、控制新闻报道的篇幅来凸显或淡化某事件的重要性，也可以在报道中以不同行为主体的视角进行叙事，或将新闻事件归类于不同的性质，以一定的逻辑对新闻的象征符号或元素进行编排，由此塑造新闻文本的不同意义，影响人们的看法与取向。新闻框架在新闻报道中是必然存在的，受众也可以对此做出对抗、妥协等不同态度的解读。受众框架（Audience Frames）指的是受众个人的认知基膜，其形成受到社会背景、意识形态及受众个人等多重因素影响，具有一定能动性、互动性和批判性，在个体经验相对匮乏的情况下，新闻框架会占据主导地位。

（三）框架分析法

新闻报道实际是一个文本内容与社会现实（外部环境）互动的过程，受

① 谢梅，王理.大众传播学理论及方法教程［M］.成都：电子科技大学出版社，2020：154.

② 陈阳.大众传播学研究方法导论［M］.2版.北京：中国人民大学出版社，2015：248.

制于社会政治及文化背景、新闻生产者、媒介组织、信源、新闻伦理法规等因素，由这些因素共同作用形成的媒介框架则蕴藏于新闻文本及话语之中，文本/话语自身的意义在互动过程中得以凸显。从媒介文本/话语入手，分析出媒介生产过程中各种因素之间的互动关系的研究方法，就是框架分析法（Framing Analysis Approach）。①

框架分析法在质化研究中比较常见，臧国仁曾提出框架分析的内在结构，分为宏观（高）、中观（中）及微观（低）三个层次。②宏观层指新闻主旨，常以标题和直接引语呈现；中观层包括对于事件的报道和分析，事件过程、结果、归因及评价等；微观层即报道中使用的语言和修辞，以及文本中的符号表现，如修辞、叙事手法等。

在大众传播领域，框架分析涉及的研究主题十分广泛，在媒介文化研究领域多见于新闻文本分析、青年亚文化研究等，同时也包括健康传播、城市传播、环境传播等多种议题。以框架分析作为方法的研究有很多，本节尝试借助具体研究展示其中的几种。一是考察长期历史性的观念转换，如双传学对1938—1947年52篇《新华日报》代论文本的分析，总结出“行动动员—理解动员—感召动员”的意识形态话语实践变迁路径。③二是对某一媒介文化现象开展深层次概念挖掘，如方提和黄莉婷以2019年1月至2021年7月国内媒体对“银发网红”的相关报道为研究文本，在总结出四大报道框架的基础上，提出框架背后隐含着官方积极老龄化政策话语、中华传统孝道文化话语与老年媒介话语的去边缘化转向三大社会根源。④三是不同国家、意识形态、文化影响下的观念对比，这是框架研究中最为常见的应用情境，如张昆、陈雅莉以《泰晤士报》和《纽约时报》关于“钓鱼岛”事件的报道为文本，分析了地缘政治冲

① 谢梅，王理.大众传播学理论及方法教程［M］.成都：电子科技大学出版社，2020：156.

② 陈阳.大众传播学研究方法导论［M］.2版.北京：中国人民大学出版社，2015：249.

③ 双传学.意识形态话语的突围：《新华日报》代论的话语实践及共意动员——基于1938—1947年52篇代论文本的框架分析［J］.当代传播，2023（1）：67-73，86.

④ 方提，黄莉婷.“银发网红”的媒介话语建构及其社会根源［J］.新闻爱好者，2022（2）：35-39.

突报道对中国形象建构的影响。①

框架是个体认识世界的基本方式，也是媒介组织生产和运作的必要参考，是主体将客观事实转化成主观认识的必经过程。框架分析提供了将新闻文本概念转化为一种经验性的可操作维度，为从整体上研究新闻话语的建构提供了行之有效的方法。②但由于框架分析是由社会学、心理学和传播学等多学科发展而来的概念，更多是作为进一步研究的过渡环节，虽然在拓宽研究维度和视野方面有一定优势，但尚没有建构起学科内部清晰完整的理论体系。

三、话语分析

“话语”（discourse）一词通常被理解为语言（包括口语、书面语以及网络用语等），而在学术研究中，话语的概念则更为精准、严谨且复杂。在语言学、社会学及修辞学等领域，话语对应不同的概念，但它们大都对准一个相同的研究目的——对语言作为社会实践而不是语言本身感兴趣。③法国哲学家米歇尔·福柯（Michel Foucault）曾将话语定义为构成其讲述事物的知识体系，提出话语不只是描述社会世界，它通过给特定的社会现象分类、赋予意义的办法来让社会现象存在。④这一定义为此后“话语”及其外沿的延伸奠定了基础。

1952年，美国语言学家泽里格·哈里斯（Zellig Sabbettai Harris）首次提出“话语分析”（discourse analysis），最初被作为现代语言学的术语被使用，而后被诸多学科加以应用。在大众传播和媒介文化研究领域，话语分析是对被使用的语言及其存在情境的深入考察，话语与社会结构及现象紧密相关，自然

① 张昆，陈雅莉.地缘政治冲突报道对中国形象建构的差异性分析：以《泰晤士报》和《纽约时报》报道“钓鱼岛”事件为例［J］.当代传播，2014（4）：38-41.

② 谢梅，王理.大众传播学理论及方法教程［M］.成都：电子科技大学出版社，2020：156.

③ 特雷德韦尔.传播学研究：概念、方法与写作［M］.谷李，译.2版.北京：中国传媒大学出版社，2021：239.

④ 刘易斯-伯克，布里曼，廖福挺.社会科学研究方法百科全书（精编版）E-I［M］.沈崇麟，赵锋，高勇，主译.重庆：重庆大学出版社，2022：493.

离不开对“权力”的讨论与揭示，如在大众传播中争夺“话语权”、掌握大众传播秩序等议题中，话语分析法提供了相对客观、具有逻辑性的切入角度与研究框架，发挥着举足轻重的作用。

20世纪80年代后，话语分析在与其他学科交织发展的过程中逐渐分化出不同方向、各具特色的流派，其中语言/文本取向和社会取向的两大分支十分具有代表性。语言/文本取向流派将研究重点集中于语言及其使用，代表人物为荷兰学者范·戴克（Teun A.van Dijk）；社会取向则以批判话语分析学派的诺曼·费尔克拉夫（Norman Fairclough）为代表，将话语与权力相连，关心语言如何在意识形态中被生产，继而又巩固不平等的社会权力结构，更具批判性。本节将以这两位学者为代表介绍话语分析相关理论。

（一）范·戴克：文本取向的话语分析

范·戴克在话语分析方面的研究主要集中于两方面：研究报界新闻报道的结构、制作与理解，研究各话语类型中具有民族偏见的措辞，范·戴克基于对具体情境的考察，分别从宏观和微观层面展开了对话语的分析。

在宏观层面，范·戴克从语言学角度出发，根据话语的句子形式、意义及语言行为，将话语分析分为句法学、语义学和语用学三个层面，从词汇组合方式、句子的意思，以及特定社会情境下对语言的使用方面，为其结构分析做出基础性指导。范·戴克概括出新闻话语的“图示”（schema），用以阐述话语的总体特征。与故事的叙事图示相似，新闻报道也有约定俗成的图示，主要包括概述（标题与导语）、故事情景（背景、情节及后果）以及评价（口头反应或结论）等。

新闻文本有特殊性，新闻读者在阅读、理解新闻时通常从标题、导语和相关句子表达的细节信息中概括出新闻的主旨要义，因此，新闻话语中最重要或相关性最强的信息必须放在整个文本和句子最显著的位置。但由于宏观结构是在对话语进行分析时形式上的简约化处理，所以具有明显的假想性质，有时会导致受众无法解读出与新闻生产者一致的意义。实际的新闻话语除了文本结构，还包括传播的社会文化语境。[①]因此，微观层面的细节对宏观结构的补充是必要的。

在微观层面上，范·戴克认为，要对话语进行全面研究，就必须把新闻工作者生产话语和受众接收话语的活动都包括进来。[②]范·戴克通过对公开发表的研究，发现记者/新闻生产者对事件的选择、分析会受到一定认知因素的影响，包括但不限于生产组织的规范规则、生产者个人的经验与认知模式以及生产者假定受众的认知模式等。范·戴克首先提出了文本中较为显性的问题，即语言风格和修辞手法对文本意义的影响。新闻生产者对不同词汇的使用、主动还是被动等语法的选择，都直接或间接地表达了其隐含在其中的与之相关的价值观念。[③]如在标签化美国“9·11”事件中的本·拉登时，是采取“恐怖分子”还是“激进分子”，就能从中得出新闻生产者的价值判断。此外，范·戴克还注意到更隐蔽但同样强有力的话语策略，即将深层含义藏于字里行间，如在冲突性事件报道中采用语气更强烈/舒缓的措辞进行报道，会在无形中深化新闻生产者的倾向性。

范·戴克在质化的话语研究外，也通过量化手段进行媒体话语建构影响下的受众效果研究。他发现受众总是能很容易回忆起作为宏观结构中的标题、人物和主要事件，却几乎遗忘微观结构中的句法使用等细节。因此，许多情况下，读者阅读新闻报道只是为了日常对话，而并非为了更新自己的知识结构。[④]这些发现都为考察媒介文化提供了重要的研究视角和理论指引。

（二）费尔克拉夫：社会取向的批判性话语分析

相比于范·戴克语言学取向的话语分析法，费尔克拉夫的研究视野更为开阔，他批判性地将语言学与社会学有机结合，探究新闻话语和社会结构间的关

① 谢梅，王理.大众传播学理论及方法教程［M］.成都：电子科技大学出版社，2020：427.

② 陈阳.大众传播学研究方法导论［M］.2版.北京：中国人民大学出版社，2015：254.

③ 迪克.作为话语的新闻［M］.曾庆香，译.北京：华夏出版社，2003：84.

④ 陈阳.大众传播学研究方法导论［M］.2版.北京：中国人民大学出版社，2015：254.

系，提出批判性话语分析（critical discourse analysis）。在批判性话语分析的语境下，话语被视为一种社会实践，被其所在的社会情境与结构形塑，同时也形塑后者，于是权力和意识形态成为批判性话语的两大关键词。

费尔克拉夫的理论中以三维话语分析框架最为经典，他将“话语事件”分为文本、话语实践以及社会实践三个向度。文本即对文本内容的语言学分析，话语实践指话语生产、传播和消费的过程，隐含着在此实践中的社会认知；社会实践则将话语置于社会的意识形态之中，揭示话语和意识形态间的塑造与被塑造。

在话语实践层面，费尔克拉夫提出互文性概念。互文性即任何文本都充满了其他文本的片段，并在不同程度地与其他文本及其身份、意义、主体及社会文化发生联系。这些文本之间可以相互融合、吸收，也可能被明确区分，甚至发生矛盾。在新闻话语中，互文性一般有三种呈现形式：一是采用直接引语，将原始或从前的句子置于引号之中，直接放入报道中，该种情境下的话语在事实和情感表达层面都会使立场更加直接和明确；二是采用间接引语，即利用分句、转换时态等方式进行表达，相应话语的形式和蕴含的态度便相对中立、缓和；三是转述，通常出现在新闻标题中，是由新一方新闻生产者进行概括或总结的新产物，在此过程中语言的表达会出现将官方/他人观点与媒介组织的观点混同的现象，从而使掌握权力的统治阶层以更神秘、隐蔽的方式传播自身观点和立场，受众也在不知不觉中降低主动思考的防线，更轻易地接受了报道中的价值判断。大众媒介对之前的文本进行重构和改变，从而创造出新的被大众所接受的文本，这一过程其实是将话语置于一种作为霸权斗争的关系演化之中，[①]统治阶级以自身权力对新闻文本的生产、分配和消费过程施加影响，同时也以此维系和延续其霸权地位。但同时，新闻话语的受众并未被完全消解能动性，他们同样可以以自身经验做出协商或抵抗式解读。

话语分析在媒介文化研究领域发挥了重要作用，许多研究通过分析新闻文本的语言学特征，探析其背后的社会结构特征、权力斗争、刻板印象等更深

① 谢梅，王理.大众传播学理论及方法教程［M］.成都：电子科技大学出版社，2020：434-436.

刻的议题。在媒介技术不断发展的当下，新兴话语形式层出不穷，话语分析在媒介文化研究领域开始展示出更鲜活的理论活力。

第二节　观察与访谈：媒介文化研究的资料收集手段

一、观察法

（一）观察法的定义

观察法是一种质性研究方法，常被应用于民族志的田野研究中，也是文化研究学者最常使用的方法之一。当研究者作为陌生人初入田野，对自身和周边环境都还处在适应期时，“干扰”相对少的观察法便成为研究者主要的探索手段。我们每个人在日常生活中都少不了观察行为，人们经常观察周边的人和事物，如通过观察人们说话时的表情和语气来判断他们的情绪，但观察法作为一种科学研究的基本方法，区别于日常生活中无意识、无系统的观察，而预先有一定的理论准备和较系统的观察计划和方案。[①]观察法是指带着特定目的、通过研究者的感觉器官和科学仪器去感知和描述自然及社会现象的一种方法。[②]在文化研究中，观察法既适用于在实验室中进行的控制性研究，也适用于在自然环境中开展的实地研究，但由于观察法更追求在“自然条件”下对环境与人物状态、行为进行捕捉和记录，因此观察法更常指实地观察。

（二）观察法的类型

如上文提到，根据观察情境的不同，可以将观察法分为实验室观察法与实地观察法两类。实验室观察法通常指实验法，在社会科学领域主要被应用于

---

① 陈阳.大众传播学研究方法导论［M］.2版.北京：中国人民大学出版社，2015：164.

② 王颖吉.传播与媒介文化研究方法［M］.北京：北京大学出版社，2017：227.

心理学相关研究。实验室观察法多用于规模较小、探索因果关系的研究，在传播学研究领域，实验室观察法主要被用于研究媒介影响，如1929—1932年间佩恩基金会资助的“电影对青少年的影响”以及卡尔·霍夫兰（Carl Hovland）在第二次世界大战期间对士兵进行的劝服研究等。这些传播学历史中的经典研究都应用了观察法。

实地观察通常指在现实生活场景中、自然的状态下进行的观察，因此，我们主要对实地观察法进行分类。根据研究者在观察中扮演的不同角色，观察法可以分为非参与式观察与参与式观察两大类。非参与式观察，也被称为“完全的观察者”，顾名思义，指在研究的过程中，研究者完全不与观察对象产生任何形式的交流和接触，不加入观察对象所在群体，以及不参与观察对象的任何活动，仅以旁观者的身份开展观察与研究。这种方法的突出特点是“冷眼旁观”。[①] 非参与式观察的优势是能够让研究者最大限度地规避由于交流带来的情感上、非事实性的“不中立”，观察较为客观，但同时也可能由于沟通的匮乏带来研究者的“误解”与研究深度的缺失。

参与式观察，指研究者参与到被研究的群体、组织或实体当中，研究者在其中需要平衡参与者与观察者的双重身份，以避免“土著化”（going native）及过度认同带来客观性的丧失。[②] 参与式观察则可以根据研究者参与研究对象活动的不同程度，分为以下三类。第一种是完全的参与者，即在不暴露研究者自身身份与目的的前提下，隐蔽地参与到研究对象的活动中。当可能因为研究者身份的暴露而产生危险，或对研究的“自然情境”造成破坏时，完全的参与观察是合适的，如“卧底”记者进入犯罪团伙，或以实习生的身份进入某公司。在完全参与观察的过程中，研究者除了自身观察，也可以使用隐蔽的录音、录像设备作为辅助以实现更完整的记录。完全参与观察能够给予研究者很大限度的观察自由，也能够最大限度上降低研究者对田野和研究对象的影响，往往能够保证获取资料的内部效度与真实。但同时由于在完全参与观察中，研

① 王颖吉.传播与媒介文化研究方法［M］.北京：北京大学出版社，2017：166-167.

② 伯格.媒介与传播研究方法：质化与量化研究导论［M］.张磊，译.4版.北京：中国传媒大学出版社，2021：230.

究者与研究对象产生长时间、高强度的关系连接，因此，也可能在一定程度上会影响研究者的中立立场与理性思考。但由于完全参与观察事先完全隐藏身份，这一观察方式在研究伦理上也存在较大争议，同时也可能造成研究者自身内心的矛盾与冲突，不利于研究者开展更长时间的研究。

第二种是作为参与者的观察者（observer as participant），处在这一身份之中的研究者，其研究还是以观察为主，但在必要时也参与到与研究对象的互动中以获取更具有接近性、更翔实的研究资料。但由于这些研究者与研究对象所处的环境、所在的团体仅存在有限的连接，因此较难获取到真正的一手信息，但也因其对研究对象的介入较少，无形中提高了所获材料的可靠程度与真实性。

第三种是作为观察者的参与者（participant as observer），与上一种方式相对应，作为观察者的研究者往往深度参与研究对象的活动，在参与的过程中同步实现观察。与完全的参与者不同，研究者会在研究开始或逐渐深入的阶段向研究对象公开自身真实身份、表明研究目的，使自己逐渐获得理解与支持，成为“内部”的一员，获取更真实、更全面的信息。因此，采用这种方式的研究者能以更自如的姿态开展研究活动，同样也合理规避了研究可能存在的伦理问题。但是，当研究对象得知自己正在被观察和研究的时候，他们的行为有可能发生改变，导致研究内在效度下降。①

20世纪90年代，人类学家项飙（亦作项飚）曾借同乡之便，在本科和硕士就读期间深入北京“浙江村”（进京经商的浙江人自发形成的聚集地），花费6年时间与浙江村人同吃同住，在此期间对“日常的细节”开展参与式观察，获取扎实的一手资料，从“浙江村”人在北京的生活、生产经营、乡情民愿等方面入手，用大量实例呈现了“浙江村”的形成、变迁、互动与运行。② 当然，以上列举的观察法及特点是为了使研究者全面了解，便于根据实际情况做出合

① 陈阳.大众传播学研究方法导论［M］.2版.北京：中国人民大学出版社，2015：228.

② 项飙.跨越边界的社区：北京“浙江村”的生活史（修订版）［M］.北京：生活·读书·新知三联书店，2018：4.

适的选择，在实际的田野观察过程中，每种方式都有自身的利弊，研究者也可能在研究的不同阶段、不同情境下灵活采用不同的方式，甚至交叉使用几种不同方法。

（三）观察法的操作流程

从理论上来说，观察法操作起来并不很复杂：找到一个组织或一个群体，观察他们，与他们建立联系，记录下在过程中得到的信息，但实际操作其实比想象复杂得多，其中有很多需要被注意到的问题与细节。以下主要针对参与式观察提供一套操作流程的参考。

在进入观察前的准备阶段，研究者的主要工作是明确自身的研究目的。前文提到，科学的观察法与日常生活中的观察有着本质区别，厘清研究目的是对研究者开展研究的必然要求。研究者除了要对研究的具体对象、时间、观察方式等有提前的把握，还需要明晰开展观察的具体目的是什么。例如，是为了解当地大致的情况？对已有研究成果进行再确认，还是要在曾经的研究基础上提出新的问题与假设？研究者可以根据研究目的梳理出观察计划，使通常非结构化的观察过程相对可控，同时也利于提高研究活动的效率。根据观察对象、观察内容、预期成果等做初步的构想，观察计划一般可包括观察对象、观察什么、观察时间、观察地点四个方面（见表3-1）。

表3-1　观察计划内容参考表[①]

观察对象（Who）	观察对象的基本情况：年龄、性别、职业、社会经济阶层、教育状况等 观察对象所扮演的角色、在群体内的身份地位如何、群体成员关系如何 群体的关键人物或领袖有哪些、观察群体的具体范围在哪里等
观察什么（What）	观察对象的行为、行为的动机/影响 观察对象的对话、对话的表情/语气 观察对象的互动、互动的意图/结果 观察对象所开展的具体活动/事件、活动/事件的规则/结果/作用等

① 文军，蒋逸民.质性研究概论［M］.北京：北京大学出版社，2010：128.

续表

观察时间（When）	研究者开展观察的不同时间点、原因、影响 观察对象行为的时间点、频率、持续时间等
观察地点（Where）	研究者开展观察的地点、原因、观察距离 观察对象行为的地点、范围大小、特征等

在开展观察的实施阶段，首先是要选择合适的观察地点。一处地点是否适合被作为观察地点，主要可以通过其是否完全自然、是否有足够规模的观察对象等因素判断，研究者可以在正式开展观察前进行“踩点”，权衡利弊之后选择最佳的观察地点。

在正式进入田野以后，研究者应在做好自我的身份调整与适应后，寻找合适的契机自然地与观察对象建立起联系，这同样需要研究者发挥个人的主观能动性，如主动参与到当地的节日及活动中、学习研究对象所从事行业的相关技能，以及培养共同的爱好等。此外，在田野初期或研究者准备进入更深入的研究阶段时，研究者应自然、礼貌地告知研究对象自身身份及研究目的，在得到对方理解和接纳后，继续开展研究。

在收集材料方面，研究者需要有所侧重，学者丹尼·L.乔金森（Danny L.Jorgensen）将实施观察分为无焦点式观察和焦点较集中的观察两类。[①]在研究初期，研究者多采用无焦点式访谈，对周围环境持开放态度，全面感知形成初步印象；而当研究者已经足够了解现场，就应当有重点地“聚焦”，将注意力集中在具体的现象或主题上。有时研究者一开始围绕一个主题寻求信息，但是后来发现有更重要的问题，这就需要转移焦点。[②]

在整个研究的实施过程中，研究者要注意自身礼仪礼节，尽量不给研究对象的日常生活造成不便与困扰。同时，研究者应在观察过程中保持客观，避

① 乔金森.参与观察法［M］.龙筱红，张小山，译.重庆：重庆大学出版社，2009：77-79.

② 伯格.媒介与传播研究方法：质化与量化研究导论［M］.张磊，译.4版.北京：中国传媒大学出版社，2021：235.

免因个人的无意识选择疏忽掉原本需重视的行为。此外，研究者在观察过程中不应根据主观判断过度解读研究对象的意图或行为的意义，而是通过访谈辅助以更深入、准确地做出判断。

二、访谈法

当田野工作进入较为成熟的阶段，观察法有时难以让研究者获得更多有效信息，如研究对象的主观感知与思考、研究对象对某事某物赋予的意义、过去发生事件与活动的细节等。因此，在田野研究中，研究者不仅要采用观察法获取信息，更需要通过访谈法收集更深入、更有价值的研究资料。访谈法是田野和文化研究中必要的研究方法。

（一）访谈法的定义及特点

科学的访谈法同样与生活中随意的谈话不同，访谈法指在社会科学研究中，根据研究的目的与要求，通过对研究对象系统地提问与谈话来收集信息资料的一种研究方法。访谈法有五个基本组成要件：访谈者、受访者或被访者、社会场景、询问和谈话的过程、信息或资料。[①]访谈者是访谈的实施者，即田野实践中的研究者，在访谈开始前，研究者会根据访谈目的做一系列前期工作，如采访提纲的撰写、采访工具的准备等。受访者即为被访谈的对象，在某一具体的田野中，除了当地的一般成员，也可以包括关键人物或重要人物，他们通常在当地有较高的声望和威信，掌握消息更为灵通。但也并非所有人都适合作为研究对象，研究者需根据抽样原理进行科学抽样以保证信息收集的信效度，如滚雪球、访谈对象的推荐等。除了人物，访谈的社会场景也不可或缺，社会场景不仅是访谈的条件，更是作为重要背景对访谈提供了重要意义。询问和谈话的过程是研究者与被访者之间经验共享的过程[②]，双方的身份与角色可以在问答间自由切换，以充实、丰富谈话的内容。信息或资料是访谈的最终目

① 陆益龙.定性社会研究方法［M］.北京：商务印书馆，2011：130.

② 陈阳.大众传播学研究方法导论［M］.2版.北京：中国人民大学出版社，2015：223.

的，也是直接作用于研究最重要的资料，研究者应当在访谈过程中根据实际采取不同的策略与技巧，发挥控制全局、把握主题的主导作用，以把控访谈信息的真实与有效。

访谈法相比其他研究方法，有自身突出的优势。在访谈中，访谈者与受访者之间在客观上形成了人际互动，二者之间能够建立相互信任与理解的关系，在有助于访谈者发挥自身主动性和创造性的同时，也可以激发受访者内心深处的想法，得到“局内人”的真实想法与其行为的隐藏含义。访谈法在观察法的基础上增加了深度对话，自然扩充了所获资料的信息量，也常使研究者获得仅通过观察无法得到的意外收获。此外，当研究者的研究对象为不易接近、较为封闭（如特殊职业群体等）的群体，或研究主题较为敏感时，访谈法比起其他方法都更容易成功。但是，访谈法对研究者自身提出了较高的要求，不仅在设计访谈、开展访谈等环节有着极高标准，更是对长期在田野与研究对象共同生活的研究者造成体力、兴趣的双重考验。

（二）访谈法的分类

从访谈法的结构特征或访谈者对访谈过程的控制程度看，访谈通常可被分为结构式（封闭式）访谈、半结构式（半开放式）访谈、非结构式（开放式）访谈三种。在访谈法中，研究者在访谈前制定详细、周密的访谈提纲，并在访谈过程中严格按照问卷的顺序进行提问，以及将受访者纳入不同的分类，以同样的方式提问并记录受访者的回答，访谈程序固定且由研究者进行主导，这就是结构式访谈。事先准备大致的访谈提纲，主张在访谈过程中无须按照提纲，只是围绕大概主题边交谈、边提问、边深入进行的访谈，则是半结构式访谈。事先完全不设置具体问题，仅根据主题双方畅所欲言的访谈，就是非结构式访谈。结构式访谈常被用于定量研究中，由于严格控制了问题和访谈情境，因此，能够最大限度提高问卷的回收效率，降低实验中的误差[①]，但往往不利于调动受访者的积极性，开展更深入的研究。半结构式访谈和非结构式访谈突出的特点是灵活性强、自由度大，有利于充分发挥受访者的主动性和创造性，

① 王茜，肖晗.社会调查方法［M］.重庆：重庆大学出版社，2010：103.

同时也能在访谈中提出新的问题、引发新的思考，但也对研究者对访谈的掌控能力提出了更高的要求，由于没有严格的限制，受访者有可能会逐渐偏离访谈主题，这就需要研究者根据自身素质和经验，将访谈带回主题。三种访谈方式有优有劣，可以互补，在实际的访谈过程中，研究者往往将它们结合使用以达到更好的访谈效果。

从访谈对象的人数来看，除了最常见的“一对一”个别访谈，还有“一对多”的集体访谈，也被称为焦点群体访谈（focus group interview），指由研究者引导，通过多位研究对象围绕特定主题进行一定时间的自由讨论，来收集相关信息与数据的一种质性研究方法。在传播学研究中，19世纪40年代，默顿与拉扎斯菲尔德在研究无线电广播时曾采用焦点群体访谈，考察战时无线电广播节目对某一群体的影响。该方法现多被用于市场营销等商业领域的研究，以及常被媒介文化研究者用于受众研究。参与焦点群体访谈的对象一般控制在4—10人，人数过少会导致访谈效果受影响，人数过多则难以控制访谈时间和各个成员之间发言的大致平衡。访谈的时长一般以一小时到两个半小时为宜，既能保证内容的充实，也能避免使研究者与受访者感到疲倦。在访谈过程中，研究者应当明确访谈主题和目的，进行高效引导：在访谈开始之初，让访谈对象各自自我介绍以降低陌生感，加深彼此了解，以更自然、更放松地进行更深入讨论；研究者除了根据提纲提问把握全局，也要根据实际情境适时调整，先给访谈者较大的自由讨论空间，而后随着讨论的进行展开更具体的讨论。焦点群体访谈法最突出的优势即利用多人互动的形式，在对话中激发受访者的新思考、新观点，甚至新问题，研究者可以从中获得更全面的研究资料。而其不足则主要体现在受访者人数较多，不免有人滔滔不绝而有人沉默寡言，并且在受访者群体内若有压倒性的意见形成，也会造成群体压力，使少数持不同意见的受访者违背本心，形成虚假的合意。[①]

---

① 谢梅，王理.大众传播学理论及方法教程［M］.成都：电子科技大学出版社，2020：336.

（三）访谈法的操作流程

与观察法一样，在准备访谈的阶段，研究者需要明确访谈目的，并且根据是否进行结构式访谈与半结构式访谈准备访谈提纲。此外，访谈的准备工作还包括访谈的对象、访谈地点时间的确定。合适的访谈对象可以是对采访主题有一定了解的人，或是田野某一群体中具有突出代表性的人，在初期寻找到少数合适的对象后，后期可以采用滚雪球抽样等方法扩大访谈对象的范围。采访的地点可以保留田野自身的“自然性”，使访谈的背景信息足够丰富、有代表性，但前提是获准进入以及让受访者感到舒适，这样才能使访谈者更快、更自如地适应访谈节奏，进入深度访谈状态。同时，由于访谈内容的公开和非中立，在地点的选择上，要注意尊重受访者的隐私，若涉及受访者的居住、工作地址，需要同受访者沟通后再决定。为确保收集资料的质量，单次访谈时间一般为一至两小时，期间研究者应进行速记，并辅助以录音笔等设备详细记载。

在访谈的实施阶段，研究者应在访谈开始时与受访者友好问候和适度寒暄，营造良好的访谈氛围，并与受访者建立融洽关系。在进行与研究主题相关的提问时，研究者通常按照一般到具体、无关到相关、由浅入深、由表及里的顺序提出。[①]当受访者回答问题逐渐偏题或不够清晰时，研究者也应进行引导，并避免带有价值判断的诱导。研究者提问的方式和措辞也应根据受访者的年龄、性别、文化水平等实际情况进行调整，如面对文化水平相对低的受访者，应避免使用专业用语或艰深晦涩的表达。在“一对一”的访谈中，研究者还应及时回应及鼓励受访者发表自己真实的看法。最后，还要对受访者的回答保持敏感，如果对某些词汇的意义不太明白，则要继续追问到底。[②]在访谈结束时，研究者可以对整个访谈进行概括性总结，当然最重要的是向受访者表示感谢，感谢对方的积极参与以及付出的时间和精力。

---

① 陈阳.大众传播学研究方法导论［M］.2版.北京：中国人民大学出版社，2015：225.

② 谢梅，王理.大众传播学理论及方法教程［M］.成都：电子科技大学出版社，2020：331.

第三节 民族志：对媒介文化现象的“深描”

民族志是社会科学领域最典型的质性研究方法之一，发源于20世纪的人类学，其英文为“ethnography”，直译为“（某一民族/文化群体）人类画像”。因此，从字面上理解，传统的民族志被定义为对特定文化与人群或对异文化的描写、记录。[①]为细致、深入及准确地描述当地文化，民族志学者将其本身作为工具，沉浸于特定的社会情境中，运用观察、访谈等多种田野手段开展研究，并由此来获取一手资料。本节在介绍民族志的同时，将延展介绍与之相关的海外民族志、多点民族志、虚拟民族志和全球媒介志，这些方法都十分有助于开展研究，呈现丰富、多元、立体的媒介文化图景。

一、民族志

民族志作为一种社会科学研究方法，有着漫长的发展历程，在其未形成专业化体系之前，对于社会与文化的考察与记录多体现为自发和业余的，此类民族志并非由专业人士撰写，且多建立于猜想之上，难以考证。英国殖民时期，许多西方探险家曾记录下自己的所见所闻，可以被看作民族志的起源。[②]而后“人类学之父”爱德华·伯内特·泰勒（Edward Burnett Tylor）曾为往返于殖民地的各界人士业余写作民族志，便于新兴的人类学知识群体能够获得信息更丰富的民族志资料，也代表了首次经由训练的专业学者撰写民族志，民族志发展进入了新阶段。

谈到民族志研究开始走向科学，逐渐形成规范化的体系，就必然离不开弗朗兹·博厄斯（Franz Boas）、勃洛尼斯拉夫·马林诺夫斯基（Bronislaw

① 王颖吉.传播与媒介文化研究方法［M］.北京：北京大学出版社，2017：348.
② 陈阳.大众传播学研究方法导论［M］.2版.北京：中国人民大学出版社，2015：200.

Kaspar Malinowski，也译作勃洛尼斯拉夫·马凌诺斯基）与克利福德·格尔茨（Clifford Geertz）。博厄斯在田野中主要对当地语言进行学习和研究，在理论建构方面提出了文化相对论，他认为，每一种文化的发展都是一段独一无二的历史，研究者在进行研究时应从自身文化中解脱，深入其研究的文化与社会之中，强调“研究对象”本身的观点与价值。[①]马林诺夫斯基对民族志最突出的贡献在于他开创了新的民族志写作方法——人类长期田野研究。他曾先后在新几内亚南部的鲁迈、东北方的超卜连群岛上与当地土著长时间共同生活，完成了深度的田野调查。他曾在其著作《西太平洋的航海者》中提到，民族志研究的目的在于清晰而明确地勾画一个社会的构造，并从纠缠不清的事物中把所有文化现象的法则和规律梳理出来。[②]此后，几乎所有的人类学家都将长期的田野工作视为范例，在研究过程中前往研究对象所在的文化部落，实地参与生活，学习并使用当地语言，再试图用本地人的视角理解他们的生活，丰富了民族志的写作方式，奠定了民族志的学术规范。

如果说长期以来民族志研究的主流视角是从“本位”对异文化进行描述与写作，那么美国人类学家格尔茨所提出的“理解他人的理解”理念则是对此的反思。他批判研究者仅仅走入田野而并未真正站在对方立场上的“移情”式的现象解读，该种解读也被后来的学者称为“浅描”。相反，格尔茨主张找到研究对象在实际生活和情境中的各种象征形式，在真正将自身置于“何谓自我”的观念中去理解和分析他人及其文化，“深描”（thick description）的概念也由此诞生。“深描”具有阐释性，即指在对现象进行一般的描述之外，更需要根据现象发生的背景与情境，对语言或社会表达行为的意义等进行细致入微的解读，从微观动态的交流语境中结合研究对象的现实背景挖掘行为背后的心理和情感动因，真正实现深度层面的观察和阐释。如格尔茨在其对于巴厘岛斗鸡的研究中，他解释了看似赌博的斗鸡行为，其实蕴含着围绕人格、权威、信誉的

① 博厄斯.人类学与现代生活［M］.刘莎，谭晓勤，张卓宏，译.北京：华夏出版社，1999：131.

② 马凌诺斯基.西太平洋的航海者［M］.梁永佳，李绍明，译.高丙中，校.北京：华夏出版社，2002：8.

斗争。[①]而如前文所述，该种解读并不是站在自身文化视角中牵强附会的理解，研究者需放下试图在不同地方性文化中寻找普遍规律的姿态，真正以当地人视角理解发生在其社会中的一切现象。

二、海外民族志

海外民族志被国内学者定义为"'处在中国的人类学'和'以汉语为学术语言的人类学'对于海外社会文化所进行的规范的民族志研究及其成果"[②]。"海外民族志"这一概念在中国语境下被提出，我们在上文曾提到，人类学发端于西方国家的殖民运动，因此，可以说于他们而言，"海外"是无须言明的对象，而中国本土的人类学诞生于20世纪早期，国内研究者在发展初期便在广袤的本土大地上开展研究，不仅是源于本土丰富的民族志研究资源，更多是在现实方面受制于彼时内忧外患的局势。进入21世纪，国内人类学学者逐渐形成规模走向海外，与国际接轨，在其他国家与地区开展长期的民族志研究。

海外民族志的研究规范同样以观察和参与方法为主，将海外社会的文化作为对象，进行一年以上的长期考察。近年来，国内海外民族志得到长足发展，目前已覆盖世界各主要区域，从最初集中于欧美发达国家到部分跟我国接壤的东南亚国家，再延伸到更为遥远的非洲等地区，目前海外民族志领域不断涌现新成果，如中国人类学家和文臻在斐济进行长期民族志研究，并著成《共生之道：斐济村庄社会生活的民族志》，以道德话语作为切入角度，展示了斐济村庄传统道德秩序及其变迁，关注个体运用道德话语对道德追求进行表述，个体在道德实践中发挥作为主体的能动性。当下，依托共建"一带一路"倡议的支持，海外民族志有了更为广阔的发展空间与前景，海外民族志促进中国对世界各族群及社会文化进行更为充分与深入的了解，由此不仅能够拓展中国民族志的研究边界与学术视野，也能够促进国内人类学的建设与发展。

---

① 陈阳.大众传播学研究方法导论［M］.2版.北京：中国人民大学出版社，2015：201.

② 王铭铭.所谓"海外民族志"［J］.西北民族研究，2011（2）：116-129.

三、多点民族志

相对于传统在某一处定点环境中开展的民族志，人类学家乔治·E.马库斯（George E. Marcus）在20世纪80年代提出多点民族志（multi-sited ethnography）的概念，主要用于调查全球体系中文化上相关联但地理上分离的族群文化现象。[①]《西太平洋的航海者》中记载，马林诺夫斯基曾在特罗布里恩群岛的不同岛屿间航行，以探寻并调查“库拉”贸易，这其实已经体现了最初形态的多点民族志，但这种仅随地理位置变化进行多点移动，与当前规范化的多点民族志实践有着质的区别。随着全球化的急速发展，世界被“去中心化”，现代社会中的信息、商品及人员都以前所未有的速度与规模在各地进行流通，在文化研究中，若只以一地为对象来关注其现象、进程与认同，便难以获得对此种文化的完整认知。因此，曾经定点的、单一的、共时的研究变得少见，多点民族志的兴起成为必然。

多点民族志承认族群文化存在于不同的地理位置，在实践中要求研究者在多个地点进行田野研究，追踪文化中人、物质实体以及信息、资本等非物质实体的流动，并在地方社会中发现其文化结构与过程，并建构出完整、宏大的体系。如项飙的《全球“猎身”：世界信息产业和印度的技术劳工》，正是基于在印度、澳大利亚和马来西亚长达两年的参与式观察，真正厘清了印度本土人向发达国家IT公司迁移的路径。项飙在该研究中最大化了多点民族志的必要性，他在该书的结尾中强调，世界并不是一成不变的、由中心支配的体系，而是由具体的人和具体的社会构成的，开展多点民族志的意义便在于此。

多点民族志相较传统的田野调查有突出的优势，但也由于实践的流动性过强，其研究必然存在局限性。多点田野工作客观上增加了研究的难度、分散了研究者的精力，在研究过程中可能缩短研究实践、省略某地/某部分的研究过程，研究的专业性和深度存在被削弱的可能。尽管多点民族志存在客观上的

① 刘玉皑.民族志导论［M］.北京：民族出版社，2018：230.

局限性，但这种研究方法的出现无疑丰富了民族志理论，代表了社会发展对民族志研究产生的需求，意味着传统民族志对自身单一研究方法的反思与延伸。

四、虚拟民族志

随着现代通信技术及大众媒介的快速发展、互联网在世界范围内得到普及，人与人、群体与群体间的交往愈发便捷，几乎不再依赖于亲缘与地缘关系，大众的社会生活越来越少受到时间与空间的限制，虚拟的网络空间成为文化表达、分享与交流的重要场所。在这样的时代背景下，人类学的研究对象变得数量庞大且分散、复杂，“田野”也不再单指地理意义上的空间，传统的田野调查规范受到挑战，虚拟民族志便是这场人类学研究方法变革的重要结果之一。

虚拟民族志起源于20世纪90年代，一部分人类学家开始将互联网视为新的田野开始进行探索性研究，有学者发现在线角色扮演社区中参与者的社会展演和身份建构现象，已颇具当下媒介文化研究的色彩。2000年前后，人类学家米勒与社会学家莱斯特合著《互联网：一项民族志研究》（*The Internet: An Ethnographic Approach*）与《虚拟/网络民族志》（*Virtual Ethnography*），阐述了虚拟民族志的相关研究方法，由此虚拟民族志开始被推广。利用互联网技术收集资料，在网络环境中进行观察或参与式观察，以互联网中的群体及社区的文化为对象开展研究，这就是“虚拟民族志”（virtual ethnography），也被称为“网络民族志”（online ethnography）或“赛博民族志”（cyber ethnography）等。[①] 网络民族志可以看作传统民族志方法在新的信息环境中的适应和创新，但其在方法论上也继承了传统民族志的核心操作，如长期的参与式观察、对群体及社会文化实践的分析，以及对人类多样性的理解和尊重等。

媒介文化包罗万象，包含了互联网中各种形式与内容的文化表达，如视频、动画、游戏、表情包等；也包括了风格各异的文化产品，微信、微博、抖

① 刘玉皑.民族志导论［M］.北京：民族出版社，2018：211.

音、小红书、豆瓣等社交平台的兴起更是带来了多元文化现象，如网络名人、圈层、社群等。网络空间的文化实践不断丰富，也与社会现象产生了更为深刻的连接，这为虚拟民族志提供了重要的研究对象与主题，虚拟民族志也为当前新媒体文化、青年文化、亚文化等研究注入了强大的生命力。虚拟民族志同传统民族志的实践步骤基本相似，同样是分阶段分步骤进行，但虚拟民族志在实践中有其值得注意的特殊性，体现在进入田野之前的准备工作、进行田野调查时的工作及田野实践后的伦理问题等三个层面。

在进入田野之前，应选择合适的虚拟民族志田野。在虚拟的互联网中，相较于形式与地点固定的传统田野，网络田野是非实体的，缺乏具象化的边界和时空意义，同时有较强的流动性。因此，针对上述虚拟网络的特征，在选择田野时，应有如下基本考虑：首先，应尽量选择有一定人群数量、相对集中且稳定的网络平台或社区，尽量避免人员大规模的变换对研究产生负面影响甚至叫停研究，如成员人数较为固定、群内消息活跃的微信群，或以趣缘关系相连接的社区平台，如某粉丝文化圈层聚集的豆瓣小组；其次，要判断田野是否开放，是否便于观察和记录，以及是否便于与群体成员取得联系，确保有充足的研究信息和材料可以获取；最后，如有需求，还要将线下条件纳入考量范围内，若研究一个线上聊天群，同时也要考察成员线下的状态、角色、关系与互动等。虚拟民族志在进入田野前的准备工作较为重要，需要研究者全方位慎重考量。

在进入田野后，研究者要进行最重要的工作，即研究本身。虚拟民族志同样采用参与式观察法，而由于互联网的匿名性特征，研究者可以较为自由地选择观察方式，如“潜水”“主动参与”“反串角色”等。在身份的选择上，研究者应结合研究问题，灵活采取入场身份。如针对较为敏感的罕见病社群，或亚文化中的酷儿群体时，为保证研究对象和所获信息的自然、真实，研究者一般不会在最初就公开真实身份。在线上参与观察之外，为进一步增强研究的深度，研究者也可以结合在线访谈法、问卷法等其他研究方法，使得获取信息的视角更丰富，内容更翔实。由于互联网的特殊性，研究者也应当警惕获取信息的真实性与可信性，以确保研究材料的真实客观。

在进行虚拟民族志研究时，初学者应当注意以下几点：其一，与传统民族志相同，要注重虚拟民族志的时效性，传统民族志要求研究者在当地生活6至12个月甚至更长时间，不宜过短，而虚拟互联网研究常较难达到标准；其二，要注意平衡自我参与和收集材料工作的平衡，若参与式观察的深度不足，就易导致对开展民族志的虚拟环境不够了解，若收集材料工作不充分，就易导致能用于收集整理的文本和信息过少；其三，在引用访谈文本时应结合自身观点进行阐释，“深描”就是值得采纳的方法；其四，不要忽略研究过程中涉及的伦理问题，如在匿名的互联网中如何保护被研究者的隐私，在匿名之中如何判断获取信息的真实与否，对于研究对象私人信息与公共话语的区分，以及互联网中对文字、表情符号的阐释性较弱带来的认知偏差等，都需要研究者把握基本原则，守好职业道德，尊重网络背后每一个真实的个体。

五、全球媒介志

媒介志作为一种民族志方法，无论从时间上还是概念上来说，都比前文所述的任何一种要更新近。20世纪90年代早期，全球化的概念出现，但研究者普遍忽视了媒介和传播在其中发挥的重要作用。2013年，英国学者特希·兰塔能（Terhi Rantanen）在其著作《媒介与全球化》中将媒介化与全球化相结合，首次提出了媒介志/全球媒介志（medigraphies）的概念，媒介志是一种全新的方法论，用来研究个人在媒介化的全球化中的作用。在著作中，兰塔能以其自身对三个不同家庭进行的媒介志研究为例，为民族志和媒介文化研究领域提供了一种全新的研究方法和视角。

兰塔能之所以要将媒介志作为新概念提出，是因为它与只包含人的传统民族志不同，媒介志将媒介置于不可忽视的重要地位。同时，在全球化的框架下，虽然媒介志的研究对象分散在不同国家，但与多点民族志不同，在全球化的影响下，即使人们在物理意义上未发生迁徙和移动，也可以想象其他真实或不真实的地方及其文化，媒介志的特点在于它并不研究人们如何与特定的媒介文本相联系，而是研究人们如何通过媒介和传播彼此联系或分离。[①]媒介志通过研究人们使用媒介的活动与全球化发展的联系，兼顾了微观的个人与宏观的制度。兰塔能分别从家庭内部、同一国家社会内部，以及不同国家三个不同的维度，较为全面完整地分析了不同家庭成员的文化身份认同。同时，兰塔能将三个家庭的四代人的媒介和传播活动与家庭情况、教育水平、职业及社会阶层变化进行对比分析，由此进一步窥见媒介化对人们彼此联系或分离行为的影响。

由于研究对象的代际跨度较大、时代较为久远，因此参与式观察等传统民族志研究法在此难以适用。媒介志所采用的研究方法包括历史研究、访谈、自我和比较的自省（self and comparative introspection）、反思性的民族志（reflexive ethnography）、自我和比较的思考（self and comparative reflection）。获取材料的途径包含口述的传统（记忆，家族历史）、（自）传行为和收集照片等口头或书面史料。媒介志的提出和兰塔能的研究清楚地分析了媒介和传播在全球化进程中的重要作用，而媒介和传播的主体正是人本身。媒介志的意义正如兰塔能在著作的结语中所说："没有一个家庭是相似的，但他们都在日益共享超出他们传统边界的一个世界的意识。做媒介志的练习不仅帮助我们反思我们自己的人生，也有助于我们反思跨越时空的他人的人生。"[②]

本章思考题

1.谈谈文本分析法的特点。

2.思考"框架"理论在媒介文化研究中有哪些应用领域。

3.依据研究者参与研究对象的程度，对观察法进行分类。

4.依据研究者对访谈过程的控制程度，对访谈法进行分类。

5.分别论述民族志及网络民族志的优点和局限。

6.思考全球媒介志适合研究哪些媒介文化现象。

① 兰塔能.媒介与全球化[M].章宏，译.北京：中国传媒大学出版社，2013：29.

② 兰塔能.媒介与全球化[M].章宏，译.北京：中国传媒大学出版社，2013：161.

第四章

电视文化：建构“想象的共同体”

本章知识要点

◎ 电视与历史：媒介演进史；电视文化；“想象的共同体”

◎ 电视与政治：媒介效果研究；电视文化与政治传播

◎ 电视与经济：受众商品论；消费社会；娱乐至死

◎ 中国电视史：大众传播宣传功能；流行文化；媒介融合

本书前三章基本完成了对媒介文化研究可能用到的概念、理论及方法的系统梳理，为该领域研究的开展奠定了基本框架。在第四到第八章，本书将在媒介演进史的脉络里，对电视、电影、互联网等不同媒介形态及以其为核心形成的文化进行专题讲授。关于电视文化，本章将从历史、政治、经济三个维度展开理论探讨，理解电视的诞生及文化的形成，介绍作为媒介的电视如何跨越时空为大众建构起了“想象的共同体”，同时讨论电视与政治传播、消费文化的互动。遵循本书立足本土实践的特色，最后一节将对中国电视发展史进行梳理，使与电视文化相关的理论、方法在中国媒介实践场域内得到应用。

本章与其他章节存在丰富而密切的关联。第二章介绍了斯迈思的“受众商品论”、波兹曼的“娱乐至死”和“童年的消逝”等理论，这些都是开展电视文化研究的重要指引；第三章介绍的文本分析法，正是对电视节目开展质化研究的重要方法。除了理论与方法的关联，本章的学习应该充分与第五至第八章的电影文化、网络文化、青年亚文化建立联系，从而在研究中培养深邃的历史视野；还应该与第九章的全球媒介文化建立联系，从而在研究中培养宽阔的国际视野。此外，本章内容的教学成果将在附录中以学生作品《跨越国界的笑声——〈老友记〉与中国观众的集体记忆》出现。在本书整体逻辑中学习电视文化，有助于进一步以媒介为核心理解社会政治、经济、文化的丰富互动，完善媒介文化研究的知识框架。

第一节 历史中的电视：一种媒介演进史的视角

一、作为大众传播的电视

本节将对电视文化进行全面、丰富的界定，包括媒介属性、文化内涵等多重面向。作为传统媒体时代承载文化的重要载体，了解电视的诞生和发展十分必要。对于媒介史的简单梳理，既有助于把握电视的媒介属性，也将为理解媒介形式与文化内容的互构提供一种视角。可以说，在人类文明中，沟通始终是维系人类文明延续发展的必要工作，人类的沟通媒介也在随着时代的进步而不断地丰富。从起初的语言沟通，再到如今的互联网，人类独有的信号系统始终离不开各类物质媒介基础的发明和创造。

早期以语言为媒介的沟通实现了对事物的区分，并在人脑中形成了对事物的共同认知。而作为最基础的沟通媒介，语言也为后续沟通媒介的发展提供了最坚实的认知基础。毫无疑问的是，没有语言就没有“我们”，而没有“我们”就没有世界。语言诞生后，为了适应时代发展和解决远距离传输信息的难题，文字被发明出来。文字的发明，更加促进了整个人类文明的向前演进，原本转瞬即逝的思想从口耳相传转变成书籍上的文字得以长久地保存下来，供给远方的人们和后代子孙查阅。被记录下来的文字也在一定程度上增长了纵向民族历史的厚度。

当手抄文字不能满足大批量内容传播时，人类开始发明印刷技术来替代高成本低效率的手写抄录。2世纪，中国在发明了纤维纸和墨后，又发明了木板印刷术。此后，印刷术得到应用和发展是在欧洲。15世纪，德国的约翰内斯·谷腾堡经过不断试验，最终创造出了金属活字印刷术。这种印刷术可以大量传播信息，大大降低了大众获得信息的成本。谷腾堡的发明标志着大众传播的开始，机器印刷可以大量复制信息，极大扩展个人分享信息的能力。[①]这样的媒介演进过程也充分促进了知识的传播，极大解放了人类的思想。

从媒介技术史看，19世纪电影的发明得益于三大技术，即摄影技术、幻灯术以及运动知觉原理。达盖尔照相法和干版摄影术的陆续问世使得瞬间曝光成为可能，也使得记录下一些瞬时动作不再困难。而后被发明出来的胶片可以记录下连续的动作，二者结合更加速了电影问世的脚步。随后，视觉暂留原理被发现，即视觉图像即使消失后，其在人脑中的成像仍然能存续一段时间。根

① 王强.电视文化概论［M］.北京：中国国际广播出版社，2017：14.

据这一原理，“诡盘”被发明出来。“诡盘”的运转可以使原本连续的静止图像产生运动感，这一发明更加加速了电影到来的脚步。19世纪八九十年代，人们根据逐渐发展完善的技术研制出了原始版本的电影摄影机，主要用于放映系列的连续动画片，而后，就是大众所熟知的关于电影诞生的故事。1895年，卢米埃尔兄弟[①]在过往电影放映机的基础上研制出了“活动电影机”。“活动电影机”相较以往的旧式放映机功能更全，可以完成电影的摄制、放映以及洗印，并且画质更清晰和稳定。同年，他们首次放映了《工厂大门》，获得了巨大成功，也使电影正式走进了大众视野中。于是，1895年12月28日就被定为世界电影诞生日，而卢米埃尔兄弟也被誉为“电影之父”。由于电影观看门槛低，大众接受起来十分容易，所以大众的娱乐生活丰富了起来。后续电影的发展经历了由无声到有声、由黑白到彩色的发展阶段，摄制技术和放映技术等越来越完善。目前电影已经被誉为“第八艺术”，并且成为大众娱乐生活中不可或缺的一部分。20世纪30年代到40年代末这段时间代表了电影的顶峰时期。[②]

与在影院放映的电影不同，电视更应该被视为一种大众媒介，并且具有走进千家万户的家庭媒介的属性。回看电视的诞生，同样要从技术的发展谈起。电与磁相遇时碰撞出的反应迸发出了无线电的火花。英国科学家法拉第在1831年正式发现了电磁感应现象，而后经过近半个世纪的不断钻研，英国物理学家麦克斯韦于1873年发表了《电磁通论》，标志着电磁学正式在理论上被确立。1888年，赫兹用装置验证了麦克斯韦预言电磁波存在的理论，人们也为了纪念赫兹为物理界所做出的卓越贡献而把无线电电波称为赫兹波。19世纪末，意大利发明家马可尼和俄国科学家波波夫发明了无线电报，使用无线电波远距离传递信息。经过后续的不断研究和试验，无线电报可以跨越的距离越来越远，人类用来进行信息交流的工具不断实现着新的突破和革新。1906年，美国科学家李·德·福雷斯特（Lee De Forest）经过反复试验，发明了真空三极电子管，并于1907年向美国专利局申报了发明专利；1906年底，范斯顿的

① 卢米埃尔兄弟：哥哥是奥古斯塔·卢米埃尔（Auguste Lumière），弟弟是路易斯·卢米埃尔（Louis Lumière）。

② 王强.电视文化概论［M］.北京：中国国际广播出版社，2017：16.

马萨诸塞实验电台成功，标志着广播的正式诞生。广播的发展和普及影响了大众的生活方式，对社会的政治、经济、文化等方面都产生了深远的影响。

20世纪20年代，西方工业化程度较高的国家都纷纷抓住机遇积极进行电视的研发。1926年，英国科学家约翰·洛吉·贝尔德（John Logie Baird）率先完成了电视画面的完整播放和传送，在经过公开表演后，电视正式走进了人们的视野。两年后，贝尔德又实现了电视画面的跨洋播送，顺利地将电视画面从伦敦传送至大西洋彼岸的纽约。起初电视播出的画面是无声的、黑白的，但随着技术的进步发展，电视画面有了声音，有了色彩，并且电视机的机体也越来越轻薄，实现了对人们日常生活习惯的塑造。

第二次世界大战后，各国恢复生产，加快发展的脚步。对于信息的大量需求刺激了电视的发展，因此，电视从以前的黑白无声电视进化到彩色电视，不断升级的生产力制造出越来越先进的电视机，电视产业进入了黄金时代。概言之，电视凭借其传输距离远、声像结合、可实时播送、受众广泛等特点，成为20世纪后信息传播最主要的大众传播媒介。随着电视的普及，其受众越来越广，电视所承载的内容也越来越丰富，电视的发明成为人类传播史上的一次飞跃。

二、电视文化的内涵与意义

马克思主义理论提出："思想、观念、意识的生产最初是直接与人们的物质活动，与人们的物质交往，与现实生活的语言交织在一起的。人们的想象、思维、精神交往在这里还是人们物质行动的直接产物。"① 因此，文化拥有其明确的物质基础，根据辩证唯物主义思想，文化会对社会的物质文化发展产生一定的反作用。电视文化，顾名思义是与电视有关的文化，那么电视文化又是如何逐渐形成的呢？这就要坚持辩证唯物主义的观点，立足于二者之间的关系进行讨论。首先，电视是电视文化得以形成的物质基础，而电视文化在形成后又

① 马克思，恩格斯．马克思恩格斯文集：第1卷［M］．中共中央马克思恩格斯列宁斯大林著作编译局，编译．北京：人民出版社，2009：524.

反向作用于人类文化整体，促进其发展和进步。电视的出现为文化内容的传播提供了更加先进的载体，电视的声像同步和远距离传输使世界各国各地的联系更加紧密，各类承载着自身文化的文艺作品可以通过这一媒介被传播至远方，加强文化之间的交流和互鉴，形成“想象的共同体”。在文化的交往中，电视文艺作品实现了跨地域、国家的交流，例如，改革开放后电视机产量的上升促进了电视文化产业的发展，而电视机技术的进步和发展也促进了电视节目跨越地域的限制进行传播，又如20世纪八九十年代台湾的《梅花三弄》、香港的《射雕英雄传》传入内地，千禧年前后韩国的《蓝色生死恋》进入中国等，这些影视作品借助电视的传播，塑造了一代人的记忆和观念，对受众的社会文化生活产生了巨大的影响。

另外，电视文化反映的是一个时代的社会精神风貌，同时也会反过来塑造人们的社会生活。例如，20世纪90年代初，电视剧《渴望》在播出后掀起了一场收视热潮。该剧展现了改革开放后中国的社会风貌，内容平实近人，是整个社会中不断向前奋斗的人的缩影，每个人都可以在其中发现自己的影子。《渴望》斩获多项大奖，其剧中主题曲至今仍然被人传唱。当时的电视剧热成功塑造了当时人们的娱乐生活方式，将人们的时间进行了进一步的划分。例如，黄金档这一概念即指每晚7点至10点，这一期间人们完成了一天的工作，吃过了饭，可以一起围坐在一起享受休闲时光，电视使这一时间段被集中认可。

在论述完电视文化的形成逻辑，我们来谈一谈电视文化的意义。电视一直被认为神奇的发明。在政治方面，电视这一媒介十分有利于政治传播，自诞生起，就具有政治属性，至今虽然由于电视节目类型的丰富这一属性被淡化，但实际上政治属性仍然是电视文化主要考量的方面。尤其在目前国际传播领域，电视媒体仍然是传播国家声音的主要平台。例如，中央广播电视总台下设的中国国际电视台（China Global Television Network，简称CGTN）于2016年成立，是面向全球各国进行发声的国际电视频道，在国际传播方面占据重要地位。在经济方面，电视行业的飞速发展激发了大众对电视节目水平的追求，要求电视节目更加多元化、个性化等。在这样的需求下，连续剧、综艺节目、纪录片、少儿节目等电视节目层出不穷，各大节目、文艺作品纷纷被投入大众市场，接受大众的检验，在网络还不发达的时代，“收视率”就是衡量作品水平好坏的指标。除此以外，电视行业的发展也大大激发了社会的消费潜力，各品牌开始通过电视广告推广自己的产品，在社会上形成了消费的流行风潮，激发了市场活力同时带动了广告行业的发展。在文化领域，电视的声画结合包容了多种艺术形式，多种内容种类，并且多种艺术门类可以通过电视这一载体打破其本身的壁垒，进行融合创作。例如，春节联欢晚会的节目设置就会考虑各个年龄层次的受众进行专门的节目类目设置。电视剧会将音乐与文学作品结合起来，以视觉冲击加配乐的方式进行呈现，使原本纸质书上的文学作品更加生动，传播的范围更广。

概言之，电视的诞生与发展促进了电视文化的兴起，从而对人类社会产生了深远的影响，但正如电视对于过往传播媒介所造成的冲击一样，目前电视也在经受互联网的冲击，而如何让电视在变革中找到更好的位置，是每个电视人都需要思考的问题。

三、理解“想象的共同体”

电视直播塑造了多种媒介仪式，并且使“天涯共此时”成为现实，世界不只在物理距离上形成了共同体，也在每个民族内部形成了一种观念上的“想象的共同体”。“想象的共同体”是一种理解电视文化如何影响人类社会的重要理论，对该理论进行溯源，是由美国学者本尼迪克特·安德森（Benedict Anderson）提出，成为民族研究领域不能被忽视的一部分。本尼迪克特·安德森出生于中国，后因战争搬离中国，先后在剑桥大学和康奈尔大学深造，基于其在中国生活过的经历，其对东南亚地区的研究保持了浓厚的兴趣并十分关注民族主义课题。1983年，本尼迪克特·安德森发表了民族主义研究领域的重要著作《想象的共同体——民族主义的起源与散布》，在这本著作中，本尼迪克特·安德森深入探讨了民族与民族主义的本质与形成过程。与过往的民族主义研究不同的是，本尼迪克特·安德森从人类的情感和文化的根源出发论述这种民族情感是如何被建立起来的。

关于概念，本尼迪克特·安德森将民族做出了界定：它是一种想象的政治共同体。并且，它是被想象为本质上有限的，同时也享有主权的共同体。[①]这一概念界定明确了民族的三个属性，分别为想象性、有限性与主权所承载的政治属性。这种凝聚起一个民族的神秘力量被他称为民族归属，这是一种特殊类型的文化。为了解答这种“想象的共同体”何以在世界范围内形成影响力，本尼迪克特·安德森以民族主义的文化根源为他的研究起点，具体分析了各个民族形成这种共同情感的具体过程，尝试建立一个解释和理解民族和民族主义问题的新范式。

按照本尼迪克特·安德森对民族归属的属性的定义，一个民族的范围可以超越时间和空间的距离，只要拥有这种民族归属感的人们都是构成这一民族的一分子，那么在构建这种民族共同体的过程中最离不开的就是各类媒介工具。人们需要从各类媒介渠道中获取自己民族的信息，建构自己的民族认知，强化民族归属感。因此，对媒介的研究也正是研究这种“想象的共同体”绕不开的一步。电视媒体将以往媒介可触达的范围进一步延伸，配合声音和画面最大限度调动起了人们的感官情绪。首先，电视播出的内容营造了一种标准范式，其中包含的属于同一民族的生活习惯、习俗还有社会观念都在以一种柔性的方式潜移默化地钻进每个观众的头脑中，并在其生活日常中付诸实践。而电视节目的定时播出使人们的日常生活发生改变，在以往的日程中加入了定时收看电视节目这一项，属于同一民族的电视节目和观众之间形成一种互动，强化着自身的民族意识和民族归属。其次，“电视直播”塑造了媒介仪式，这样的节目形式强化了个人的感性认知，强调文字理性的纸媒被承载感官文化的电视取代，民族主义逐渐与情感相连接。在媒介工具的变迁中，电视媒介建构起的媒介仪式大大强化了人们的民族感，充斥着自豪、羞愧等的共同情感在想象的共同体中增强。

下面我们来通过几个例子进一步理解电视这一媒介建构“想象的共同体”

① 安德森.想象的共同体：民族主义的起源与散布［M］.吴叡人，译.上海：上海人民出版社，2016：6.

的力量。中国春节是一个可以唤起强烈民族归属感的节日，春节联欢晚会就成为电视媒体强化民族归属感的一个重要节目。1983年中央电视台春节联欢晚会（简称：1983央视猪年春晚）是中央电视台第一届春晚，也是中国电视节目的一个里程碑。虽然是一年一次，但其承载的文化传统意义是无可比拟的。第一，从播出时间看，春节是中华民族文化中最重要的节日，是游子归家、合家团聚的日子，这样的时间节点将人们团聚在一起，播出一档合家欢的晚会本身就构成了一种仪式。即使有一些人在海外或出于各种情况不能与家人团聚，但“春晚”这个名字本身承载的团聚文化观念也会将人们凝聚起来，形成一种想象中的团聚归家，收获一种归属感。例如，在2009年的春晚中，短信互动环节主持人念出的短信内容有很多来自海外华人，其中有一条这样写道：“虽然我身在海外，但心和祖国一起跳动，祖国的强盛是我们最大的荣耀。”由此可见，电视春晚这种仪式为形成“想象的共同体”提供了一个巨大的表达渠道和表现平台。第二，在播出内容上，从主持词到节目内容都充斥着国家叙事。例如，2009年的春晚中的歌唱节目《站起来》，结合2008年四川汶川大地震，该节目旨在在精神上鼓舞灾区人民站起来，全体中国人民众志成城开创新的未来，表达的是整个中华民族百折不挠的精神。小品《北京欢迎你》则是回顾了2008年北京成功举办奥运会的成就，对外表达中华民族的热情好客，对内强化中华民族的民族自豪感，增强民族认同。第三，在传播技术方面，随着时代发展，春晚的视觉技术越来越进步，每年呈现出一场视觉盛宴。逐渐升级的视觉表现通过电视这一视觉媒介更加强化了每个中华儿女的感性认知。例如，春节时期的“中国红”是中华民族的典型符号，而在春晚这一平台上，舞台上歌舞表演时常常采用红色，给人强烈的视觉冲击，进一步召唤人们的归属感，强化民族认同。

综上所述，电视凭借自身独特的媒介特性，通过选择传播时间、突出传播内容、革新传播技术等，成为跨越时空、为大众塑造“想象的共同体”的重要渠道，但电视的意义和影响并不止这些，在其嵌入人们日常生活的过程中，会和政治、经济等方面形成对话，在下面的论述中我们将进一步探讨。

第二节　电视的传播功能：建构“想象的政治共同体”

一、在媒介效果研究中理解电视文化

在上一章节，我们重点介绍了美国学者本尼迪克特·安德森的《想象的共同体——民族主义的起源与散布》这本书，这是我们理解整个电视文化脉络的一个重要支点，正如其在书中所言，“民族”这个名词与政治相关联，“它是一种想象的政治共同体”，那么在形成这种“想象的共同体”过程中电视媒介又承担了怎样的角色呢？下面我们将结合理论的变迁和具体案例阐述电视文化的政治内涵。

对于电视政治传播的理解，可以放在媒介效果研究的理论发展脉络中理解。在媒介不断更新进步下，媒介效果研究经历了不断深入进步的演进历程。1927年，哈罗德·拉斯韦尔（Harold Lasswell）在其著作《世界大战中的宣传技巧》中就认为，媒介具有强大的不可抵抗的效果。他提出，“宣传是通过操纵表述以期影响人类的行为的技巧，宣传是不依靠武器的世界大战”[①]。随后，在1938年播出的广播剧中，人们在接收到火星人即将入侵地球的信息后，陷入集体恐慌，这一媒介现象更加佐证了媒介会给人们施加强效果的观点。但事实上我们都知道随着电视的普及，人们越来越冷静地看待电视上播出的节目和内容，起初的恐慌也不过是由于对这种传播方式的陌生而已。但是“魔弹论”这种强效果理论并未完全失去效用，而是被潜移默化地用在了政治领域的传播实践之中。

在经历了“魔弹论”之后，针对传播效果的研究更加注重受众的感受，认为人们并非被动地对广播电视的信息进行全盘的接受，而是拥有自己的意识

① 赛佛林，坦卡德.传播理论：起源、方法与应用［M］.郭镇之，徐培喜，等译.5版.北京：中国传媒大学出版社，2006：95.

和判断能力，对于信息会选择性地接收，媒介效果研究进入了有限效果阶段，代表理论有保罗·拉扎斯菲尔德（Paul Lazarsfeld）的选择性接触、两级传播、意见领袖，霍夫兰的说服效果等。这些学者在考察媒介效果时将更多的影响因素考虑进来，包括每个人的教育背景、成长环境、经济情况等。例如，拉扎斯菲尔德在进行伊里调查的过程中发现人们会有一种预想倾向，会主动接触与自己预想观念相近的信息，最后产生的传播效果也会因人而异，原本拥有强烈观点的人通常不会因为媒介信息而动摇。在这样一个过程中，出现了一类群体被称为意见领袖（opinion leader），他们掌握更多的信息资源，因此，在人们中拥有较大的话语权，信息流会从信源处先流到意见领袖处，之后再由意见领袖流向一般大众。这一研究开创了有限效果研究的先河，之后的霍夫兰等人也都在自己的研究领域中佐证了有限效果论，认为信息的传播并非直接的、强有力的，而是基于具体受众的情况产生有限的效果。这一时期，电视经过大范围普及已经进入千家万户，在20世纪40年代至60年代，电视在受众中发挥影响力主要是因为意见领袖的出现，他们凭借号召力宣传自身的立场与观点，电视媒介开始在政治传播中发挥重要作用。

20世纪60年代后，媒介效果研究进入了新阶段，以乔治·格伯纳（George Gerbner）为代表的学者回归了强效果理论，认为电视媒体具有强烈的影响人的效果，这种影响虽然不会对人产生立竿见影的效果，但是会以一种潜移默化的方式嵌到大众的生活方式中。代表理论有著名的涵化理论、议程设置理论等。涵化理论又被称为培养理论，是美国传播学者格伯纳等人在对电视暴力内容进行分析后得出的结论。涵化理论认为电视作为当下最主要的大众传播媒介，其播出的内容将传达社会主流的意见与价值观，并且其提示的是“象征性的现实”，通过这种方式对大众进行长期、潜移默化的观念培养。涵化理论所提到的“涵化”过程正是目前我们通过电视媒介获取信息所经历的过程。而议程设置理论也可以作为我们认识电视媒介的又一理论起点。1968年，唐纳德·肖和马克斯韦尔·麦库姆斯（Maxwell McCombs）在对总统大选进行受众调查后，于1972年正式提出了议程设置理论。议程设置理论认为：“通过日复一日的新闻筛选与编排，编辑与新闻主管影响我们对当前什么是最重要的事件的认识。这种影响各种话题在公众议程上的显要性的能力被称作新闻媒介的议程设置作用。”[①] 大众传播在影响人们对事情的认知方面产生的作用或许有限，但是媒介会通过提供某些信息和安排议程的方式决定人们关注的对象。这也和我们探讨的电视的作用十分契合，因为电视正是通过筛选信息、整理信息、排序信息的方式影响大众的注意力的。正如《新闻联播》播出的时间节点塑造了晚7点看新闻的社会时钟，其新闻内容的选择与时间顺序的安排决定了人们茶余饭后的谈论内容，这也就体现了政治信息的传播与电视媒介强大的议程设置能力的关联。可以说，自电视诞生起，其作用就围绕政治而展开，因此，电视媒介与政治的关联在电视研究过程中不可忽视，下文将以非常具体的案例解析电视节目中隐藏的政治话语。

二、电视在政治传播中的作用

根据上一部分对媒介效果研究的理论梳理，我们可以得出电视这一大众媒介及其传播效果的演变是与政治传播密不可分的。为了进一步理解不同时期电视在政治传播中的作用，我们将在这一部分结合经典案例分析电视的政治传播功能。

在理解电视媒体之前我们可以先通过广播案例来理解大众媒介与政治传播之间的关系。20世纪30年代，美国面临经济的大萧条，经济的不景气让人们失去了对未来的期望。为了提升整体国民的信心，当时的美国总统富兰克林·罗斯福通过广播发表了广播史上具有纪念意义的“炉边谈话”。这场谈话中的罗斯福总统并未使用政府官方话语，而是以普通人的语调和人们进行温和的谈话。谈话更像一场围炉闲聊，让处于危机中的人们平静下来，倾听这一场由总统发出邀请的谈话。这场谈话以温和的方式和人们进行交流，说明接下来政府将会采取的措施等，提振了人们的信心。这场谈话成效显著，因此在罗斯福总统在任的12年期间，一共举行了30次的炉边谈话，这也成为广播史上的

---

① 麦库姆斯.议程设置：大众媒介与舆论［M］.郭镇之，徐培喜，译.北京：北京大学出版社，2008：2.

一个里程碑。

从媒介特性看，广播拥有以往传播渠道没有的优势，而这种方式相比于过去的口头演讲、报纸印刷等更加有效。声音的实时传播可以避免很多书写传输的错误，而且增加了真实感，让大众与信息发出者之间的距离得以拉近。“炉边谈话”证明了大众传媒手段与政治的关联，政府会通过广播渠道以一种更加温和、便于人们理解的方式输出主流话语。

伴随着技术的发展和大众媒介的不断演进，电视开始逐步取代广播走进千家万户。电视的黄金发展期处于第二次世界大战后，这一时期各国经济得以发展，电视技术得以进步并且电视普及率也在不断增长，逐渐成为继广播之后的被最广泛使用的大众媒介。第二次世界大战之后，以美国为主导的资本主义阵营和以苏联为主导的社会主义阵营进行对峙，两个阵营在电视领域进行了激烈的争夺，并对自己阵营内的国家进行电视网络布局的扶持。冷战期间，美苏充分利用电视进行价值观的较量，美国制作出许多歌颂个人主义的影视剧作品。例如《蜘蛛侠》《家有仙妻》等，所呈现出的就是自由独立、充斥个人英雄主义的西方世界；而同一时期的苏联电视播送最多的还是新闻类型片，如《十二五建设工地》《社会主义竞赛的胜利者》《如何用心做事》等经济节目，呼吁观众为改善经济做出贡献，传播社会主义价值观。

由于美国的电视行业发展得较为成熟，因此，在后续的总统竞选中，电视充分展露出了它强大的影响力，其中尼克松与肯尼迪的电视竞选是一个典型案例。波兹曼在《娱乐至死》中对两人的电视竞选进行了分析，说明视觉的呈现会极大影响人的决策。肯尼迪与尼克松二人的表现如果放在广播时代或印刷时代或许都会产生不一样的结局，但是在电视媒介中，外表帅气、意气风发的肯尼迪在真正辩论之前就给观众留下了非常深刻的第一印象，反观尼克松由于身体状态不佳，整个人看起来十分低沉，二人的视觉表现首先在观看电视辩论直播的6500万至7000万民众中就产生了一定的影响，甚至影响到了后续的投票倾向。最终肯尼迪战胜了尼克松成为美国第35届总统，而电视辩论的传统也被延续下来，成为每位总统竞选的必要环节。因此，电视媒介所呈现的视觉效果无法被人们所忽视，依靠电视媒介进行政治领域的竞选、意识形态领域的博弈逐渐成为20世纪后半期的主流。

三、电视与政治的互动内容

对于电视与政治的关联，本章总结为三点：基础设施的建设、政治领域的博弈、影视剧的隐喻涵化作用。在电视的基础设施布局与建设方面，各国都不甘落后。电视诞生之后，各国就清楚地知道电视将成为宣传的武器，因此，在第二次世界大战后，各国都加快自己国家内部电视的全国布局，意图更快、更准确地发出自己的声音并接收他国的信息，大量的电视台在各国被建立起来。在经济得到恢复和发展的期间，苏联于1945年率先恢复了电视的播出，而后英法等国也陆续恢复了电视的播出。到了20世纪70年代，凭借自身的经济和技术发展，美国的电视频道覆盖率达到了80%，成为当时世界上电视机数量最多的国家。美苏争霸期间，为了加强自己阵营国家的实力，对电视行业的扶持也是其帮助阵营盟友的手段。因此，电视得到快速发展的原因之中，政治是重要的部分。

同时，电视也成为新闻界争夺舆论阵地的主战场。以美国为例，水门事件是新闻界曝光政治丑闻中的一个著名事件。水门事件发生在1972年，当时正值总统大选期间，为了获得对手民主党方面的内部竞选情报，共和党方面尼克松的竞选团队成员潜入了位于华盛顿水门大厦的民主党全国委员会办公室，并安装了窃听器，偷拍相关文件，而后被当场逮捕。基于这次丑闻，美国总统尼克松于1974年8月8日宣布辞职。这次丑闻在发生的当天就被美国广播公司、全国广播公司以及哥伦比亚广播公司报道，其保证了事件报道的时效性，但起初并未获得大量的关注。而后哥伦比亚广播公司率先在电视媒体上对“水门事件”进行了大篇幅的报道和解读，这一举动使这一事件轰动全国。而后电视媒体全程跟进了听证会、总统电视讲话等，使这一事件的影响范围进一步扩大。最后在电视媒体的大篇幅报道中，尼克松宣布辞职下台。因此，从这一角度来看，电视媒体所提供的高时效性和声像合一的功能让事实的传播速度加快，并使电视媒体在政治博弈中成为一个重要工具。

波兹曼在《娱乐至死》中提出，媒介具有强有力的隐喻作用。而电视的这种强调视觉表现的媒介更加具有隐喻作用。例如，在美国的政治传播传统中，会将电视上传播的内容娱乐化，将政治话语娱乐化，将严肃议题娱乐化。1975年在NBC首播的喜剧小品类综艺节目《周六夜现场》（*Saturday Night Live*）至今热播，该节目凭借讽刺和恶搞当下的政治和文化现象而受到大众的青睐，是美国电视史上最长寿的节目之一。相比于严肃的政治话语，这类讽刺搞笑的节目形式更加受到了大众的欢迎。但从另一角度来看，这档节目的确消解了主流话语的严肃性，当一切话语都被娱乐化，大众就会沉溺于这种浅层的感官消费中，减少自身的思考，社会的整体氛围变得浮躁，大众沦为“乌合之众”。

第三节　电视文化中的消费：以传播政治经济学为指引

电视作为一种大众媒介，其不断发展是需要经营的，为了维持电视这一媒介渠道的正常运转，商业元素就不可避免地介入其中。那么在明确了电视文化与政治传播的关联后，我们再来探析一下电视文化的商业属性。电视传播具有的画面感是以往媒介所缺失的，相对于电影，电视又能进行不间断的传播，因此，在互联网问世之前电视传播一直深受人们的青睐。当电视逐渐成为大众生活的一部分的时候，商家们瞄准了这一片新的领域，将受众视为自己的最终的目标，打包销售产品。于是电视广告问世，这也就是著名的受众商品论的内容。电视广告的出现让人们疯狂为商品买单，社会也开始逐渐变成鲍德里亚眼中的“消费社会”。媒介发展至当下，虽然在互联网的冲击下，电视的地位大不如前，但平台进行争夺的关键是大众的注意力，这一点是始终不变的。因此，本节将以传播政治经济学理论为指引，结合相关案例，更加透彻地分析电视文化所具有的商业属性。

一、受众商品论

20世纪50年代，加拿大传播政治经济学家达拉斯·W.斯迈思提出了重要的受众商品论的观点。达拉斯·W.斯麦思凭借其敏锐的洞察力提出，电视媒介的商品是电视等大众媒介所提供的时间和空间的观点是不对的，实际上真正的商品是受众的注意力。该理论包含三个部分。第一，大众媒介生产的最终商品是受众，大众媒介会通过制作节目、提供信息和娱乐等方式将大众吸引到电视机前，而后根据其吸引到的观众的数量和忠诚度将受众打包贩卖给广告商，并向广告商收取费用，进行牟利。第二，受众的劳动也是商品的一部分，受众可能认为自己收看电视是一种休闲娱乐的方式，但是事实并非如此。大众的注意力从观看节目的那一刻开始就被贩卖，广告信息的无孔不入也让大众在自以为休闲娱乐的时光中为资本创造了价值，相对于正常劳动获得合理的报酬而言，这种劳动更加不易察觉并且不公平。第三，电视上所呈现的商品给人的冲击更加强烈，因此，在受众因为广告购买商品时并不会进行十分理性的思考。电视广告所提示的象征性现实也并不会被轻易识破，因此，大众就会在“休闲”中将自己作为商品参与到了消费品的生产流通过程中。①

受众商品论揭示了资本主义大众传播的消费陷阱，以及其中受众、媒介与广告商之间的不平等关系，这对于后续的批判性研究起到了很直接的启示作用。但另一方面，他的观点被批评为孤立、片面，过分夸大了电视等大众媒介的作用，没有从受众的角度考虑问题。尽管存在争议，但受众商品论仍然是我们探究电视文化与大众消费文化的一个理论支点，可以为我们提供一个批判性的视角理解电视文化中必不可少的商业属性。下面我们结合《新闻联播》播出前的黄金时段电视广告来深入理解这一理论。

《新闻联播》作为全国性的新闻播送节目，拥有着最广的普及度。统计显示，“根据CSM数据，2022年1—10月，《新闻联播》在35中心城市收视份额

① 郭镇之.传播政治经济学理论泰斗达拉斯·斯麦兹[J].国际新闻界，2001(3)：58-63.

达30%，日均电视观众规模达1.2亿人”[①]。这充分说明在大众心目中《新闻联播》节目所拥有的出众影响力，那么《新闻联播》播出的前后时段也是能吸引最大受众注意力的时段，因此，许多企业瞄准这一时间段进行广告投放。黄金时段的媒介费用更高，能够占据黄金广告时段的企业都要经过层层选拔。企业愿意承受如此高的时间和金钱成本的原因就是可以最大限度地吸收受众的注意力，也就是我们所说的受众商品论。媒介将受众的注意力打包后售卖给企业，而后我们通过这种每天的广告信息的影响，在选择品牌的时候会自然而然地联想到该品牌，为该产品进行消费，最后企业赢利。

二、消费社会

让·鲍德里亚是法国著名社会学家、思想家、哲学家，在吸收了马克思主义的商品拜物教和劳动异化理论、符号学思想之后，他在1970年出版了《消费社会》[②]（*La Société de consommation*）一书，尖锐地指出了那时的社会已经转变成了将消费视为一切的社会。人们在信息爆炸的时代中迷失了自我，沉醉于消费所带来的物欲的满足中。这一观点在当时的社会中引起了强烈的反响，具有十分重要的反思意义，对于我们反观目前的社会现象也有着很重要的启发作用。

鲍德里亚在书中表示，“后现代资本主义社会不同于战后时期之处在于，战后资本主义社会是生产主导的社会，而后现代社会则是一个消费主导的社会”，“当今的资本主义社会，消费主导了整个资本主义社会的运行”。[③]书中的核心观点就是社会在进入物质极大丰富的时期后，人们所消费的目的发生了变化，由往常的物品转向了物品所象征的符号。在这一基础上，人与物品之间

① 中央广播电视总台总经理室.总台《新闻联播》1—10月收视率同比提升26%，进一步夯实“传播至高点”地位［EB/OL］.（2022-11-07）［2024-05-08］. https://1118.cctv.com/ 2022/11/07/ARTIgN6NLfbPOrUDLkGXbH4S221107.shtml.

② 鲍德里亚.消费社会［M］.刘成富，全志钢，译.南京：南京大学出版社，2001.

③ 陈力丹，陆亨.鲍德里亚的后现代传媒观及其对当代中国传媒的启示：纪念鲍德里亚［J］.新闻与传播研究，2007（3）：75-79，97.

的关系被异化，社会成为充斥符号的、物欲横流的消费社会。这一理论观点具备着一定的意识形态的批判性，批判了西方的表面物质繁荣，揭示了资本主义的消费主义剥削的本质。虽然消费社会的理论有一定的悲观倾向，但其独特的视角可以为我们认识电视文化的商业性提供一个思路。

电视媒介的出现极大丰富了人们的娱乐生活，电视综艺节目和电视剧的出现让人们将观看行为固定下来，形成一种生活习惯。在观看电视节目的过程中，人们常常会受到电视信息的影响，进而影响每个人的观念，这也就是我们在上一节提到过的涵化作用。电视会将一些人的生活通过综艺节目和电视剧的方式呈现出来，虽然这些作品标榜“普通人的生活”，但实际上和普通人的生活相去甚远。但由于是通过电视机屏幕呈现出的，就会形成一种象征性的现实，让人们认为这是一种风尚，进而效仿。

例如，2010年，由湖南卫视、上海快乐讯广告传播有限公司打造的《我是大美人》在湖南卫视播出。这是一档美妆电视节目，旨在为亚洲女性提供最前沿的时尚美妆资讯，教会女性如何变美，传达积极向上、正能量的生活态度。这档节目每期会邀请一些知名美妆达人、时尚潮人、艺人进行自己的美丽秘籍的分享，被认为是湖南卫视的一档王牌节目。而观众在观看这档节目的过程中除了知晓一些变美知识还会对电视屏幕上的达人、艺人进行模仿，这些美妆界的意见领袖的一举一动成为美丽的代名词，化成符号，受到大众的追捧。其所使用的各种商品，在节目上的穿搭也会成为大众争相模仿的对象。因此，在这一阶段，《我是大美人》节目所传递的资讯已经被弱化，相反其所引领的时尚风尚才是电视文化影响下消费社会的具体体现。

再例如，2020年电视剧《三十而已》播出，剧中多次出现关于名牌包和人身份地位之间关系的片段，例如，主人公顾佳为了参加富太太的茶会而四处寻找门路花费高价购买一款名牌包，在剧中人物的认知里，这相当于一张入场券。在这一片段播出后，在网络上引起了热烈讨论。从大家的讨论中不难看出，这一现象并非杜撰，而是有着一定的现实依据的。从这个片段可以看出，背包相对于实用功能更多地被赋予了一些符号价值，象征着身份和地位。而在电视的播出下，这一观念又在大众的观念中被强化，仍然会有许多人为了所谓的符号价值为背包买单，体现了消费社会下的虚荣风气。

三、娱乐至死

媒介发展至今可见，互联网的普及与发展逐渐缩小了电视所占据的传媒版图，那么在这种情况下，注意力更加成为各个媒介所争夺的对象，娱乐性成为电视制作内容更看重的一个方面。波兹曼所说的“娱乐至死”的时代逐渐成为现实。波兹曼是美国媒介文化研究的著名学者、媒介批判家，他在《娱乐至死》一书中认为，“媒介用一种隐蔽但有利的暗示来定义现实世界”。[①]其中媒介的形式极为重要，因为特定的形式会偏好某种特殊的内容，最终会塑造整个文化的特征。[②]电视媒介的出现使曾经印刷时代的社会话语变得失去逻辑性、碎片化而且肤浅。波兹曼认为，由于电视本身的性质充满娱乐性，所以人们在观看电视的过程中不需要思考，只需要享受电视提供的情感价值，也正是这样的观看方式让人们成为“沙发土豆”，被动地接收电视提供的信息，造就了娱乐业时代。

娱乐业崛起的过程中，电视功不可没。正是这一种视觉媒介的普及造就了娱乐行业的成长和发展。电视文化中的娱乐性质在其塑造明星的过程中就能体现出来。电视通过播放电视剧、电视节目等方式塑造一个又一个外表光鲜亮丽的明星形象，然后将这些明星通过电视屏幕呈现给大众，在大众心目中形成一种向往。在这一过程中，人们收获到了情感上的满足，而明星成为商品，其提供的情感价值正是他们的商业价值所在。

在20世纪八九十年代，香港、台湾影视剧风靡大陆，这些大热的影视剧中的主角也随着电视上播出的影视剧、晚会而成为大众眼中的“明星”，成为流行的风向标。以香港为例，20世纪90年代初，香港一批歌坛新人陆续出现，其中就包括承载着一代人回忆的“四大天王”。四大天王分别是张学友、刘德华、黎明和郭富城，四位影响力巨大的影视歌三栖艺人。凭借出色的外形条件

① 波兹曼.娱乐至死［M］.章艳，译.桂林：广西师范大学出版社，2004：12-13.

② 李晓云.尼尔·波兹曼与媒介生态学［J］.新闻界，2006（4）：84-85.

和表演水平以及经纪公司的运作，四个人几乎垄断了整个20世纪90年代的香港演艺界，并形成了独特的粉丝群体，引领了一个时代的娱乐浪潮。四人在成名后，出演了多部影视作品，其中就包括许多耳熟能详的作品，如《神雕侠侣》《无间道》《甜蜜蜜》《东成西就》等。虽然在这些影视剧中以电影居多，但真正使他们在大众范围内流行起来的依然是电视这一媒介。

在当时的时代背景下，去电影院看电影并不是一个普遍现象，于是当时的香港电影以录像带的方式进入内地，凭借其独特的内容风格吸引了大批受众，于是出现了一批开遍大街小巷的录像厅以供人们观看香港影视作品。这种录像厅会拥有几台电视机并配有录像机，播放来自港台的正版或盗版录像带。由于当时家家户户还没有普及VCD光碟和VCD机，所以录像厅凭借低廉的价格、丰富的录像带成功开遍了大街小巷。香港电影也凭借着这种普及方式在内地流行。

在录像厅观看行为本身就令人兴奋，对于影视剧中的人物也因此产生崇拜之情，于是人们会模仿剧中人的穿搭风格和行为方式，这成为20世纪90年代的流行风潮。在观察90年代的照片时会发现，内地大众的穿搭方式与香港影视剧中的风格很相似，可以用几个鲜明词语概括，例如“卷发”“皮衣”“红唇”等。这些便都是在电视媒介的介入下达成的效果。这样的发展势头加速了香港娱乐产业的发展，使其在20世纪90年代出现了高度繁华的局面。凭借几个大型的影视制作公司，比如嘉禾公司、新艺城影业有限公司、德宝电影公司等的强大制作包装手段，香港电影的质量和水平都在不断提升，娱乐产业高度繁荣。虽然在科技发展过后，香港的影视行业逐渐没落，但香港娱乐行业仍在这一轨道上发展，并且其始终和电视媒介之间保持了密切的联系。

回到数字时代的背景讨论这一问题，电视媒体曾经的经营模式被逐渐淡化，“黄金档”的概念随着人们碎片化时间的分割变得不再重要。当传统的依靠广告售卖赢利的经营模式被颠覆，电视媒体将用什么支撑其后续发展是传统电视媒体人面临的一个巨大问题。随着时代的变迁和消费的升级，当前大众关注的更多是内容和服务的质量，而在电视板块，影视节目的质量和电视所能提供的服务就成了竞争的重要目标。相比海量的广告投放，优质的创意内容更能吸引大众产生购买行为。线上线下打通的便捷服务方式更会增强电视带来的消费吸引力。

将电视的发展放在当下媒介环境中看，目前各个传统电视媒体都在积极进行转型，全面建立立体的数字时代传播矩阵。中央广播电视总台坚持台网融合，打通传统媒体和新媒体之间的壁垒，在多个新媒体平台如微博、抖音、快手、B站等开设账号，推出适合各个平台属性的视频内容。在传统媒体端，积极扶持优秀内容，让“大剧看总台”“大作看总台”的品牌影响力和社会美誉度进一步提升，满足大众对优质内容的需求，例如，总台制作了多档优秀的文化类节目《诗画中国》《中国国宝大会》等，优秀的电视剧作《人世间》《南来北往》等。在经营方面，除了传统的广告招商，在央视的客户端增加了以内容付费的盈利模式，这是传统媒体进行转型过程中的一大突破。

除了央视，湖南广播电视台的转型之路较为成功，其依靠自身的娱乐属性成功制作出多档爆款网络综艺，在其视频客户端芒果TV进行播放。目前其盈利模式主要依靠会员付费，这背后除了其所拥有的明星效应，还有其出色的节目策划能力和内容制作水平。例如，《明星大侦探》《再见爱人》《乘风破浪的姐姐》等多款综艺节目深受大众的喜爱，或许在“流量时代”取胜的法宝就是“内容为王”。

第四节　破土、转型与繁荣：中国电视发展史（1958 年至今）

一、中国电视的起步阶段（1958—1978）

1958年3月17日，电视上成功映射出了动画电影《小猫钓鱼》的画面，标志着我国第一台电视机研制成功，从此，中国电视事业有了物质基础。为了研制这一台电视机，研发人员仔细研究过苏联生产的电视样机，进行零件的匹配和组装，经过大量的试验过后才研制出了中国第一台电视机。起初的电视机只有5个电视频道、3个广播频道，但这对于当时的中国而言已经是很大的进步了。从电视的普及程度看，由于生产电视成本十分高昂，当时能拥有电视的中国家庭很少，生产出的电视基本上都被政府所使用，进行政治信息传播。

1958年诞生的中国电视事业，相比西方晚了30多年。在第二次世界大战后世界冷战背景下，中国在苏联等社会主义国家的帮助下于1958年5月1日成立了中国第一家电视台——北京电视台。北京电视台于9月2日由实验播出转为正式播出，面对大众开放，主要转播一些重大节日的实况，如国际劳动节和国庆节相关内容。据统计，直到1960年全国共有电视台和电视试验台23座，可见在这一期间内电视基础设施规模在逐渐扩大。但由于三年困难时期的影响，广播电视事业发展稍有停滞，国内电视台减少到了8座。

在电视传播内容方面，电视台开办的第二年，中国开始向合作的国家寄送电视节目，类型大部分为新闻片，并且受当时国际政治格局影响，北京电视台开播后主要播出的是由苏联、匈牙利等社会主义国家制作的电视作品，内容包括电视新闻片、故事影片、纪录片等。到了20世纪60年代中期，中国已经和27个国家的电视机构建立了正式或非正式的交换关系，1960年中国还只向7个国家寄送61条电视片，1962年向17个国家寄送240条电视片。到了1964年，北京电视台向33个国家寄送了476条电视片，绝大多数是新闻片。[①]可以说，这一时期电视节目的交换也成为对外交流的重要组成部分，这也可以作为电视文化与政治传播理论的历史案例。

由于早期的电视节目服务于政治传播，因此，节目内容宣传色彩浓厚。除了新闻这类明确开展政治传播的节目类型，电视剧、纪录片、影片、动画片、戏剧等也发挥了政治传播的作用。《一口菜饼子》是北京电视台播出的第一部电视剧，也是中国的第一部电视剧。这部电视剧根据《新观察》杂志上刊登的同名小说改编而成，剧情简单，内核为忆苦思甜、不忘初心。这部早期电视剧只有20分钟，题材也并不新颖，但是在播出后却获得了观众的热烈反响，这也反映了当时大众娱乐文化生活的匮乏。

---

① 郭镇之.中国电视史［M］.北京：中国人民大学出版社，1991：50.

在社会主义革命与建设时期，电视播送的内容主要为新闻、故事片、纪录片等。还有一种被称为“样板戏”的节目，例如《闪闪的红星》《青松岭》《难忘的战斗》等，这些电视节目大都是以宣传为主的类型。并且由于改革开放之前，计划经济下普通家庭很难拥有电视，因此这一时期的电视并不被算作大众文化的一环。随着国内国际政治形势的变化，一方面中国与苏联等国的关系面临许多问题和挑战，另一方面与中国建立电视合作的国家越来越多，因此，中国电视迫切需要走出一条独特的发展之路。而直到改革开放后经过国家政策的调整，中国的电视事业才迎来了真正的发展黄金期。

二、传播流行文化的中国电视（1978—2000）

1978年改革开放后，中国进入剧烈的社会转型期，中国的电视事业也随之迎来了发展的拐点。在新的时代语境呼唤下，中国电视事业也获得了前所未有的发展，在题材内容方面得到了很大程度的更新，加之20年电视基础设施建设的发展，改革开放后，电视正式进入了大众的视野，并且在方方面面形塑着大众的生活。

首先在媒介技术支撑方面，电视机生产得到快速发展，20世纪80年代初，邓小平访日增多了中日之间的商贸往来，在这一背景下，北京电视机厂与日本电器品牌松下达成了合作，成功引进了彩电生产线。从此拥有自己生产线的中国彩电实现了价格的下降，促进了彩电的普及。除此之外，国内的电视机品牌数量也在不断增加，如TCL、长虹等至今仍然是中国电视机市场上的著名品牌。

在电视传播规模方面，改革开放后获得了迅速的扩大。1983年，全国第11次广播电视工作会议召开并制定了政策，要求在全国形成“四级办广播电视，四级混合覆盖”的电视事业格局，覆盖全国进行电视广播的传播。因此，在中央的号召下，20世纪80年代后的电视台数量激增，全国公共电视节目的播出量也上升至一个新的台阶。从数量上看，从1978年到1996年，全国的电视台由37座增加到880座，电视机的覆盖率大大增加。

电视机覆盖率的提升奠定了电视成为流行文化的物质基础，这一时期也是凭借电视这一媒介形成了一阵又一阵的社会风潮。就如上一节所提到的香港电视剧和香港电影的流行正是通过电视机这一渠道开始传播的。20世纪80年代后，在中央的号召下，各大电视台推陈出新，制作多档优质的电视节目以供大众观看娱乐。大众娱乐性质的电视需要制作的节目更加生动有趣。因此，在文化风气日益开放的历史时期，1990年4月21日，中央电视台推出了中国的首档大型综艺节目《正大综艺》，这是一档集知识性和娱乐性为一体的综艺节目，开创了电视综艺的先河，丰富了中国的娱乐市场。这档综艺节目内容风趣新颖，受到了大众的喜爱与欢迎，中国也正式开启了综艺时代。

伴随着各类娱乐节目的传播，电视所产生的明星效应也逐渐显现出来。商业广告的播出和著名演员的穿着打扮都会成为大众效仿的对象，一时间各大流行风潮不断兴起。随后，诸如《编辑部的故事》《我爱我家》等情景剧由于贴近大众日常生活并且风趣幽默，也成为大众娱乐生活的一部分，看电视的行为本身开始成为一种流行。

改革开放的时代变革也对播出节目的类型和内容产生了影响，从以往单一的政治话语变得更加多元，更加关注大众生活。虽然早期的电视节目类型还是以新闻类型为主，但是影视文娱类的节目在数量上呈现上升趋势。随着摄制技术的发展，大众对文化生活的要求越来越高，越来越多的综艺类节目出现在大众的视线中，并且快速发展壮大。电视台内部也在横向进行频道的细分，更好地满足观众的各种需求。例如，中央电视台就从单一的综合频道逐渐拓展出新闻频道、中文频道、少儿频道等，针对不同的受众类型进行内容垂直领域的细分。

至今，电视经过近70年的发展，已经成为大众生活中不可或缺的部分。虽然在网络时代的冲击下，电视似乎逐渐淡出了大众的视野，但电视所承载的电视文化仍然是网络文化替代不了的，家庭媒介所给予大众的陪伴感、共同感仍然是电视独有的优势。但毫无疑问的是，为追赶上社会的发展脚步，电视行业的确需要思考如何进行转型。

三、走进融合媒体时代的中国电视（2000年至今）

中国于1994年正式全功能联入国际互联网，2000年之后互联网在中国进入迅猛发展期，发展势头深深地影响到了电视的发展路径，冲击到了电视行业，传统媒体与新媒体发生了激烈的碰撞。在2000年至2010年间的互联网初步起飞阶段，互联网以门户网站为主体介入人们的日常生活中，而电脑价格的昂贵也使得电脑并没有在大众范围内普及。因此，此时的信息获取渠道仍然是电视，电视行业并未受到很大程度的影响。大众依然会每天晚上7点收看《新闻联播》，8点收看黄金档电视剧。而这些从电视上获取的信息也会成为人们谈论的主流话题，可以说这一时期的电视依然占据着主流媒介地位。

2010年后，电脑技术的发展让拥有电脑的成本大大降低，电脑进入千家万户，此后智能手机的出现进一步瓜分电视在大众心中的位置。这一时期的电视依旧保持着传统的内容输出，承担主流信息的传播，但人们已经学会去互联网上搜索自己想要的信息，并在网络社区中进行讨论。渠道的增加也使电视的作用在逐步弱化。此后，随着短视频和自媒体的出现，电视的信息渠道作用更加被弱化，这时就需要电视所代表的传统主流媒体去思考转型之路。而转型的关键就在于如何在数字时代坚守住主流的地位，发挥长处，借势互联网，继续向前发展。

正如上一节论述当前主流媒体的转型之路的部分所说，目前主流媒体需要借助互联网的优势，而在下文我们将结合具体的案例详细讨论。首先，电视作为传统媒体具备很广的普及性和大众信任度，因此，得以继续拥有庞大的受众基础。[①]但是其缺陷在于播出时间固定，节目固定，缺乏与受众的双向互动，属于传统的单向输出，这些使得电视在时间日益被碎片化的数字时代逐渐被大众遗忘。而新媒体则满足了受众随时随地的信息需求，和大众之间的互动感更强。并且网络环境的开放迎来了自媒体繁荣的时代，大量自媒体所能提供的丰

① 雷蕾.新时期传统广播电视与新媒体的融合思考［J］.新闻传播，2024（5）：78-80.

富信息相比传统媒体更加多元，因此传统媒体逐渐落了下风。

整体人类媒介的演进史就是一部新旧媒体不断融合、共同发展的历史。美国马萨诸塞州理工大学的I.浦尔（I.Pool）教授最早提出“媒介融合”（Media Convergence）这一概念，其本义是指各种媒介呈现出多功能一体化的趋势。① 媒体融合是信息爆炸、渠道多元化的时代中，各媒体得以继续发展的准则。以电视为代表的传统媒体也需要在这一准则下继续发挥自己本身的主流优势，走出融合发展的道路。目前传统媒体与新媒体之间的融合之路主要存在于传播内容多元、全媒体渠道以及互动形式增加几个方面。

首先，电视所能播报的内容较为局限，以呈现出的最终作品为主，为大众展现台前的内容。但在数字时代，大众的内容偏好转向为更为私密、更为亲近的幕后内容，希望从一些更加新鲜独特的视角了解事件和人物。因此，电视媒体通过增加这一部分内容来满足人们的好奇心，提高内容的受众范围。例如，近些年的央视春晚会在正式演出前几个小时设置春晚直播间，对在彩排候场的演员进行采访，让大众了解这一档大型晚会背后的故事，拉近节目与大众之间的距离，从而让节目的人情味更加浓厚；《新闻联播》除了每晚七点的节目播报，还增加了《主播说联播》等衍生的短视频内容，这些内容抛开了严肃语调，以个人化的主播口吻为大众进行新闻解读，有助于让大众感受这些新闻事件和自己的距离并不遥远，增加对于国家大事的参与度和理解度；娱乐内容方面，湖南广电依靠自身的娱乐节目的优势，推出多款爆款网综，这些都是可以在数字时代保持传统电视健康发展的有效路径。

其次，电视媒体已经在思考建立自己的全媒体布局，形成立体的传播矩阵，以传统广播电视为依托，以互联网渠道为分支。例如，在这些传统的媒体基础之上，中央广播电视总台拥有央视网这一网络门户平台，央视新闻客户端、央视频客户端、央视影音客户端等，并且在抖音和快手等短视频平台拥有自己的独立账号，在微博等国内外社交媒体也拥有自己的账号，不断完善传播矩阵的建构。在2024年央视春晚直播中，除了电视直播，大众也可以通过短

① 孟建，赵元珂.媒介融合：粘聚并造就新型的媒介化社会［J］.国际新闻界，2006（7）：24-27，54.

视频平台、微博平台实现小屏收看春晚，在春晚播出后也会将各个节目剪辑为节目片段发送到短视频平台供大众反复观看。这样的做法便利了大众，一定程度上弥补了电视在跨越时空传播上可能存在的不便利性，有利于提升电视在数字时代的地位。

最后，为了提升电视的互动感，改变以往单向输出的局面，主流媒体正在依靠互联网手段加强与大众之间的互动。可以看到目前的许多主流媒体在节目设置上都会安排互联网互动模式，例如，央视春晚与京东进行合作，以1亿份好礼、30亿红包等吸引大众进行互动，与支付宝进行合作的“集五福”也已经成为大众过春节的惯例；在2024年春晚魔术节目《守岁共此时》播出后，主持人尼格买提·热合曼的反应和表情包迅速占据各大社交媒体热搜榜，为大众提供欢乐的同时也体现了当前春晚在互动机制方面所做出的努力。

概言之，1958年至今，中国电视经历了破土、转型与繁荣的发展历程，如今正在积极融入互联网时代，实现与不同形式新媒体的融合发展。尽管媒介环境在发生改变，但电视自诞生之日起，其发展始终离不开信息技术的支撑、政治经济等多元因素的影响，以及与最广大受众日常生活的紧密关联。可以说，理解电视文化，也是理解媒介、文化与社会关系的一种方法。

本章思考题

1. 回顾大众媒介的演进过程。
2. 论述电视媒介相比其他媒介的特点。
3. 论述电视文化的内涵与意义。
4. 思考电视文化与经济的关系。
5. 概述中国电视事业的发展过程。

第五章

电影文化：媒体奇观与文化意蕴

本章知识要点

◎ 电影发展史：技术演进；艺术叙事；情感表达

◎ 奇观电影：景观社会；媒体奇观；消费社会

◎ 电影文化：政治传播；共情传播；生活方式传播

◎ 中国电影史：四个时期；六代导演；现实题材；人文关怀

戴锦华在《镜与世俗神话：影片精读18例》开篇提到，电影作为20世纪最伟大的发明之一，可以被用作一个人类有史以来最为真实的记录工具：它不仅实现了人类最古老的梦想——让形象与记忆战胜时间、超越死亡，而且成了一位最为真实而客观的人类行为及历史的目击者。[①]可以说，电影文化研究是一个横跨文学、艺术与新闻传播学等多领域的交叉领域。文学、艺术研究者较多关注电影文本所表达的文化意蕴，本章将立足新闻传播学的核心问题意识，以景观社会、媒体奇观为理论指引，着重介绍电影区别于其他媒介形式的奇观特性。任何媒介及其形成的文化都不能脱离与政治、经济、社会的互动，因此本章从政治传播、共情传播、生活方式传播三个维度出发，拓展电影文化的研究视域。本章最后一节，坚持将中国作为方法，以“四个时期”“六代导演”为线索对中国电影发展史进行梳理，力图宏观展示中国电影的萌生、发展、创新与繁荣。

本章所学习的电影文化同样得到第二、第三章关于媒介文化研究理论与方法的指导，第二章中文化研究学派理论都可以指引电影文化研究，本章还将在第二章基础上进一步补充介绍“景观社会”“媒体奇观”“消费社会”等理论，为电影文化研究提供更加充足的理论支撑；第三章介绍的文本分析法，尤其是精神分析法，十分适用于分析电影中故事、人物、影像背后所体现的深刻社会与文化内涵。在第四至第九章的媒介演进史框架中，电影文化接续了第四章电视文化，丰富了影视文化研究的知识图谱。在第六至第八章的新媒体文化研究中，电影文化的形式、展演时空及与观众的互动得到了全面的创新；对于本章的学习同样要与第九章的全球媒介文化建立联系，从而真正认识到电影是跨文化交流的重要桥梁纽带。

① 戴锦华.镜与世俗神话：影片精读18例［M］.北京：中国人民大学出版社，2004：2.

第一节　电影的创生：技术、艺术与文化

一、电影的媒介特点与文化内涵

电影，是大众传播时代一种重要的媒体形式。其独特的媒介属性，为大众提供了一种引人入胜、感官享受丰富的娱乐方式，同时也是一种具有深刻社会意义的文化表达形式。可以说，电影有着丰富的视觉表现力、灵动的声音运用、强大的情感表达力、深刻的社会意义和文化价值。这些使电影成为一种具有深远影响力的艺术形式，触动人心，引发人们对生活、社会和文化等进行思考和感悟。

从视觉表现力看，电影通过画面的构图、色彩的运用、特效的制作等手段来传递信息和表达情感。电影画面所展现的场景、人物形象、情节发展等，都能够超越其他媒体形式更加吸引观众的眼球，产生视觉上的享受和情感上的共鸣；从声音运用看，声音成为电影不可或缺的一部分，1927年上映的首部有声电影《爵士歌手》标志着电影声音时代的到来，声音的运用使得电影的表现形式更加丰富多样。声音不仅可以传递对话和音乐，还可以通过音效来增强画面的氛围和情感的张力。例如，雷德利·斯科特（Ridley Scott）的“异形”系列电影中运用了各种声效，增强了恐怖和紧张的氛围，使得观众更加沉浸于电影情节之中；从情感表达力看，电影通过镜头语言、音乐节奏、剪辑手法等多种艺术手段，能够更加突出地表达各种情感。例如，查理·卓别林（Charlie Chaplin）的《大独裁者》中的演讲场景，通过卓别林的表演和配乐的渲染，使得观众在笑声中深深感受到了对和平与自由的向往，产生了强烈的情感共鸣；从社会意义和文化价值看，电影不仅是一种娱乐方式，更承载与传播着历史、文化与社会内涵。电影通过展现不同的文化背景、历史事件和社会现象，引发人们对于社会、人性和生活等方面的思考。例如，史蒂文·斯皮尔伯格（Steven Allan Spielberg）的《辛德勒的名单》通过讲述犹太人大屠杀期间一位

企业家救助犹太人的真实故事，展现了人性的光辉和善良，引发了人们对于良知、正义和人道主义的思考。

为了更详细全面地介绍电影的媒介形式及其承载的文化，本章将充分结合上一章内容，对电影和电视两种影像媒体进行区分。电影和电视在制作方式、呈现形式、观众体验等方面，都有一定的区别。首先，电影通常在大银幕上放映，观众需要到电影院里观看。而电视则是在家中观看的，观众可以在家里舒适的环境中观看节目，不受时间和地点的限制。这使得电影和电视在观看场所上存在明显的差异。其次，电影以独立的电影作品形式呈现，一部电影的时长通常在90分钟到120分钟之间，电影具有相对独立的故事情节和艺术表达形式。而电视节目则通常以连续剧集、新闻节目等形式呈现，每一部电视剧时间跨度大，每一集之间有着一定的连续性和衔接性，观众需要连续观看多集才能完整理解剧情。另外，电影制作通常需要大量的资金、时间和人力投入，从剧本创作、演员表演、场景搭建到后期制作，每一个环节都需要精心策划和执行，以确保最终呈现出的作品质量。而电视节目制作相对更加简单和灵活、制作周期短、成本相对较低，因为电视节目需要更频繁的更新和播出。最后，在观影体验方面，电影在大银幕上观看，具有更强烈的视觉冲击力和沉浸感，观众能够完全投入电影的情节之中，享受到更加震撼的观影体验。而电视则更注重家庭娱乐和舒适性，观众可以在家中轻松观看，但相对于电影来说，观影体验可能会稍显平淡。

二、世界电影的技术演进与艺术叙事

电影的发展历程也是人类文化发展史的重要组成部分。正如上一章所提到的，卢米埃尔兄弟是世界公认的电影发明者和创始人，他们不仅拍摄了世界上第一部电影《工厂大门》，还于1895年12月28日在巴黎卡布辛大街14号大咖啡馆用活动电影机首次公映了影片，包括《工厂大门》《火车进站》《婴儿的午餐》《水浇园丁》等。

回溯这一世界电影的起源，卢米埃尔兄弟的电影在题材上一方面以表现劳动和工作的生活场景为主，主要是再现现实生活，将镜头对准日常生活场景，这也是后来的写实主义美学、新现实主义以及纪录片的历史源头，如《烧草的妇女们》《出港的船》；另一方面，政治、文化、新闻事件也是他们拍摄的对象，如《耶路撒冷教堂》《沙皇尼古拉二世的加冕礼》《代表们登陆》等。这些电影内容也是19世纪末社会生活最直观、最真实的写照。正如乔治·萨杜尔所说，从路易斯·卢米埃尔的影片中人们了解到，电影可以是“一种重现生活的机器”，而不是像安迪生的“电影视镜”那样，仅仅是一种制造动作的机器。[①]在电影诞生之初，正值19世纪狂热的技术崇拜时代，人们对物质技术飞跃和革新的追求远远超过了对精神和情感的关注，因此，电影在这一时期被看作一种技术产物而非一种表达情感的艺术形态。另外，卢米埃尔兄弟公映的电影内容几乎没有叙事功能，只是单纯记录生活，这也让观众逐渐对其失去了兴趣。直到乔治·梅里爱（Georges Méliès）将电影与戏剧相结合，增强其叙事技巧，才让电影的文化内涵进一步凸显。

梅里爱创造了快动作、慢动作、停机再拍、叠印、淡出、淡入等特技摄影，引进了戏剧因素，创造了戏剧电影。1896年，《贵妇人的失踪》是梅里爱运用“停机再拍”的技术手段拍摄的第一部影片；另外，梅里爱借用戏剧舞台的叙事方式，创造了银幕上的“多幕剧”。在其作品《灰姑娘》中，他又运用了慢动作摄影使小仙女的舞蹈像在空中飞翔；他还创作了被称为“史上第一部科幻片”的《月球旅行记》。梅里爱是对当时各种电影表现手法予以创造性应用的人，他开创了好莱坞技术主义，当下好莱坞电影的制作流程，包括完整的剧本、场景设计、服装化妆、指导演员、特技道具和后期制作等都是从他开始的。而这一时期也出现了反对梅里爱电影制作风格的布莱顿学派，这一学派重视现实生活的再现，关注重大问题。在表现形式和拍摄节奏上，布莱顿学派给电影带来了早期蒙太奇，通过电影画面的有机组合，使电影开始具备自己所独有的叙事语言。这一时期，以梅里爱和布莱顿学派为代表的电影制作者，均通过不同拍摄手段和技术创新，推进了电影叙事能力的诞生与发展。

---

① 王永鸿，周成华.西方艺术千问［M］.西安：三秦出版社，2012：256.

电影在发展前期或许只是一种纪实与表达的方式，但随着好莱坞工业体系逐渐完善，电影制作技术与体系也日益成熟，电影逐渐成为一种艺术，被广泛理解和传播。其中以埃德温·S.鲍特（Edwin S. Porter）和D. W. 格里菲斯（D. W. Griffith）两位著名电影大师的实践与艺术成就最具代表性。1903年，鲍特的电影《一个美国消防员的生活》，将失火楼房内的场景与消防队员在楼外救援的镜头交叉剪辑起来，形成了一部以时空转换的运动关系进行叙事的电影作品。同年他的另一部影片《火车大劫案》对电影叙事风格和结构观念做了更进一步的尝试，在画面内部信息的组织上，在镜头与镜头之间时空交错的切换技巧上，创造性地发展了电影叙事的流畅性和连贯性。

好莱坞电影大师格里菲斯将之前先驱者们的创造融入自己的电影，真正让电影从“艺术电影”走上了“电影艺术”的道路。他发展并完善了电影叙事的基本语言，并将之标准化；同时发展了电影剪辑技巧，拓展了电影时空观念，为蒙太奇理论的提出奠定了基础。他还大量借鉴戏剧、小说等文学作品及其叙事技巧，提升了电影的艺术地位。这些全新的手法在他的杰作《一个国家的诞生》和《党同伐异》中，都得到了纯熟的运用和展现。20世纪初，法国百代兄弟公司（Pathé）成为法国乃至全球电影业的龙头，但随着第一次世界大战的到来，这种趋势发生了变化。查理·百代不再从事电影出口，欧洲制片人拍摄的电影少，无法跟上以阿道夫·朱克（Adolph Zukor）的派拉蒙发行公司为首的美国独立电影公司的步伐。此外，朱克开始生产故事片并宣传明星。1918年11月，派拉蒙和其他美国公司基本掌握了世界电影订购市场，并把电影制作业务搬到了南加州洛杉矶的一个城区，取名好莱坞。

可以说，好莱坞凭借其市场控制、产品差异化、故事片路线、明星制发展等手段，形成了完善的制片体系和叙事技巧，取得重要的社会地位。1908—1927年，好莱坞电影风格确立了一种世界性标准，即所谓经典叙事风格，主要表现为商业电影娱乐观众获取利润的价值取向，类型化（西部片、喜剧片、歌舞片、剧情片、史诗片等）制作，明星魅力和制片厂制度，戏剧化的故事情节和定型化人物形象，在创作观念上体现中产阶级的共性及其价值观，在影片风格上追求脱离现实的梦幻效应等。前文中提到的鲍特和格里菲斯的作品都是这一经典叙事风格的代表作。

经典好莱坞风格的历史重要性在于：到20世纪20年代后期，好莱坞风格作为叙事影片创作的独家风格已为世间大多数人所接受。其他风格则被好莱坞风格的阴影所遮没，并且要在好莱坞风格所建立的标准面前受到评判。对电影史学家来说，好莱坞风格提供了一种在历史上可以界定的标准，一种美学参照系。其他风格将被联系于这种参照系加以评估，参照系内的影片和影片创作者亦会因之而确定各自的位置。①好莱坞电影体系的成立与发展，是技术推动电影史发展的一个缩影，而历史的车轮急速转动，电视时代的电影以新的面貌进入大众视野。

三、电影艺术在电视时代的技术变革

继从无声到有声的变革以后，电影又迎来一次技术性变革，即进入电视时代。从20世纪40年代末开始，黑白电影逐渐让位于彩色宽银幕影像。1957年，美国大部分家庭都拥有一台电视机，好莱坞开始生产电视播放的电影，粉丝们一遍遍在电视上重复播放着他们喜爱的经典电影，这意味着电影不仅仅给大公司带来了卖座的影片，而且也有可能建构起流行的文化潮流。好莱坞电影的叙事风格也因此出现转型，20世纪60年代的美国是由越南战争、民权运动、经济衰退、政治危机等内外因素交织而成的复杂社会，经过冷战时期的压抑和电视的兴起，盛极一时的美国电影开始衰落。20世纪60年代中后期，好莱坞遭受着空前的财政危机，制作体系和结构也在发生急剧的变化。

从1967年到1976年，好莱坞电影受到了意大利新现实主义电影、民族电影兴起的影响及法国新浪潮的冲击，自身经历了从20世纪50年代到60年代商业影片制作的衰退与电视对电影制作的冲击，开始对曾经固化的类型电影从形式到主题进行反思。这样的思想不可避免地反映在所谓的“青年电影”或“当代电影”中，这些影片涉及年轻人、新的生活方式与老旧的冲突，是为年轻人

① 陈默.影视文化学［M］.北京：北京广播学院出版社，2001：208.

制作的，有时甚至连他们的制作者都是年轻人。这些影片热衷于讨论社会政治问题。他们将反映现实的题材、纪录片的手法、实验电影风格和虚构方式融合在一起，形成了“新好莱坞”雏形。新好莱坞时期描写人物的典型手法是，影片中的主人公不再是善恶分明的类型化人物，而是具有更加复杂的内心世界。新好莱坞注重人物的立体化与心理化，增加了影片的层次与深度。新好莱坞电影的叙事特点，即在继承好莱坞讲故事的传统基础上，将影片故事纳入更广阔的社会背景中，为影片融入真实性与社会性，使好莱坞电影较之以前更加具有社会意义与深度。这一时期的代表作品有弗朗西斯科・福特・科波拉（Francis Ford Coppola）的“教父”系列、斯蒂文・斯皮尔伯格的“侏罗纪公园”系列、乔治・卢卡斯（George Lucas）的“星球大战”系列等。除了好莱坞，欧洲艺术电影也逐渐崛起，法国新浪潮及一些德国电影都将电影艺术推向新巅峰。苏联、澳大利亚、日本、中国等其他国家的电影工业也开始具有各自不同的特色和发展道路。

四、电影文化承载的情感与思想

电影作为一种艺术形式和娱乐方式，已经成为一种文化现象，深刻地影响着人们的生活、价值观和社会发展。电影作为文化的起源可以追溯到19世纪末期。正如前文所述，1895年《工厂大门》这部短片的放映正式开启了电影发展的序幕，吸引了大量观众的关注，并在全球范围内引发了电影制作和观影热潮。随着技术的进步和文化的交流，电影逐渐发展成一种产业，演变成一种重要的文化形式。

电影之所以能成为一种文化，不仅因为其生动的媒介形态和艺术价值，更因为其中包含的人类共通的情感与思想。因此，理解电影文化，就要理解其与时代社会发生的勾连，思考其传播表达的情感与价值观。首先，电影作为一种艺术形式，能够深刻地反映出当时的社会现实、历史事件和文化风貌。例如，查理・卓别林的《大独裁者》反映了第二次世界大战时期的政治和道德困境，引发了人们对于和平与正义的思考。其次，电影文化承载价值观与思想，电影通过故事情节、人物形象和对话等手段，传达着各种价值观念。例如，《阿甘正传》中的主人公阿甘通过自己的善良、坚韧和乐观，展现了人性的美好，影响了无数观众。最后，电影文化极大促进了文化交流与理解，电影作为一种跨文化交流方式，能够促进不同国家和地区之间的文化交流与理解。美国的“复仇者联盟”“速度与激情”等系列影片，日本的《千与千寻》等宫崎骏动漫电影、印度的宝莱坞特色影片等，都在传播着世界共享的价值观和文化内涵，有力地促进各国文明的交流理解。通过对各种不同文化元素的展示，电影为人们提供了一个了解和体验不同文化的窗口，同时也促进了文化之间的交流和理解。

从好莱坞的文化输出到电影作品中文化符号的塑造，电影产业为人类文明的传承与发展贡献了力量。美国好莱坞作为世界电影的中心，不仅是电影工业的发源地，也是全球文化的重要输出地。好莱坞电影通过其独特的制作水平和影响力，成为世界各地观众喜爱的文化产品，但其过多蕴含和传达了欧美国家的西方意识形态观念，同时存在对不发达国家形象进行不实捏造的现象。总之，电影塑造了许多具有文化象征意义的形象，成为人们生活中的重要文化元素。例如，“星球大战”系列电影中的绝地武士等角色，已经成为流行文化中的经典符号。随着时间的推移，许多经典电影作品得到世界各地观众的珍视与传承。例如，卓别林的《摩登时代》、奥斯卡经典获奖影片等，一直被认为是电影史上的经典之作，影响着后世电影制作和观影方式。

伴随着科技进步和社会变迁，电影文化也不断发展和演变。新技术的应用使得电影制作水平不断提高，不同类型的电影作品层出不穷，满足了观众日益多样化的需求。当前电影中最显著的包括特效技术、影像质量和制作工艺的提升。例如，视觉特效（Visual Special Effects）对电影制作的进步发挥了重要作用，使得电影中的虚拟场景和特效更加逼真和震撼。比如《阿凡达》中使用的三维立体技术和“复仇者联盟”系列中的各种特效场景，都展示了电影特效技术的高度发展。另外，数字化技术的应用使得电影画面的质量得到了显著提升，高清、4K甚至8K的分辨率成为现代电影的常见标准，为观众带来更加清晰细腻的视觉体验。音效技术也在不断进步，立体声、杜比全景声等技术的应用使得观众能够更加身临其境地感受电影的氛围和情感。

概言之，电影作为一种文化形式，通过反映时代与社会、传播价值观与思想、促进文化交流与理解等方式，已经成为人类文明的重要组成部分。随着电影产业的不断发展和创新，电影文化将继续为人类文化的繁荣与发展做出贡献。

第二节　媒体奇观：电影文化的视觉表达特征

一、景观社会与媒体奇观

道格拉斯·凯尔纳（Douglas Kellner）指出，“长期以来，电影都是奇观的滋生地”①。综观不同媒介形式，电影是最善于展现视觉奇观的，基于此，本节将详细介绍景观社会、媒体奇观等理论，这既是对第二章理论的延展性补充，也是开展电影文化研究重要的理论指引。第二次世界大战后，工业化进程突飞猛进，大众媒介兴起并快速发展。针对这一现代化进程的社会发展特征，法国学者居伊·德波（Guy Debord）提出了“景观社会”（the society of the spectacle）。这一概念指出，马克思所说的商品社会已经开始转变为景观社会，景观使人们进入一个抽象的表征世界。景观社会并非简单地指以影像消费、商品消费和景观消费为核心的媒体和消费社会，同时指以影像为媒介的人们之间的全部社会关系和建立在景观之上的资本主义的整个运作体制。②而在当代，深处媒介深度融合的社会现实之中，视觉技术的发展、互联网媒体的高度普及已俨然让当今社会生活呈现出一种“奇观”的状貌。上至全球性政治、经济活动，下至普通百姓的娱乐生活，综观当下琳琅满目的商品广告、丰富多元的短

① 凯尔纳.媒体奇观：当代美国社会文化透视［M］.史安斌，译.北京：清华大学出版社，2003：2.

② 汪民安.文化研究关键词［M］.南京：江苏人民出版社，2020：166.

视频内容、层出不穷的电影大片、风格各异的演唱会及音乐节等，可以说，奇观在视觉艺术和社会仪式方面全面渗入生活，涵盖了政治、经济、文化生活全部领域。这些奇观现象最直接的中介与组织者便是媒体，换句话说，媒体是奇观产生和发生效用的关键角色。由此，我们将所处的时代称为“奇观社会”，而将展现了这种奇观的媒体现象称为“媒体奇观”。对于“媒体奇观”这一概念，凯尔纳曾做了一个很好的说明，“媒体奇观是指那些能体现当代社会基本价值观、引导个人适应现代生活方式并将当代社会中的冲突和解决方式戏剧化的媒体文化现象，它包括媒体制造的各种豪华场面、体育比赛、政治事件”[①]。可以说，当代社会是通过媒体奇观得以充分展现的，奇观思维成为政治、经济和文化生活的基本组织原则。

1895年，卢米埃尔的电影《火车进站》上映，当巨大的火车从银幕上向观众驶来时，观众被这逼真的视觉奇观吓得纷纷尖叫着从座位上跑开。也就是从这时起，电影奇观的魅力因影像技术的发展得到了前所未有的展现，奇观因此而获得了保存和传播的机会，其范围和影响力也不断延展。进入20世纪以后，伴随着流媒体、短视频平台、直播、VR、AR等崭新影像技术的推陈出新，人们的生活更多被各种各样的影像奇观充斥，在家就可以享受电视、手机、投屏等各种视听媒介载体的视觉盛宴。但仍然会有大批受众去电影院为电影买单，因为身处电影院可以拥有更逼真、更沉浸式的视觉体验。电影奇观不仅包括影片本身，也包括电影工业所制造的各种盛大仪式和庆典活动，如柏林国际电影节等各种电影节及相关活动，影片宣传活动，以及电影工业衍生的商品、明星文化等。

当前关于电影媒体奇观现象的研究主要有两个方向，即电影艺术研究领域和影视艺术批评领域。[②]其中，影视艺术批评领域奇观现象研究的主体主要为电影媒介，正如前文中提到好莱坞电影中前所未有的视听效果，让中国的电影导演纷纷效仿其视觉大片的奇观策略，一些导演甚至存在过度模仿的现象，

① 凯尔纳.媒体奇观：当代美国社会文化透视［M］.史安斌，译.北京：清华大学出版社，2003：2.

② 蒋原伦，王颖吉.媒介文化十五讲［M］.北京：北京大学出版社，2017：135.

票房虽高歌猛进，但在放映后难免招致批评，也正是在这种争论中，电影批评研究界在近几年对“奇观电影”概念展开了初步研究。例如，有研究对《阿凡达》电影提出这样的评论：“‘阿凡达’系列作为奇观电影中的翘楚，遵循了以图像为核心的视觉本位秩序，并凭借数字技术为天马行空的艺术想象赋能，在剧情内容、视觉传达与叙事风格上呈现出鲜明的‘奇观性’特质。”[①]可以说，奇观电影在学术界被充分讨论，有关其美学、叙事艺术、技术革新、视觉效果等方面的研究将会在未来继续深入发展。

二、电影的视觉奇观表达

奇观电影这一表述是伴随着电影自身的发展逐渐被提出的。20世纪70年代末以来，数字图像处理技术的发展与应用已经在很大程度上变革了电影工业的整个生产、流通和消费的过程，高科技的数字电影技术不仅让观众随着镜头上天入地，进入虚幻的影像世界，享受视觉盛宴，也由此带来一次次票房高潮。[②]美国著名导演詹姆斯·弗朗西斯·卡梅隆（James Francis Cameron）曾评论：“视觉娱乐影像制作的艺术和技术正在发生着一场革命。这场革命给我们制作电影和其他视觉媒体节目的方式带来了如此深刻的变化，以至于我们只能用出现了一场数字化的文艺复兴运动来描述它。”[③]这场“数字化的文艺复兴运动”的一个直接产物就是“奇观电影”。20世纪90年代后，每年引进的几部好莱坞影片成为早期带给中国观众视觉冲击最强烈的体验，如《泰坦尼克号》、“复仇者联盟”系列、“速度与激情”系列、“哈利·波特”系列、《疯狂动物城》等。可以说，数字化技术制作的奇观电影无限延展了观众对世界的想象力。

西方电影奇观化的发展趋势及其获得的效果使得中国电影开始思考拍摄

① 杨雨萱.视觉文化视域下奇观电影的建构：以《阿凡达》系列为例［J］.视听，2023（5）：55-58.

② 蒋原伦，王颖吉.媒介文化十五讲［M］.北京：北京大学出版社，2017：141.

③ 刘戈三，王春水.技术成就梦想：现代电影制作工艺探讨与实践［M］.北京：中国电影出版社，2007：4.

与制作的转型道路，一批导演开始投入对于画面和视觉奇观的追求。例如，张艺谋导演执导的《长城》，作为制作规模宏大的电影，涉及了大量的特技和视觉效果。通过雄伟壮观的场景、激烈的战斗场面和精心设计的特效，给观众带来了视觉上的震撼和享受。周星驰导演执导的《功夫》《长江七号》等，都不同程度地运用特技效果、制造影像奇观。奇观电影的重点是通过新技术，将电影的吸引力放在影像制作和视觉诉求上，而伴随着这一重心的转移，传统电影创作中居于核心地位的故事情节、人物刻画、叙事结构等元素发生变化，它们一部分沦为电影视觉奇观的附属，一部分与其相互配合、相得益彰。中国早期奇观电影由于过度重视视觉表现而导致出现故事情节单薄等问题，像《无极》一度引发观众和影评界不满等。但目前来看，奇观电影的发展日益成熟，近些年涌现出了一批好评如潮的奇观电影，《流浪地球》《战狼》《哪吒之魔童降世》《封神第一部：朝歌风云》等，这些电影在追求奇观效果的同时更加注重情节、人物和故事内核的吸引力，全方位实现与受众的共情。

三、奇观电影与消费社会

对于“奇观”这个词的理解，德波指出，奇观“不能被理解为一种由大众传播技术制造的视觉欺骗，事实上，它是已经物化了的世界观”[①]。由此可见，奇观意识形态所呈现的视觉性表象会取代现实的体验而成为我们的思维与行动指南。于是我们看到，生活中的很多方面都开始向影像奇观化趋势发展，无论是政治选举、电视娱乐、选秀活动，还是商品推销、体育比赛等，似乎只有以奇观形式出现才能引起社会的广泛重视，那些不以“奇观”出现的事件极容易被忽视。漫威系列电影因其十分吸引眼球的奇观表达深受大众喜欢，但也因此深刻影响着受众的世界观与价值观，而这些奇观意识形态的背后，是以消费社会作为基础支撑的。

接续上文的理论介绍，如果说德波把第二次世界大战以后的资本主义社

① 高亚春，闫仁河. 20世纪70年代后的新马克思主义［M］. 北京：中国财富出版社，2022：123-124.

会称为“景观社会”，那么让·鲍德里亚就直接将其称为“消费社会”。鲍德里亚提出，20世纪60年代以来的现代社会是由消费主导的社会，其中一切物品都化约为符号而存在，符号逻辑占据主导地位。这一理论与传统马克思主义政治经济学分析有所不同，寻求在广泛的研究视野中，在历史、社会与文化的发展中，在符号游戏及拟像虚幻化趋势中，对消费社会及“消费现象”进行符号学分析，指出消费的本质是消费品本身的表达意义和符号系统。[①]这一理论在景观社会理论之上，指导研究者展开对奇观电影本质的理解。可以说，一部电影制造奇观、生产奇观、消费奇观的逻辑，也正是制造消费符号的逻辑。奇观电影在制造符号奇观的同时，也在服务于资本主义消费社会的商品逻辑，众多好莱坞商业大片以故事叙事简单但视觉效果丰富而赢得票房足以证明这一逻辑。与此同时，受众的观看、想象及欲望维系了消费社会的运行，奇观电影的逻辑才得以衍生与维系。

总体看来，奇观电影的崛起和流行，表明电影本身由一个从话语中心范式向图像中心范式的转变，从电影结构的时间深度模式向空间平面模式的转变，从理性文化向快感文化的转变。随着技术的不断进步，奇观电影将会更加注重技术创新，提升观影体验。观众可能会通过虚拟现实、增强现实等新技术来获得更加沉浸式的观影体验。另外，社会对于环境、文化等问题的关注正在不断增加，未来的奇观电影可能会更加关注社会责任，积极传递正能量和正确的价值观，以平衡商业利益与社会责任，也会更加注重文化的多样性与全球文化表达。

第三节　电影文化：政治、情感与生活方式

一、电影文化与政治传播

电影作为一种强大的文化表达和传播工具，与政治传播有着密切的关联。

① 德波.景观社会［M］.王昭凤，译.南京：南京大学出版社，2006：3.

在现代社会中，电影不仅仅是娱乐，更是一种传达国家意识形态、塑造国家形象、推动国家外交的重要媒介渠道。本节将深入探讨电影文化与政治传播之间的联系，由此探索大众媒介对意识形态传播、国家形象塑造及对外交流的重要影响。

电影作为一种视觉艺术和叙事媒介，常常被政府用来传播国家意识形态，塑造大众的思想观念和价值取向。在政治宣传片的制作与传播中，政府和政治组织常常利用电影这一媒介宣传国家的理念和政策。在一些历史题材电影的创作中，也会较多强调国家的历史传统、民族精神和文化自信。例如，俄罗斯的历史史诗片《叶卡捷琳娜大帝》，充分宣传了俄罗斯的民族自豪感；美国经典影片《美国往事》勾连起美国诞生后的历史，引发美国受众强烈共鸣。一些商业电影也常常包含国家意识形态的内容，制片公司会通过商业电影来渗透和强化国家的核心价值观和理念。例如，美国的漫威“美国队长”系列、“蜘蛛侠”系列等，都表达了强烈的美国价值观，个人英雄主义叙事贯穿始终。中国的“战狼”系列，充分融入了爱国主义情怀和国家使命感，借助影片凸显了中国作为大国的责任和担当。

此外，电影作为一种国际性的文化产品，也承载着国家形象的传播和塑造任务。通过电影，一个国家可以向世界展示自己的文化、价值观和发展成就，提升国家形象和国际影响力。一些国家会通过电影这一媒介形式展示文化的多样性和开放性，吸引外国观众，提升国家形象。例如，印度的宝莱坞电影以其独特的音乐舞蹈和浪漫故事风格闻名于世。《三傻大闹宝莱坞》将主人公体现强大精神内核的个人故事与具有印度特色的歌舞文化融合，所表达的价值观引发全球受众的情感共鸣，一度成为印度文化对外传播的重要代表。同时，与其他国家合拍电影，通过跨国合作的方式提升国家形象，也是增强国际影响力的一种重要方式。有些国家可能在面临形象受损的情况时，政府也会尝试通过电影修复国家形象。

在文化交流与国际合作上，一些国家也尝试拓展电影外交，这样不仅可以提升国家电影产业的国际地位，也能加强与其他国家的文化交流合作，增进理解和友谊。韩国电影近年来在国际上崭露头角，成为文化交流的重要渠道。

由导演奉俊昊执导的电影《寄生虫》赢得了戛纳国际电影节金棕榈奖，并在世界各地引起了广泛关注。这种成功不仅推动了韩国电影产业的发展，也增进了韩国与其他国家的文化交流与合作。

二、电影文化与共情传播

从共情传播的理论视角看，电影与情感之间有着深刻而微妙的联系，它们交织在一起，共同构成了观影体验的核心。“共情”一词源于心理学，也被称为“移情”，是指相同情绪或者情感传递扩散的一个过程。共情传播在新闻报道上要求报道诉诸真实情感的表达，从而达到引起受众情感共鸣的传播效果。除了新闻报道，共情传播的策略也常常应用在电影创作中，通过塑造真实立体的人物形象和丰富生动的故事情节来与受众实现共情。[1]电影作为一种艺术形式，通过故事情节、角色表演、音乐画面等元素，能够更加吸引观众，触动观众情感，具体表现在三方面。首先，电影具有独特的情感表达方式。通过影像和声音的完美结合，营造出令人沉浸其中的情感氛围。音乐的起伏、镜头的切换、演员的表演，都能够引导观众进入故事的情感世界中，从而与电影中的角色共情、共鸣。可以说，电影是观众与虚拟世界产生情感共鸣的桥梁。其次，在观影过程中，观众往往会与电影中的角色产生情感上的联系。他们会为角色命运而感到悲伤或喜悦，或是因为主人公的爱情而感受到浪漫或温暖。这种情感共鸣不仅能够增强观影体验的深度，也能够使观众对电影产生更加持久的记忆。最后，电影更是情感交流的平台。在观影后，观众往往会通过与他人分享自己的观影感受来表达内心的情感体验。这种情感交流不仅能够增进人与人之间的沟通和理解，也能够加深人们对电影作品的认知和欣赏。尤其在新媒体时代，观众观影后表达看法的平台越来越丰富，如豆瓣、知乎、小红书，以及在线观影时的弹幕文化等。多元的表达渠道、丰富的观影体验进一步加强着电影的共情传播能力。

---

① 郑兰心.《去有风的地方》：治愈系影视的共情传播［J］.视听，2023(9)：60-63.

在电影产业中，有两个类型的电影特别容易传递情感，引发受众共鸣：一是励志故事，二是爱情故事。励志故事是电影最具跨文化传播优势的叙事内容之一。在影视产品的全球传播中，以励志故事为主要叙事内容十分有助于给人留下深刻印象，引起其他国家受众的共鸣。[①]以美国经典电影《阿甘正传》（*Forrest Gump*）为例，电影以汤姆·汉克斯（Tom Hanks）饰演的主人公福雷斯特·冈普的视角，讲述了一个智障男子在人生中通过不懈努力取得非凡成就的故事。观众从福雷斯特的坚韧和善良中感受到了生命的意义和力量。这部电影不仅影响了不同国家的观众，在作为经典流传下来后，影响了几代人。与之类似的励志类故事片还有印度电影《摔跤吧！爸爸》。因为《三傻大闹宝莱坞》等电影大火的宝莱坞明星阿米尔·汗饰演了电影主角马哈维亚·辛格·珀尕，他和女儿们为梦想努力拼搏的故事感动了很多人，引发了观众的强烈共情。观众不仅能够理解主角的情感体验，还能够基于自己的人生经历与他们产生共鸣，因为他们也可能曾经面对类似的挑战和困境。

2024年上映的《热辣滚烫》是一部以女性励志为主题的电影，上映后引发了社会广泛关注和热烈讨论。有学者评价其展示了“向内而生的女性力量”，整个开场段落使用独属主人公的主视点长镜头来完成，表明了这是一个关于如何为自己赢得主体性身份的蜕变故事。这样一个关于“善良的人如何找到自我、学会爱自己”的故事及其深刻的社会内涵极大地引发了广大观众的情感共鸣，取得了票房口碑双丰收。[②]由此可见，无论是阿甘还是乐莹，尽管东西方电影励志故事在文化上有所差异，但对于励志本身的态度都是肯定的，可以形成共情。励志故事是对精彩的生命个体的礼赞，这也使得这一类影片可以成为跨越国界的人类共有的文化资源，可以成为不同国家通过电影开展文化交流最容易被接受的叙事内容，《热辣滚烫》充分证明了这一点。正如评论称：“影片温暖的喜剧特质、生动的人物群像塑造以及饱含奋斗精神的价值内核，在引发国内观众共鸣的同时，还吸引了海外影视公司的关注。《热辣滚烫》成为索尼影业首部未参与出品而购买全球发行权的中国内地影片。国产电影的此次‘出

① 吕乐平.影视跨文化传播导论［M］.北京：中国广播影视出版社，2016：111.

② 陈亦水.女性如何赢得了自己的主视点镜头［N］.中国妇女报，2024-02-15.

海'，可以被视为国外主流电影市场对《热辣滚烫》质量、市场潜力以及文化价值的认可，意味着国际电影公司认为该片在主题、故事内容、艺术表现等方面具有跨越文化和国界的吸引力。"①

除了励志故事，爱情故事更是电影内容跨越时空实现全人类共情的重要内容。大多数电影特别是剧情类电影基本都包含爱情元素，也有像《情书》《怦然心动》《恋恋笔记本》《花束般的恋爱》等电影专门以爱情的萌生、发展、波折、磨难直至恋人的大团圆或悲剧性离散结局为主要线索展开叙事的。这些爱情元素通常以爱情的艺术表现为主要吸引力，以对爱情的追求和爱情引起的冲突为叙事的主要动力，通过表现爱情的超越性来探讨爱情这一永恒的人生主题，引发受众对主人公爱情经历的体验与共鸣。在家喻户晓的美国电影《泰坦尼克号》中，主人公杰克和罗丝轰轰烈烈的爱情带给受众前所未有的情感体验，二人在船撞上冰山后的相偎相依也引发受众对理想爱情的憧憬与期望。在影片《爱在黎明破晓前》中，两位主人公之间情感的流动和变化贯穿全片。从最初的陌生相遇，到后来的亲密交流，再到最后的告别，两人之间的情感经历了丰富的发展和变化。观众也通过这些情感的起伏，更深入地理解了两个人之间细致的情感关系，并对他们的命运产生了关注和共鸣。还有日本电影《情书》，讲述了一段跨越时空的纯真爱情故事，通过对初恋美好而遗憾的爱情刻画，主人公对已故恋人的思念和回忆，以及她与十年后自己的情感交流，探讨了爱情的真谛和生命的意义。可以说，在观看这些爱情故事时，观众通过主人公的经历和成长，思考着自己对爱情的理解和追求，这正是电影艺术强大的共情传播的力量。

概言之，电影与人类情感之间的关系体现在电影创作的技术与艺术中，体现在观众与电影文本的互动中，体现在观众通过表达观影体验的讨论中，也体现在跨越文化边界的交流中。无论是励志电影还是爱情电影，它们吸引观众的内核都是以独特的方式触动观众情感，引发共鸣，电影也因此成为人们生活中不可或缺的部分。

① 崔莉．影视"出海"风正劲［N］．人民日报，2024-02-23.

三、电影文化与生活方式传播

生活方式是特定社会群体或个人为满足自身生存和发展条件而采取的基本活动形式。这些活动形式是人们在长期生活中选择的，并世代相传，具有较强的稳定性，同时也存在一定的交异性。生活方式是一个非常宽泛的概念，涉及衣食住行婚丧嫁娶等很多方面。[①]在电影跨文化传播研究中，作为重要的文化表征，生活方式具有很强的生命力，同时也对异文化的人们具有吸引力。人类文明的多元化在很大程度上得益于不同文化圈中丰富多彩的生活方式。任何一个国家和民族的进步都伴随着生活方式的演变，而这种演变则依赖于不同文化圈中生活方式相互之间的传播。在这种传播过程中，电影媒介发挥着独特的作用。从更深层次来说，生活方式还应该被视为一个国家和民族精神内核的隐性表现。以美国为例，其经典影片中所体现的“好莱坞主义”“迪士尼主义”实质上是在向全世界宣扬美国式的生活方式。可以说，电影作品对一个国家和民族生活方式的展现，也成为其能否成功实现跨文化传播的重要条件之一。

除此之外，电影作品中对于生活方式的表达能够满足不同国家和民族相互认知的需要。例如《摔跤吧！爸爸》展现了印度的摔跤文化和传统价值观，同时也反映了现代印度女性面临的社会挑战。通过这部电影，观众可以了解印度的体育文化、家庭观念以及性别平等的问题，从而促进对印度文化和社会的理解。中国电影《疯狂的石头》作为一部犯罪喜剧，讲述了一群小偷在上海进行盗窃活动的故事，展现了中国现代都市生活的一面，包括城市景观、人物特点以及社会风气。通过这部电影，观众可以感受到中国城市的繁华与喧嚣，了解中国社会的现实；日本动画电影《我的邻居山田君》讲述了两个姐妹在农村度过夏天的奇幻故事，展现了日本乡村生活的一面，包括传统的农耕文化、自然环境和家庭生活。通过这部电影，观众可以了解日本乡村的生活方式和自然环境，感受到日本文化中对自然的尊重和热爱。这些电影作品通过具体的故事

① 吕乐平.影视跨文化传播导论［M］.北京：中国广播影视出版社，2016：80.

情节和生动的画面语言，向观众展现了不同国家和民族的生活方式，满足了人们对于世界各地文化的好奇和认知。

第四节　四个时期与六代导演：中国电影发展史

一、中国电影初创阶段（1905—1949）

中国电影的发展历程跨越了近一个世纪，经历了从无到有、从小到大的漫长发展历程。本节将中国电影发展史分成四个阶段，并着重介绍21世纪以来的第五代导演、第六代导演以及新生代导演，以期全面展示中国电影的辉煌与变迁。中国电影的起源可以追溯到1905年，上海开设了第一家电影院，标志着中国电影产业的萌芽。这一时期的中国电影受到西方电影的影响较大，影片多以纪录片和短片为主，内容和制作都很简单。直到20世纪30年代，中国电影产业才逐渐开始蓬勃发展，出现了一批优秀作品。

回溯中国电影的起源，1905年5月，北京丰泰照相馆经营者任庆泰主持拍摄了第一部影片《定军山》，这也被视为中国最早的京剧艺术纪录片、中国电影的标志性作品。虽然《定军山》还算不上完全意义上的电影，但它的出现却有着不同寻常的意义，唤醒了中国独立拍片的自觉意识。同时，中国人第一次拍片就把电影这一最新的艺术式样与传统戏曲相结合，借助新媒介形式传播了中华民族优秀文化，寓教于乐，也成为后来中国电影史上不断出现的母题。①

在中国电影诞生时期，即20世纪初之后，涌现了第一代导演、第二代导演，正是由于他们的努力实战和艰苦探索，才使中国电影度过了早期艰难的起步阶段。第一代导演以张石川、郑正秋为代表。他们的电影题材内容多以家庭伦理为背景，通俗易懂，戏剧性强，追求娱乐性，又被称为旧派电影。第二代导演主要有沈西苓、蔡楚生、史东山等。这一代导演最大的改变就是开始真正

① 刘彬彬，丁忠伟.影视艺术简史与导视［M］.长沙：湖南师范大学出版社，2008：216.

从单纯的娱乐“玩耍”中解放出来，比较深入地反映社会生活，从娱乐中发挥社会功能。可以这样说，中国电影从这一代导演开始，才显出自己独立的价值。当时的中国电影，基于时代命题，明确地站在民族思想、民族运动、民族文化独立的立场上，吸收外来电影技巧，因此，20世纪30年代的电影具有鲜明的民族性和时代性，中国电影以其现实的深度和民族风格，为世界电影文化做出了自己的贡献。

20世纪30年代的电影也开始将社会现实作为主要的表达主题，例如1933年上映的《狂流》，其特殊意义在于它在中国电影史上第一次深刻地反映了农村的现实生活以及农村贫富阶层之间的问题。影片中大量出现的纪录片镜头，是该片的艺术特点所在，即纪实性和戏剧性的完美结合。导演将纪录片镜头和正式拍摄的镜头做巧妙的衔接，娴熟地运用对比蒙太奇手法，突出表现了贫富之间的冲突，寓意十分深刻。这部代表作在思想性和艺术性两方面所取得的成就是巨大的，它使观众有耳目一新之感，因而深受欢迎，这也鼓励了电影工作者和各电影公司的创作热情，为今后的电影创作积累了宝贵的经验。

二、新中国成立后的中国电影（1949—1978）

自1949年中华人民共和国成立后，中国电影也进入了全新的发展阶段。政府开始支持电影产业的发展，提倡社会主义主题和人民生活题材的电影创作。这一时期的中国电影以社会主义、现实主义为主导，取得了一系列重要成就，如《歌唱祖国》《红色娘子军》等，深刻反映了新中国成立后社会的变革和人民的生活面貌。

我国先后建立起属于自己的“东北电影制片厂”“北京电影制片厂”“上海电影制片厂”三大国营制片厂体系。在“文艺为工农兵服务”的大前提下，转型期的新中国电影开始呈现新的面貌，过去银幕上充当主角的城市有闲阶级、官僚士绅或者谈情说爱的贵族男女，被以工农兵为主体的人民大众取而代之。1949年，东北电影制片厂摄制完成了新中国第一部故事片《桥》，表现的是工人阶级为支援前线而艰苦创业的故事。《桥》第一次在银幕上塑造了新中国主人公的崭新形象，成为新中国电影为工农兵服务的发轫之作。历史本身的剧变，赋予这一年轻的文艺样式以新的主题，于是一种迥异于旧电影的新的电影形态应运而生。①

这个时期的中国电影可分为两个阶段，自1949年中华人民共和国成立到1965年为第一阶段，这是中国电影的曲折发展时期。这一阶段中国电影的优秀之作，就思想内容而言，可以归纳为以下三个方面：一是表现中国革命战争艰难曲折，描写人民群众在革命战争中的奋斗与牺牲的影片；二是表现旧中国现实人生，揭露与控诉旧社会的黑暗，描绘劳动人民奋起抗争的影片；三是反映沸腾的现实生活，表现新中国成立后的变化以及在社会主义革命和建设中涌现的新人新事的影片。这个时期，中国电影界形成了第二代导演的群落。第二阶段是1966年至1976年间，中国电影也拍摄出了《创业》《海霞》《闪闪的红星》等比较好的影片。

同时在这个时期，跟随第二代导演进行创作的年轻人迅速崛起，开始独立创作，在他们之中出现了中国第三代导演。这一代导演遵循现实主义创作原则，表现生活的本质，深入描述矛盾冲突，在民族风格、地方特色、艺术意蕴的探索上都取得了可喜的成绩，具体包括成荫导演的《钢铁战士》和他与汤晓丹联合导演的《南征北战》，属于新中国电影初创时期两部具有代表意义的革命战争题材作品。

三、改革开放后的中国电影（1978—1990）

1978年改革开放以后，中国电影进入了新的发展阶段。影片的题材和风格开始多样化，出现了一批具有影响力的导演和作品。特别是第五代导演代表了这一时期的中国电影艺术的高峰，他们以独特的视角和风格，创作了一系列具有深刻内涵和艺术价值的作品。1979年，改革开放的头一年，中国电影迎来了自己的复兴时代。电影创作取得了突出成绩，题材、样式、风格多样化，出现

① 刘彬彬，丁忠伟.影视艺术简史与导视［M］.长沙：湖南师范大学出版社，2008：233.

了《归心似箭》《啊！摇篮》《苦恼人的笑》《小花》《生活的颤音》等优秀作品，正剧、悲剧、喜剧、传记、惊险等电影样式都出现在中国的电影银幕上。

1979年前后开始独立拍片的、当时还被称为“青年导演”的一代人，一般也被称为第四代导演，他们中绝大多数人都有20年以上的专业储备。他们在“文化大革命”前或“文化大革命”中毕业于北京电影学院，受过比较系统的艺术教育。其中，吴贻弓的《城南旧事》和黄蜀芹的《人·鬼·情》是中国新时期电影中少有的“言志”作品。但第四代导演注定是承上启下的一代，与第三代导演相比较，欠缺传统文化的根基，他们的电影没有呈现出像前辈导演水华、凌子风那样的“个人现象”①，和他们的学生，即更年轻的第五代导演相比，艺术上他们可能缺乏锐气和彻底的“叛逆”精神。

中国电影史上的第五代导演是指20世纪80年代末至90年代初在中国电影界崭露头角的一批导演，他们的作品以深刻的思想内涵、独特的艺术风格和对中国文化传统的关注而闻名，主要包括张艺谋、陈凯歌等。张艺谋是中国最具国际影响力的导演之一，他的作品融合了中国传统文化与现代思想，以独特的视角展现了中国的社会、历史和人文风情。他的代表作包括《红高粱》《菊豆》《一个都不能少》等。这些电影作品常常以独特的色彩和画面感著称，风格独特而富有张力。但值得注意的是，他的电影暗合了西方人的文化逻辑，与他们的审美取向比较吻合，甚至成了西方观察中国的一面镜子。陈凯歌的作品常常以独特的审美视角和深刻的人性思考著称，他的代表作品《霸王别姬》曾获得戛纳国际电影节金棕榈奖，成为中国电影在国际上的重要突破，这在以前的中国电影中是少见的，尽管《霸王别姬》使陈凯歌的国际声誉达到了顶峰，但是戏剧性和通俗性湮没了批判性，有研究称其缺少了真正的历史洞察。②除了《霸王别姬》，陈凯歌的其他作品如《赵氏孤儿》《黄土地》《我和我的祖国》等，也在题材、深度上不断创新，深受观众喜爱。

① 刘彬彬，丁忠伟.影视艺术简史与导视［M］.长沙：湖南师范大学出版社，2008：247.

② 刘彬彬，丁忠伟.影视艺术简史与导视［M］.长沙：湖南师范大学出版社，2008：253.

四、新时期的中国电影（1991年至今）

20世纪90年代，中国的经济、社会、文化都处于一个转型期。第六代导演开始迎来事业发展期，他们是在改革开放以来市场化环境中长大成人的。第六代导演电影中的“都市边缘人”表现的实际上是他们自己的人生和经历，视野很独特。重新寻找自我，是20世纪90年代后电影创作主题表现出的新倾向，人的主题的展现和发展，到了相对成熟的阶段。第六代导演和第五代导演的影片有着巨大的差异性，与第五代导演那种民俗化、乡土化、历史距离化的策略不同，第六代导演更多着眼城市，面对现实和都市，记述当下的生活经历和感觉，展示主体生命状态、个性化形态，对第五代导演形成整体模式的颠覆。第五代导演把电影作为实现人生理想的工具，而第六代导演则尝试探索心灵及人性。

姜文是第六代导演影视作品中的重要人物，他主演的《芙蓉镇》《红高粱》《本命年》等优秀影片，给中国影坛留下了大量光彩的人物形象。拍摄于1995年的《阳光灿烂的日子》，是他首次执导的影片。这是一部充满个性的作品，不同于第五代导演有那么多的沉痛和反思，它的重心是对“青春”这个永恒话题的表述，是对青春的恍惚和留恋，是对青春突然消失的惆怅。综合来看，导演姜文的电影作品以黑色幽默和戏剧张力而独具特色，以新奇的手法展现了中国社会的现实与历史。

此外，第六代导演的重要作品还有王小帅2001年拍摄的《十七岁的单车》、娄烨1999年拍摄的《苏州河》、贾樟柯2000年拍摄的《站台》等。这些导演能从最平凡的事情挖掘出人类最深切的情感，探索事物与人物的“平凡性”，揭露某些默默存在而从未被注意到的或者被忽视的事实，不放过微妙的变化，不放过那些即使从外表看来是无关紧要的小事情。正如有研究指出的，第六代导演的作品是建立在对人的平等的尊重和倾听上，又不失对现实的质疑和勇敢的探索。

在当今中国的新生代导演中，也有一些值得关注的优秀导演与优秀影片作品。新时代导演的涌现为中国电影注入了新的活力与创意。他们不仅在国内获得了广泛的认可，也在国际上受到了越来越多的关注。文牧野是近年来备受瞩目的新生代导演之一，他的《我不是药神》取得了巨大成功。这部电影以荒诞幽默的手法，探讨了中国医疗体系中的弊端与药品买卖的困境，深受观众喜爱。该片不仅在国内票房大获成功，更在国际上赢得了广泛好评，为文牧野赢得了新生代导演的美誉。韩延也是一位备受瞩目的新生代导演，他的作品《滚蛋吧！肿瘤君》《动物世界》《送你一朵小红花》等都获得了观众和评论家的高度赞扬。新生代导演们以其独特的视角和创意，展示了对中国社会现实的深刻关注，为中国电影注入了新的活力与时代气息。他们的作品不仅在国内获得了巨大成功，也在国际上赢得了广泛的赞誉，为未来中国电影的发展积蓄了重要力量。

本章思考题

1. 在大众媒介演进的历史中回顾电影的诞生。
2. 简述居伊·德波的“景观社会”理论，并借此分析一部电影。
3. 简述让·鲍德里亚的“消费社会”理论，并借此分析一部电影。
4. 论述电影作为大众媒介的技术特征、艺术叙事及文化内涵。
5. 论述电影与政治传播、共情传播、生活方式传播的关系。
6. 简述中国电影发展史的四个时期和六代导演。

第六章

网络文化：历史、理论与方法

本章知识要点

◎ 历史：国防需求；商业用途；人工智能

◎ 理论：网络文化；平台经济；技术革命

◎ 方法：互联网口述史；网民自传；媒介记忆

互联网既是冷战的产物，更是全球化的产物，一部互联网史就是一部人类扩展互联的文明史。[①] 作为信息技术发展的最新形态，互联网已经全面融入人类社会的生产生活，成为当下及未来对文化形态影响最深刻的媒介。本章以“网络文化”为题，从较为宏观的历史、理论与方法三个层面展开，对互联网在世界的诞生及发展进行描绘。在历史部分，本章对1969年至今的全球互联网历史进行分阶段考古，介绍互联网在不同历史阶段以何种方式推动社会发展；在理论部分，本章尝试厘清互联网与政治、经济、技术的互相影响，这些知识为全面理解互联网提供多元视角；在方法部分，本章关注到方兴东等互联网专家目前正在使用的前沿方法，即互联网口述史，将互联网与媒介记忆勾连在一起，也将一部互联网史写成了生动的网民成长史。

本章内容可以说是与全书融会贯通的，第二、第三章所介绍的理论与方法，经过漫长的学术演变，对当下互联网研究发挥着重要影响，例如，本章重点讨论的互联网口述史，正是在第三章质化研究方法基础上衍生出来的。在媒介文化形态上，本章与其他章节也紧密相连。第四、第五章所介绍的电视文化、电影文化，都因为互联网的出现而获得新的文化形态，第八章的青年亚文化，更是紧密依托互联网而呈现出多元形态，第九章提出的全球化则是互联网兴起发展的重要时代背景，本章第一节就对互联网历史进行了全球考古。只有掌握了互联网的历史、理论与方法，才能真正理解当下最重要的媒介，更好探索媒介文化的未来发展。

① 方兴东，钟祥铭，彭筱军．全球互联网50年：发展阶段与演进逻辑［J］．新闻记者，2019（7）：4-25.

第一节　全球考古：世界互联网发展史

2024年是世界互联网（前身为阿帕网）诞生55周年，经历半个世纪的发展，互联网已经走出诞生地美国，融于全球化浪潮中。全球互联网格局更加多元，网络文化交流碰撞加速，数字技术实现了各种通信手段的整合，互联网的应用预示着全球大众传媒新浪潮的到来。从技术视角看，互联网的发展，很大程度上依赖于全球广泛分布的个人计算机系统的相互连接。①早期互联网发展主要集中于欧美等发达国家，相关数据统计，近些年，亚洲和非洲地区的网民规模显著增大，而欧洲、北美等地区的网民规模占比有所下降，由此可知，发展中国家的互联网发展趋势迅猛不容忽视，这更印证了当下全球互联网格局已经走出了“美国中心”。

美国作为世界互联网的发源地，在互联网发展历程中占据了至少30年的绝对地位。虽然互联网是技术发展和社会进步的必然产物，但是其诞生过程依然充满了历史的偶然，梳理与回顾互联网发展的55年，可以更好窥探互联网发展的全貌。本节尝试对世界互联网发展历史进行分阶段考察，充分借鉴了互联网历史研究专家方兴东等的《全球互联网50年：发展阶段与演进逻辑》中以年代划分全球互联网发展阶段的方法与内容，对关键内容进行凝练及论述，并在此基础上补充了2019年之后互联网领域的热点事件。依据互联网发展状况，本部分将世界互联网发展历史分为三个时期，以期提供快速了解世界互联网历史的框架。

一、国防需求：互联网创生期的技术演进

互联网起源于20世纪50年代，当时是为了解决一个至关重要的军事问题，

① 麦克费尔.全球传播：理论、利益相关者和趋势［M］.张丽萍，译.北京：中国传媒大学出版社，2016：107.

即美国如何才能通过电子手段远距离发送战略信息，并在最大限度上确保信息的准确性以及顺利到达最终目的地。[①]直到20世纪60年代末，五角大楼的先进研究项目局（ARPA）才资助了此类系统的建设[②]，来自军方丰富的资金支持，使得美国人在互联网开创性工作中成为“领头羊”。阿帕网于1969年10月29日诞生于美国，以全国分布式网络的形式建造，主要由一些独立的远程系统组成[③]，并通过一种共同通信语言即互联网协议（IP）实现了网络之间的通信，而欧洲学者的研究成果，包交换技术和TCP/IP协议，则是奠定其最关键的两大核心技术。

1967年，在田纳西州召开的国际计算机协会（ACM）操作原则专题研讨会上，罗杰·斯坎特伯里（Roger Scantlebury）有关数据包网络概念的论文，直接启发了罗伯茨采纳包交换技术。互联网之父拉里·罗伯茨（Larry Roberts）认为，包交换技术虽然是邮件、电报和汤姆纸带交换系统在一个多世纪以来所使用的基本动态分配技术上的应用，但是从根本上区别于连接普通电话的电路交换技术。[④]在包交换网络中，信息被分解成一系列单独发送的离散“包”，并在接收端重新组合成完整的信息。[⑤]这种快速的信息交换服务，通过自动将长消息分割成块并分别发送它们来实现，这种技术构成了当今计算机通信网络的基础。而TCP/IP的共同发明人、互联网之父文顿·瑟夫（Vinton Cerf）受到法国互联网之父路易斯·普赞（Louis Pouzin）建造CYCLADES网络（法国的一个去中心化网络，是欧洲对阿帕网出现的回应）这一成功实践的直接启发，获得了TCP/IP的基础性突破。

---

① 麦克费尔.全球传播：理论、利益相关者和趋势［M］.张丽萍，译.北京：中国传媒大学出版社，2016：106.

② 刘永华.互联网与网络文化［M］.北京：中国铁道出版社，2014：6.

③ 麦克费尔.全球传播：理论、利益相关者和趋势［M］.张丽萍，译.北京：中国传媒大学出版社，2016：107.

④ 方兴东，钟祥铭，彭筱军.全球互联网50年：发展阶段与演进逻辑［J］.新闻记者，2019（7）：4-25.

⑤ MOWERY D C，SIMCOE T S.Is the Internet a US invention?—an economic and technological history of computer networking［J］.Research policy，31（8）：1369-1387.

1968年至1969年，接口信息处理机（IMP）相继在加州大学洛杉矶分校（UCLA）、斯坦福国际研究院（SRI）、加州大学圣巴巴拉分校（UCSB）、犹他大学（Utah）安装成功，致力于技术设计和信号协议方面的研究，以期实现互相交流和资源共享。[①]具有4个节点的阿帕网正式启用，标志着互联网的诞生，互联网完成了从0到1的进程，人类社会从此跨进网络时代。[②]当时在军事和国家安全的推动下，阿帕网通过广泛调动联邦政府可用的科研基金开发软件，促使一大批高端主机的产生[③]，但当时并未引起社会的广泛关注，甚至处于被忽视的境地。

阿帕网在20世纪60年代和70年代服务于军事需求，但20世纪70年代不断扩展，进入程序开发，真正走向实用。1970年12月，史蒂夫·克洛克（Steve Crocker）领导的国际网络工作小组完成了网络控制协议（NCP）——阿帕网主机到主机协议，随着该协议的实施，网络用户便可基于此开发应用程序。电子邮件不经意间成为互联网第一个现象级应用，换句话说，互联网正是建立在其应用之上发展起来的。1971年，BBN（Bolt，Beranek and Newman）开始使用较之更为便宜的Honeywell316来构造IMP，且开始研究能支持64台主机的终端型IMP（TIP）。1972年，发明了通过分布式网络发送消息的E-mail程序的雷·汤姆林森（Ray Tomlinson）为阿帕网修改E-mail程序，还利用键盘上的符号“@”创建了一种地址系统。阿帕网不断扩大节点，在1970年12月有了13个节点，到了1972年8月已经到达到29个节点。

1973年，阿帕网在美国之外接通了第一个节点挪威，挪威成为除美国外第一个连接阿帕网的国家。美国之所以决定与这个遥远的北欧国家建立网络联系，背后的真正目的在于监控苏联的核试验。早在1965年，两国就签署了名为“松树林”的秘密条约监控苏联。此后，美国与挪威情报部门合作开展了

---

① 麦克费尔.全球传播：理论、利益相关者和趋势［M］.张丽萍，译.北京：中国传媒大学出版社，2016：108.

② 方兴东，钟祥铭，彭筱军.全球互联网50年：发展阶段与演进逻辑［J］.新闻记者，2019（7）：4-25.

③ 麦克费尔.全球传播：理论、利益相关者和趋势［M］.张丽萍，译.北京：中国传媒大学出版社，2016：108.

“挪威地震台阵”项目，以地震监控为借口，进一步监控苏联的核试验情况。之后英国伦敦大学学院也连接到阿帕网，互联网这一专有名词诞生。同年，在信息处理处工作的鲍勃·卡恩（Bob Kahn）提出建立Internet，开始在ARPA进行网络互连的研究。1974年，文顿·瑟夫和卡恩两人推出互联网络软件设计的核心定式TCP/IP，即发送控制定式（TCP）和互联网络定式（IP）。[①]到了1976年，阿帕网上的节点计算机发展到57个，连接各种不同的计算机100多台，联网用户2000多人。[②]

随着互联网作用不断凸显，仅限于国防部的项目已经无法满足需要，科研机构主导的新阶段随后开启。[③]1979年，科研机构与政府部门合作建立起了一个连接各学校计算机系的网络。伴随着网络的扩大，文顿·瑟夫发起创建了第一个比较正式的网络治理机构——Internet结构控制委员会（Internet Configuration Control Board，ICCB）。回溯互联网创生阶段的历史，无论是远距离发送战略信息的早期需求，还是冷战中与挪威的合作，国防需求成为推动互联网诞生发展的最根本原因，可以说，互联网诞生至今，其“军事基因”从未离去。

二、商业用途：全球化浪潮中的互联网

20世纪80年代是互联网发展的黄金时代，各种协议和网络纷纷登场，这一时期也是互联网成为全球化基础的关键时刻。1981年，美国国家科学基金会（NSF）提供资助建立计算机科学网络（CSNET），为大学计算机科学家提供网络服务。1982年，DCA和ARPA为ARPANET制定传输控制协议（TCP）和网际协议（IP），作为一组协议，常称为“TCP/IP协议”，[④]同年，EUUG建

① 仪名海.信息全球化与国际关系［M］.北京：中国传媒大学出版社，2006：208.

② 何兰.新视角下的国际关系理论［M］.长春：吉林大学出版社，2002：291.

③ 方兴东，钟祥铭，彭筱军.全球互联网50年：发展阶段与演进逻辑［J］.新闻记者，2019（7）：4-25.

④ 陈炜然，江雪珍，蓝瑞群.元宇宙场景应用：元宇宙时代的智慧生活新生态［M］.北京：中国商业出版社，2022：2.

立提供E-mail和USENET服务的欧洲Unix网（EUnet），荷兰、丹麦、瑞典和英国等成为首批连接的国家。1983年，TCP/IP成为美国军用标准，并将网络的民用部分划为美国国家科学基金会（NSF）管理，主要用于科研教学。①更为重要的是，域名系统（DNS）出现，产生了当前为众人所熟知的系列域名，网络空间因而拥有了人性化的更容易记住的地址名称。1985年，全球电子链接（Whole Earth eLectronic Link，简称WELL）开始提供服务，被评为“全球最有影响力的在线社区”，成为早期网络文化的集合体。

1986年，阿帕网一分为二，军方部分构成独立的国防数据网络（DDN），其余部分由国家科学基金会管理，称为国家科学基金会网络（National Science Foundation NETwork，简称NSFNET），互联网（Internet）的名称被正式采用。②同年，NSFNET的主干网建成，超越其他各类网络，对高级研究计划局网进行了扩充。③1987年，在Usenix基金的支持下，提供商业性质的UUCP服务和USENET服务的UUNET建立，互联网商业化由此萌芽。同年，美国国防部将网络控制权转交给美国国家科学基金会（NSF），在某种程度上承认此时阿帕网的地位已经被迅速扩展的互联网系统所代替。④

1988年，NSFNET主干网速率升级到T1（1.544Mbps），欧洲、亚洲的多国相继接入NSFNET，全球联网格局基本形成。联网的主机数于1989年超过10万台，美国在线（AOL）也于同年诞生，见证互联网的商业化进程。⑤欧洲也在互联网建设上不断创新突破，促使互联网走向大众化，1989年，欧洲原子核研究组织CERN科学家蒂姆·伯纳斯–李（Tim Berners-Lee）成功开发出世界上第一个Web服务器和第一个Web客户机，之后将其发明正式定名为万

① 范寿嗣，叶玉琴，薛道勇，等.有线电视模拟–数字光纤与微波传输技术［M］.北京：中国广播电视出版社，2000：230.
② 仪名海.信息全球化与国际关系［M］.北京：中国传媒大学出版社，2006：209.
③ 美国加州大学柏克利分校.二十一世纪的信息革命（2）［M］.梅盛普，等译.北京：中央广播电视大学出版社，1997：168.
④ 麦克费尔.全球传播：理论、利益相关者和趋势［M］.张丽萍，译.北京：中国传媒大学出版社，2016：108.
⑤ 方兴东，钟祥铭，彭筱军.全球互联网50年：发展阶段与演进逻辑［J］.新闻记者，2019（7）：4-25.

维网（World Wide Web，简称WWW），对互联网突飞猛进的发展起到了关键性的促进作用，但直到1994年万维网才引起大众的注意并受到广泛欢迎。互联网的发展进入新的阶段，在全球范围内迅速发展起来。

20世纪90年代，世界在线（www.world.std.com）成为第一个Internet电话拨号进入服务提供商[①]，互联网开始真正进入大众视野。互联网起初由国防部提供资金，但在克林顿政府战略性的政策引导与风险投资的加持下发展迅猛，商业化进程加快，变成了一个主要用于商业用途的全球网络。1990年，第一个网络系统阿帕网停止使用，作为第一个商业性质的互联网拨号服务供应商的The World诞生，同时万维网完成超文本标记语言（HTML）的开发，于1991年8月6日向公众推出。1991年，互联网已经在30多个国家拥有了5000多个网络，向使用70多万台主机超过400万用户提供服务。[②]

1994年，Netscape诞生，成为互联网商业化浪潮最具标志性的事件之一。1995年，美国国家科学基金会不再向互联网提供资金，互联网完全走上了商业化的道路[③]，CompuServe等开始提供互联网访问，Amazon.com、Craigslist和eBay上线。同年，网景公司IPO标志着互联网商业化热潮正式开启。同年，为了尽可能鼓励互联网的最广泛运用，国家科学基金会将互联网控制权分别交给若干商业组织和网络。[④]1996年，美国国会颁布《1996年电信法案》，以刺激电信服务的竞争。同年，浏览器战争爆发，互联网商业化大战开启，微软投入重金抢占浏览器市场，世界上第一台网络计算机问世。1997年，里德·哈斯汀（Reed Hastings）和马克·伦道夫（Marc Randolph）成立了网飞（Netflix），从最初只是邮寄DVD给用户到如今成为全球在线视频巨头。同年，Netscape宣布自家浏览器免费。[⑤]1998年，提供搜索引擎服务的谷歌（Google）诞

① 陈炜然，江雪珍，蓝瑞群.元宇宙场景应用：元宇宙时代的智慧生活新生态［M］.北京：中国商业出版社，2022：3.

② 刘永华.互联网与网络文化［M］.北京：中国铁道出版社，2014：6.

③ 袁道之，白莉.网络，席卷全球的风暴［M］.北京：经济日报出版社，1997：72-74.

④ 麦克费尔.全球传播：理论、利益相关者和趋势［M］.张丽萍，译.北京：中国传媒大学出版社，2016：109.

⑤ 方兴东，钟祥铭，彭筱军.全球互联网50年：发展阶段与演进逻辑［J］.新闻记者，2019（7）：4-25.

生。20世纪末，埋设在地下的光缆数量迅猛增加，风险投资也大量涌入互联网，互联网因而得到迅猛发展，但技术引发的千年虫问题①也成为亟待解决的危机。

三、移动、社交与人工智能：互联网发展的无限可能

2000年1月10日，美国在线公司和时代华纳公司合并组建“美国在线-时代华纳公司”，以期占领下一代互联网的宽带基础设施、互联网接入服务和内容市场。随即4月，投资热潮推动形成的互联网泡沫破灭，直接导致美国经济衰退，引发全球经济危机。纯粹技术和商业驱动的互联网不得不迎来政治的介入与干预，美国政府颁布《美国爱国者法案》，以增强联邦政府搜集和分析美国民众私人信息的权力。②同年，联合国大会决定举办信息社会世界峰会，在此次会议上定义了网络治理的概念与框架，更为重要的是，设立了“互联网治理论坛（IGF）”。2001年，博客进入大众视野，维基百科正式上线。2003年，Mys-pace、Skype和Safari Web浏览器被相继发明。

2004年，克里斯·夏普利（Chris Sharpley）首先提出“社交媒体”这一重要概念，并迅速成为全球公认的主流概念。2004年，面向大学生开放的The Facebook推出，2005年YouTube推出，2006年，推特（Twitter）诞生。这些平台的诞生标志着社交媒体的崛起，门户模式不再流行，这都为移动互联网时代的到来做好充分的准备。2007年，第一代iPhone发售引发狂潮，开启移动互联网浪潮，成为移动互联网时代正式开启的标志，网络真正成为社会信息基础设施。2009年，互联网成立的第40年，互联网开始抵抗政治力量干预，美国

① 计算机2000年问题，又叫“千年虫”“电脑千禧年千年虫问题”“千年危机”，缩写为“Y2K”，是指在某些使用了计算机程序的智能系统（包括计算机系统、自动控制芯片等）中，由于其中的年份只使用两位十进制数来表示，因此当系统进行（或涉及）跨世纪的日期处理运算时（如多个日期之间的计算或比较等），就会出现错误的结果，进而引发各种各样的系统功能紊乱甚至崩溃。因此从根本上说，“千年虫”是一种程序处理日期上的bug（计算机程序故障），而非病毒。

② 方兴东，钟祥铭，彭筱军.全球互联网50年：发展阶段与演进逻辑［J].新闻记者，2019（7）：4-25.

作为互联网中心的位置也在降低，互联网真正进入全球化阶段，2009年底全球网民已达18亿。

随着智能手机的普及，移动互联网迎来了发展的黄金时代，在21世纪前十年，技术创新、商业创新和制度创新开始进入三种力量相互博弈和相互制衡的新态势。[①]2010年1月，谷歌考虑关闭中国办事处，并于3月将搜索服务转至中国香港，正式退出中国大陆。以此事为缘机，美国政府细化了“网络自由”的概念，并纳入外交政策框架，还呼吁世界各国接受互联网自由的理念，而这只是谷歌等进一步全球垄断扩张的借口。2012年6月6日，国际互联网协会举行了世界IPv6（Internet Protocol Version 6）启动纪念日，IPv6替代了IP4成为新一代IP协议，解决了多种设备连入互联网的障碍问题。[②]2012年6月到2013年6月，是网络问题重塑世界秩序的真正开端，2013年网络成为国家与国家冲突的一个战场，网络冲突逐渐成为中美之间的大问题，直到2015年才有所缓解。[③]“棱镜门”事件引发全球关注，人们意识到对权力的滥用也会发生在互联网领域，2014年，国际网络治理平台NETmundial成立，被视为互联网治理论坛（IGF）的补充，以期寻找更加公平合理的互联网治理解决方案。同年，首届世界互联网大会在中国浙江乌镇举行，但遭到美国的强烈抵制。2015年，印度互联网用户规模超过美国，成为互联网使用率增长最快的国家。互联网的全球化发展，使互联网的中心不再是欧美国家。

2016年，美国政府将互联网域名管理权正式移交给互联网名称与数字地址分配机构（The Internet Corporation for Assigned Names and Numbers，简称ICANN），对互联网核心资源的单边垄断结束，互联网资源治理的民主化进程也因此不断加快。与此同时，社交媒体在政治活动中的作用越来越凸显，从传统的政治宣传工具变成社会动员和舆论引导的手段。其实，欧洲在网络制度建设方面也处于领先地位，欧盟首先提出了确立网民网络主权的《通用数据保护

① 方兴东，钟祥铭，彭筱军.全球互联网50年：发展阶段与演进逻辑［J］.新闻记者，2019（7）：4-25.

② 崔勇，吴建平.下一代互联网与IPv6过渡［M］.北京：清华大学出版社，2014.

③ 方兴东，钟祥铭，彭筱军.全球互联网50年：发展阶段与演进逻辑［J］.新闻记者，2019（7）：4-25.

条例》（*General Data Protection Regulation*，简称GDPR），这使得其重回全球网络空间中心。2018年，中美之间掀起了网络冲突，高科技博弈进入白热化阶段，美国“封杀”中兴，对华为施压以遏制其5G事业全面发展。这些博弈对全球互联网的发展产生了深远影响。

进入21世纪的第二个十年，互联网发生着深刻变化。2019年是5G的商用元年，世界各国大力推进以5G、人工智能、物联网等为代表的信息基础设施建设，但美国却将其视为一种战略武器，政治、经济及技术问题的交织，使互联网发展更加复杂。[①]2020年，除了美国，印度等国家也开始对中国App进行打压，出海最成功的产品TikTok、微信在美国都遭遇挑战。

但在人工智能技术的支持下，互联网领域迸发出很多新热点，互联网与先进的科技相结合发展出更加多元的网络空间形态，塑造着全球大众的日常生活。2021年3月，被誉为“元宇宙（Metaverse）”第一股的Roblox上市，此后股价一飞冲天，成为美国资本市场备受关注的明星股，元宇宙成为互联网领域的热点。元宇宙实现了现实世界和虚拟世界的连接革命，进而成为超越现实世界的、更高维度的新型世界。[②] 2022年11月上线的ChatGPT是美国人工智能实验室OpenAI开发的人工智能聊天机器人应用，两个月吸引活跃用户超亿，打破抖音9个月吸引用户超亿的纪录，成为历史上用户增长速度最快的应用程序。[③]2023年初，其火爆全球互联网，成为AI领域的现象级应用，重塑着人们知识生产格局与对话的方式。同时，2022年以来，人工智能绘画（简称“AI绘画”）凭借丰富的创意与便捷的创作工具迅速走红，知名开源AI创作工具有Disco Diffusion、Discord频道的Midjourney、OpenAI的DALL-E2、谷歌的Imagen和Parti、微软的NUWA等，以AI艺术创作（AI generated art）为代表的人工智能生成内容（AI Generated Content，简称AIGC）正成为数智环

① 方兴东，钟祥铭，彭筱军.全球互联网50年：发展阶段与演进逻辑［J］.新闻记者，2019(7)：4-25.

② 喻国明，耿晓梦.元宇宙：媒介化社会的未来生态图景［J］.新疆师范大学学报（哲学社会科学版），2022，43(3)：110-118，2.

③ 朱光辉，王喜文.ChatGPT的运行模式、关键技术及未来图景［J］.新疆师范大学学报（哲学社会科学版），2023(4)：113-122.

境下网络信息资源发展的重要趋势。[①]2024年2月16日凌晨，美国人工智能公司OpenAI发布最新“文生视频”大模型Sora，并同时公布了一系列样片，展现了Sora令人惊叹的视频生成效果。据其官网介绍，Sora继承DALL-E3的画质和遵循指令能力，能生成长达1分钟的高清视频。Sora的横空出世引发科技圈热议。[②]特斯拉创始人马斯克在社交平台连发多条动态称：“被人工智能增强的人类，将会在未来几年之内创作出最杰出的作品。”当下互联网经济的发展速度是我们无法想象的，而成就这种新型经济的关键要素则是信息、技术，还有速度。互联网领域的发展与人工智能技术之间的关系在未来将更加紧密，两者之间的合作交流将会催生出更多技术形态，对人类的日常生活产生更加深刻而长远的影响。

第二节　网络文化：政治、经济、技术的面向

互联网在全球的飞速发展和普及，带来了信息传播技术的根本性变革，把人类带入了一个全新的信息网络时代，互联网不再仅仅是一种生成和传播信息的大众媒介，而是深入人类政治、经济、文化和社会生活的各个领域，开始催生新经济，引领新文化，重塑国家政治、经济、文化和社会生活形态。[③]自1994年中国互联网实现全功能连接全球互联网以来，始终呈现蓬勃向上的发展姿态，中国社会已然进入网络时代，在新媒体技术的推动下，互联网与中国的政治、经济以及文化等产生了千丝万缕的关联，对于网络文化的深入探索，也是媒介文化研究领域的一项重要课题。

① 李白杨，白云，詹希旎，等.人工智能生成内容（AIGC）的技术特征与形态演进［J］.图书情报知识，2023(1)：66-74.

② 罗茂林.Sora出世人工智能将引领新一轮行业变革［N］.上海证券报，2024-02-19(006).

③ 刘文.信息网络化与当代中国政治发展［D］.武汉：华中师范大学，2005.

一、网络文化与政治认同

政治认同是一种心理活动和文化倾向，是个体在政治生活中产生认可、同意的情感倾向和亲近、接纳的心理归属，也是个体在社会互动中不断将对于某种政治体系的归属情感内在化的动态过程，在本质上是社会成员对政治的认同。[①]政治认同主要包括制度认同、政党认同、政策认同和意识形态认同等多方面，而意识形态认同是其核心部分，价值性冲突往往会使政策、执政党和政府陷入困境。大众传媒诞生以来，便作为一种工具手段或者途径，介入政治和政治活动中。除了家庭、学校和社会等因素，媒介也成为影响公众政治认同的重要因素。[②]

信息化时代的到来，中国网络政治应运而生，随即得到迅猛发展。所谓网络政治，是指现实政治现象和政治过程以网络为媒介，在网络空间中的进一步体现。网络政治与现实政治是密切相连的，在很大程度上可看作现实政治的反映和延伸，同时网络为政治活动提供了充分沟通和公平展现的媒介平台，使政治活动与政治过程往往表现得更加平等和公开。网络政治不仅与现实政治表现出密切互动的关系，而且在更深层面对政治文化的变迁也产生重要影响。[③]中国公民被赋予了全新的与传统政治参与方式不同的政治参与路径，即通过互联网提供的参与平台，获得新的结社方式——网络结社。这有助于提高公民的政治参与意识、政治效能感甚至改变政治行为模式，从而推动政治文化整体上的变化。正如塞缪尔·亨廷顿（Samuel Huntington）所言："政治参与的扩大是政治现代化的标志。"[④]网络的兴起为中国公民政治社会

① 彭正德.论政治认同的内涵、结构与功能［J］.湖南师范大学社会科学学报，2014（5）：87-94.

② 卢家银，张慧子.网络新闻和娱乐使用对青年政治认同的影响：基于对北京三所高校的调查［J］.现代传播（中国传媒大学学报），2015，37（4）：48-52.

③ 熊光清.中国网络政治的兴起与政治文化的变迁［J］.社会科学，2012（1）：23-31.

④ 亨廷顿.变革社会中的政治秩序［M］.李盛平，杨玉生，等译.北京：华夏出版社，1988：35.

化[1]提供了新的渠道，成为公民政治社会化的重要媒介，并塑造着全新的政治文化环境，加快了人们从“自然人”成长为“政治人”的过程。[2]

美国网络社会学家霍华德·莱恩格尔德（Howard Rheigold）将电子网络促使形成人际互动模式的空间视为社会空间的一种新形式“虚拟空间”，认为其是一种有共识形成的想象中的交往场所[3]，可以形成一种“想象的政治共同体”。互联网的发展带动政治活动逐步扩展到虚拟空间，网络随之成为影响政治认同的重要场域。[4]网络社会已逐渐成为相对独立的政治认同系统，政治认同主体、认同环境以及政治认同心理特征都发生了明显的改变。首先，在网络虚拟空间中，政治认同主体主要表现出主体的平等性、身份的模糊性与复杂性以及认同表达的自由性等特征；其次，相较于现实社会，政治认同环境也发生了明显改变，一是政治认同活动的公域空间具有自由性，二是网络社会中影响政治认同的信息渠道发生改变，三是网络社会作为虚拟空间，政治认同群体互动的时空环境可以随时发生变动，其活动环境具有易变性的特征，四是与现实社会相比，网络社会政治认同心理具有正义性、感染性、从众性、情绪性等特征。[5]

根据中国互联网络信息中心数据报告显示，我国青少年网民规模在2015年便已达到2.87亿[6]，未成年网民规模不断扩大，2022年未成年网民规模已突破1.93亿。[7]青少年网民规模如此巨大，互联网对青年政治观念的影响日益凸

---

① 政治社会化是在特定的社会政治关系和政治条件下，社会成员在政治实践基础上，通过政治生活和政治实践活动逐步获得政治知识和政治能力、形成政治意识和政治立场的过程。

② 杨嵘均，张浩书．网络时代“政治人”的政治心理及其人格的变化［J］.陕西行政学院学报，2006（1）：63-66.

③ 段伟文．网络空间的伦理反思［M］.南京：江苏人民出版社，2002：48.

④ 潘剑瑛．试论自媒体空间中政治认同的重构［J］.理论界，2019（12）：70-77.

⑤ 陶蕴芳．网络社会中群体政治认同机制的发生与引导［J］.中州学刊，2012（1）：207-210.

⑥ 中国互联网络信息中心．CNNIC发布《2015年中国青少年上网行为研究报告》［EB/OL］.（2016-08-12）［2024-05-18］. https://www.cnnic.net.cn/n4/2022/0401/c116-1097.html.

⑦ 中国互联网络信息中心．《第5次全国未成年人互联网使用情况调查报告》发布［EB/OL］.（2023-12-25）［2024-05-18］. https://www.cnnic.net.cn/n4/2023/1225/c116-10908.html.

显，尤其是大学生群体，互联网是影响青年政治认同的重要因素之一。一方面，网络已经成为当今中国青年参与政治生活最重要的媒介，作为青年网民主力的大学生，互联网成为政治参与路径的第一选择；另一方面，大学生群体是高校网络舆情的主要参与者与被影响者，“当今青年的政治信仰处于茫然失措的状态”[①]，网上海量信息的传播对青年群体的政治认同产生重要影响。因而，青年群体的网络政治认同便成为当下学者关注的重要议题。周小李等对湖北省八所高校抽样调查，研究发现大学生网络政治参与对其政治认同存在显著正向影响，大学生网络政治参与越积极，其政治认同度越高，即越参与、越认同；大学生在网络中的政治观点表达和政治信息传播对其政治认同的影响最为显著；大学生对网络政治新闻的关注则对其国家认同、政府认同的影响最为显著[②]，这对于进一步提升网络时代大学生政治认同具有一定的决策参考意义。卢家银等基于对北京三所高校学生的网络问卷调查却发现，网络新闻使用对青年的政治认同具有负面影响，青年对网络新闻内容使用的频率越高，其政治认同就越低。[③]阳长征基于社会嵌入视角的媒介接触对公众政治认同影响进行研究，也得出类似结论，即新媒介使用对公众政治认同具有负向影响。[④]这些研究也在一定程度上证明了网络环境本身的属性为公民参与网络政治带来的复杂性。

互联网的发展不仅仅影响大学生群体，也会直接影响更广泛的群体。互联网的发展带来了新媒介技术使用的便捷性，加之使用成本较低——在社交媒体平台上可轻松制作、推送和传播文字、图片和视频，使得人们政治认同表达更加自由，表达渠道更加丰富，政治话语也从传统媒体时代的完整有序转变为新媒体时代的片段式、碎片化。梁悦悦等基于“学习强国”答题板块的考

① 李伟.青年“政治冷漠症”陷阱：当代大学生政治心态三大纠结［J］.人民论坛，2012(24)：42-43.

② 周小李，刘琪.大学生网络政治参与对其政治认同影响的实证研究［J］.高教探索，2018(12)：103-108.

③ 卢家银，张慧子.网络新闻和娱乐使用对青年政治认同的影响：基于对北京三所高校的调查［J］.现代传播（中国传媒大学学报），2015，37(4)：48-52.

④ 阳长征.基于社会嵌入视角的媒介接触对公众政治认同的影响研究［J］.云南民族大学学报（哲学社会科学版），2022(6)：5-13.

察，随机抽取300位“学习强国”答题板块用户进行了问卷调查并对其中15位深度参与答题板块政治学习活动的用户进行访谈，发现用户通过使用“学习强国”答题板块，政治认知有所增进、政治认同得以强化、政治学习行为得到激励，平台政治传播效果整体较好。[①]不难发现，新媒体语境下，互联网极大拓展了政治传播途径，也使得个体政治认同渠道得到扩展，个体政治认同感得以强化。

二、网络文化与大众消费

在生活全方位网络化的当下，互联网深深影响着大众消费的模式与形态，不同年龄群体都在互联网上依托社交媒体探索出丰富多元的大众消费模式，银发网红横空出世，网络直播蓬勃发展，微短剧产业爆火等，这些媒介文化现象背后所反映的便是网络时代大众消费的新形态。本节将以银发经济为例，探讨网络与经济的丰富互动。2024年1月15日，国务院办公厅印发《关于发展银发经济增进老年人福祉的意见》，聚焦老年人群，研究发展银发经济、增进老年人福祉的政策举措。银发经济是向老年人提供产品或服务，以及为老龄阶段做准备等一系列经济活动的总和。[②]党的十九届五中全会上，中国首次将积极应对老龄化上升为国家战略，发展银发经济便成为中国应对人口老龄化状况的重要途径。随着老年群体消费能力和消费观念的转变，新一代老年人不再给人以“迟暮衰老”的印象，伴随着观念更新，老年人自身也产生了强烈的补偿性消费愿望[③]，该群体的巨大消费潜力日益显现。

老年群体在刻板印象中常被视为技术的边缘群体、被技术隔绝的弱势群

① 梁悦悦，罗碧.主流融媒体平台政治传播效果与优化路径：基于“学习强国”答题板块的考察［J］.中国出版，2021（21）：26-31.

② 新华社.国务院办公厅印发《关于发展银发经济增进老年人福祉的意见》［EB/OL］.（2024-01-05）［2024-05-18］. https://www.gov.cn/yaowen/liebiao/202401/content_6926137.htm.

③ 金文恺，王嘉婧.互联网惠老建设探析：撬动“银发经济”的内容生产逻辑［J］.青年记者，2020（6）：48-50.

体等，他们使用技术的主观性、可能性常常被忽视。中国成年人花在互联网上的时间在2019年首次占使用所有媒体总时间的一半，而在这一情况中，老年消费者更多使用移动互联网，成为中国成年人上网时间增加的主要驱动因素之一。①伴随着媒介技术的快速发展以及国家对于程序App适老化改造系列政策的出台，老年群体主动融入互联网，适应新媒体技术，转变成抖音、快手等社交媒体平台上不可忽视的活跃力量，互联网也由此进入老年群体的世界，建构起老年群体的日常生活，老年群体成为中国互联网最大的增量群体。2018年7月QuestMobile发布的《中国移动互联网"银发经济"洞察报告》显示，银发一族偏好社交、新闻和短视频，其中短视频同期对比使用时长增长幅度最大，短视频和网络K歌平台上较容易出现"银发网红"。"小顽童爷爷"记录了一对70多岁农村老年夫妻的趣味日常生活，受到网友广泛喜爱，粉丝数超过750万。在抖音拥有将近400万粉丝的"时尚奶奶团"，身着旗袍行走在全国乃至世界各地的优美景色里，留下老年女性的魅力影像。

诸多老年群体纷纷踏入社交媒体平台成为"银发网红"，建构起当下亮眼的网络文化景观。"银发网红"是以互联网为主渠道获得公众注意力的老年人②，在消除老年群体刻板印象、推动娱乐时尚元素、传播文化知识和生活哲学以及传递正能量等方面，"银发网红"发挥着积极作用。按照形象呈现和身份特征不同，"银发网红"可划分为明星型、知识型、才艺型、娱乐型和意外成名型等。"银发网红"描绘了媒介文化新图景，作为全新的流量增长点，其兴起于成熟的短视频产业生态与网红经济的价值链条中③，给网红经济带来新的发展路径，赋予大众消费新的样式与形态。一方面，可以依靠知识或才艺展示等途径吸引广告主或品牌主，例如，身为大学教授的知识分享型网红"戴建业老师"，在互联网平台上向公众普及和讲解中国古代文学知识；另一方面，

① 金文恺，王嘉婧.互联网惠老建设探析：撬动"银发经济"的内容生产逻辑［J］.青年记者，2020(6)：48-50.

② 朱春阳，曾培伦.圈层下的"新网红经济"：演化路径、价值逻辑与运行风险［J］.编辑之友，2019(12)：5-10.

③ 吴炜华，姜俣.银发网红的网络实践与主体追寻：基于视频社交场景中的"老年Up主"族群研究［J］.新闻与写作，2021(3)：14-21.

可以以“卖货”为主，凭借电商网红的自带流量实现变现[①]，例如，以分享家常菜做法为主的“陕西老乔”，多次参与扶贫带货直播，在电商平台上出售相关商品，单品最高销量超过两万件。

值得进一步深入探讨的是，部分老年群体依托社交媒体平台所营造的“银发网红”形象，本质上是网络流量与平台资本积累所致。网络平台是当代数字文化工业的组成部分之一，其显著功能之一是帮助网民实现趣缘分类，同时也将我们日常生活的各类元素转化为具有经济价值的数据。[②]平台经济已然成为网络时代大众消费的重要部分，社交、电商、短视频等平台成为网络时代人际互动交流、资本流转的重要场域，蕴含着丰富的技术内涵与社会集合度。

平台经济的迅猛发展，突破了传统媒介经济搭建的主要基于广告商与受众之间的双边市场，深深影响着日常生活，给大众消费带来了丰富多元的模式。数字平台机构在多边经济市场中主要被视为一种“匹配者”角色，而作为内容生产者的个体则被视为平台的“互补者”而非传统媒体时代的“员工”。[③]不断涌现的社交媒体平台也成为给普通个体传播赋权的有效工具，普通个体可借助社交媒体平台实现自我表达，达到“想象的成名”或“阶层跨越”，并获得相应变现。

网络直播是平台推动、用户（明星/普通个体）参与共同合力所致，而网络直播行业的迅猛发展，使得参与直播成为一种现象级的消费文化，截至2023年12月，我国网络直播用户规模达8.16亿人。[④]网络直播改变了媒介互动主体之间的关系，建构了一种全新的媒介真实。[⑤]夹杂着物质消费与情感消

① 赵隆华，刘俊冉.“银发网红”的传播特点与发展路径构建［J］.青年记者，2020（12）：48-49.

② 曹晋，张艾晨.网络流量与平台资本积累：基于西方马克思主义传统的考察［J］.新闻大学，2022（1）：72-85.

③ 陈佑荣，李兴.个体洁净、阶层疏离与数字平台经济：以李子柒视频为个案［J］.当代传播，2020（6）：71-74，99.

④ 中国互联网络信息中心.第53次《中国互联网络发展状况统计报告》［EB/OL］.（2024-03-22）［2024-05-18］. https://www.cnnic.net.cn/n4/2024/0322/c88-10964.html.

⑤ 余富强，胡鹏辉.拟真、身体与情感：消费社会中的网络直播探析［J］.中国青年研究，2018（7）：5-12，32.

费的多元复合消费模式，便是大众消费在网络时代呈现的新型特征。不仅是网络直播，近年来呈数量级增长趋势的微短剧也是网络平台助力的结果。截至2023年12月，我国网络视频用户规模为10.67亿人，占网民整体的97.7%。其中，短视频用户规模为10.53亿人，占网民整体的96.4%[①]，当前短视频在很大程度上嵌入了人们的日常生活。不同于电视剧、电影等制作周期长、资金成本高，微短剧时长较短、制作门槛与成本相对较低，并且迎合用户需求，适合在社交媒体平台上传播，这使得微短剧在社交媒体平台上广泛兴起，并潜移默化地影响了人们的视觉消费。由于微短剧情感密度极高等特征，易引发人们的情感共鸣，使得其成为不少年轻人追捧的“电子榨菜”，于是衍生出了一种新的消费模式，在市场上具有巨大的消费潜力。艾媒咨询数据显示，2023年中国网络微短剧市场规模为373.9亿元，同比增长267.65%，2027年市场规模有望达到1000亿元。[②]

在网络时代，人们在社交媒体平台上的消费行为被资本所操控，也在一定程度上带来了人自身主体性的消解。马克思曾在对异化劳动的考察中通过分析异化劳动的四重规定性深刻揭示资本主义雇佣劳动的本质，当前的平台经济发展推动劳动形式的变革，异化劳动随之表现出新的形态——数字劳动。社交媒体平台便是数字劳动的集中之地，其资本积累过程以定向广告为基础，平台企业仰赖持续的监控和大数据分析投放个性化在线广告，实质上是用户劳动生产了数据商品和注意力商品，这种用户劳动正是一种无偿劳动。[③]同时，网络平台再生产着人们的思想观念、情感态度并传播价值与情绪，当下的市场化原则却将它们抽象化为纯粹的数据和流量，使其失去了人的精神和思想中质的内容。[④]本书第二章论述的“受众商品论”等理论，在网络时代同样具有理论生

① 中国互联网络信息中心.第53次《中国互联网络发展状况统计报告》[EB/OL].(2024-03-22)[2024-05-18]. https://www.cnnic.net.cn/n4/2024/0322/c88-10964.html.

② 艾媒咨询.2023—2024年中国微短剧市场研究报告[EB/OL].(2023-11-22). https://mp.weixin.qq.com/s/60rhhGxqBMjPnt1wTvZkIA.

③ FUCHS C. Capitalism，patriarchy，slavery，and racism in the age of digital capitalism and digital labour[J]. Critical sociology，2018，44(4-5)：677-702.

④ 曹晋，张艾晨.网络流量与平台资本积累：基于西方马克思主义传统的考察[J].新闻大学，2022(1)：72-85.

命力，网络受众无法摆脱出卖劳动的状况，大众消费形态开始被流量与数据建构，这一点是值得我们深思与考量的。

三、网络文化与技术革新

曼纽尔·卡斯特（Manuel Castells）在《网络社会的崛起》一书中，考察了媒介技术的变革对人类社会发展和文化演进的重大影响，认为当今社会人类的所有过程都直接受到新技术媒介的塑造，信息技术具备了支配人们生活和引导社会发展的作用，由网络等延伸而来的媒介交流工具及其技术运转逻辑左右了人们的思维方式、语言表达方式和社会交往方式。①当前，新媒体技术不断革新，新的传播工具也随之出现，而网络文化作为新兴的文化形态在社会生活中的地位和作用日益凸显，网络文化毫无疑问深受新媒体技术的影响，文化特质被赋予了新媒体技术的印记。新媒体技术为网络文化提供了交互平台，改变了网络文化主体的生活方式，拓展了网络文化的内容，促使个性化、多元化的传播内容逐渐形成。②

物联网的理念出现于20世纪90年代末，作为一个新兴的信息技术领域，引起学界业界的极大关注。物联网的概念最初来源于美国麻省理工学院（MIT）在1999年建立的自动识别中心提出的网络无线射频识别系统——把所有物品通过射频识别等信息传感设备与互联网连接起来，实现智能化识别和管理。2005年，在突尼斯举行的信息社会世界峰会（WSIS）上，国际电信联盟（ITU）在发布报告中引用了“物联网”概念，拓展了物联网的定义和范围，将任何时间、任何地点、连接任何人，扩展到连接任何物品，万物的连接形成了物联网。

在物联网、人工智能等新技术推动下，万物皆媒的泛媒化时代正在到来，

① 卡斯特.网络社会的崛起［M］.夏铸九，王志弘，等译.北京：社会科学文献出版社，2001.

② 岳振华.新媒体技术对我国网络文化的影响研究［D］.哈尔滨：哈尔滨师范大学，2021.

网络空间扩展，并不断影响着网络文化主体的行为表达与生活方式。在泛媒化时代，人与物的关系，将成为共生、协作的关系，甚至会进一步出现人机合一、人与机器共同进化的可能。①泛媒化趋势表现为物体的媒介化，各类客观存在于现实社会的生活器物深度介入人们的生活，并与人们的日常生活产生密不可分、千丝万缕的关联。例如，AI语音助手正经历从工具定位到情感满足的需求转向，用户会基于实用价值与享乐价值选择使用AI语音助手。②家庭智能摄像头为空间离身的亲人提供了“云尽孝”的媒介工具，在异地相隔的亲人间扮演着亲情联结、远程照看、健康照护与数字记忆功能，生成了一种深度媒介化的数字亲情。③

泛媒化的另一表现是基于可穿戴设备及其他传感器应用的人体终端化④，可穿戴设备及其他传感器应用创造了全新的“身体数据化”和“自我追踪”的媒介逻辑。宋美杰等学者沿袭基特勒的媒介观，将可穿戴设备视为一种借助传感器技术，选择、处理、存储身体数据的媒介，发现智能手表/手环所包含的规训的力量从身体表面渗透至身体内部，身体器官被压缩为一块屏幕，在“自我优化”与“均值人”之间徘徊。⑤刘杰等以儿童电话手表为对象，发现其通过位置追踪、轨迹查看与通话召唤等功能，借助安全叙事情景化与完美亲职塑造等嵌入策略开启家庭数字亲职实践，借以维系家庭内部的养育与照看关系，形成高强度的亲职实践风格，但也同时出现了亲职实践中的角色困境与情感惩罚问题。⑥在一个“万物媒介化”（mediation of everything）的时代，社会生活的方方面面已经逐渐重新建构在互联网这个新媒介平台之上。新媒体技术与互

---

① 彭兰.万物皆媒：新一轮技术驱动的泛媒化趋势［J］.编辑之友，2016（3）：5-10.

② 王玲.AI语音助手的使用意愿影响因素研究：基于技术接受模型［J］.科技传播，2023（19）：122-126.

③ 刘战伟，包家兴，刘蒙之.摄像头下的亲人：亲密监视中的“媒介化”与“去媒介化”亲情研究［J］.新闻界，2023（12）：52-65.

④ 彭兰.万物皆媒：新一轮技术驱动的泛媒化趋势［J］.编辑之友，2016（3）：5-10.

⑤ 宋美杰，徐生权.作为媒介的可穿戴设备：身体的数据化与规训［J］.现代传播（中国传媒大学学报），2020，42（4）：46-50.

⑥ 刘杰，龙情.城市家庭中的养育焦虑、数字技术物品与亲职实践［J］.新闻与传播研究，2023（11）：23-37，126.

联网融入人们的日常生活，在很大程度上重构了以往各种社会关系，网络文化也由此被全方面形塑着。

对于泛媒介的理解当然不能仅局限于关注具象的物件，更重要的是，还应该将其视为从媒介化转向深度媒介化的表征。“深度媒介化”是不同于“媒介化”的新理论范式：以互联网与智能算法为代表的数字媒介作为一种新的结构社会的力量，其作用于社会的方式与以往任何一种“旧”媒介不同，它下沉为整个社会的“操作系统”。[①]而元宇宙本身便是深度媒介化的实践，与人类、历史文化和现实社会有着深层的复杂关系，在广义上而言是一个媒介，同时又是一个被深度媒介化建构的虚拟社会。[②]元宇宙的基础设施核心是虚拟技术，通过创造更大的虚拟存在感，使在线互动体验变得更接近面对面互动，人们将以完全的化身（a full-bodied avatar）或自己的全息图像在虚拟的或者真实的空间进行沉浸式交流（in a fully immersive）。因此，元宇宙时代的到来，将会实现人类社会交往时空和交往主体的拓展，实现交往场景的再造和交往体验的复归，最终构建高流动性的社会交往生态。[③]

信息技术不断革新，传播工具也发生着持续性演变，这为人的全部社会关系的连接纽带提供了新的尺度、新的内容和新的范式。人们基于互联网与新型传播技术发生的媒介实践，不仅会对人们自身的日常生活产生重要影响，更会在宏观层面对整个社会的格局与认知产生深刻的影响，人类的认知、学习、沟通将进入全新的场景体验时代。

GPT介入知识生产，以拥有强大智能的“非人类实体”身份成为人类知识生产场域中强有力的参与者，模糊了知识生产中“人类要素”与“非人类要素”的界限，形成大量“杂合知识”，其显在和隐性的社会效应将逐步显

---

① 喻国明，耿晓梦.“深度媒介化”：媒介业的生态格局、价值重心与核心资源［J］.新闻与传播研究，2021（12）：76-91，127-128.

② 陈昌凤.元宇宙：深度媒介化的实践［J］.现代出版，2022（2）：19-30.

③ 王敏芝，王军峰.从“交往在云端”到“生活在元宇宙”：深度媒介化时代的社会交往生态重构［J］.传媒观察，2022（7）：20-27.

现。[①]ChatGPT形成了对人类的“超模拟”，由此开启了“人机共在”的新主体时代，人机协同将成为长期的社会存在方式。[②]由此观之，整个社会格局将被颠覆与重塑。而Sora的推出更是印证了这一点，其横空出世标志着AI能力的重大飞跃。作为人工智能技术的最新阶段与全息形态，Sora为跨模态内容生成技术（文生文、文生音频、文生图像、文生视频）发展提供了动能，其正在生成一个AI视频世界，为人工智能生成内容生态带来了新质生产力转型。[③]

第三节　互联网历史学：口述历史、网民自传与媒介记忆

如果说，上一节所介绍的技术革新属于互联网研究中的“向前看”，那么本节所介绍的互联网历史学则是一种“向后看”的态度。想要全面理解今天与我们生活息息相关的互联网，就一定要具有历史视野，了解它的前世今生。吴世文提出，互联网历史学（Internet Historiography）区别于焦润明所提的“网络史学”与王旭东所提的“信息史学”，旨在考察互联网自身及其与社会互动的历史。[④]互联网上有许多珍贵的网络档案资料，也有普通网民的网络生活和交往的资料，保存记忆这些资料尤为重要，可作为互联网历史研究的文献储备。因而，互联网既是互联网历史学的研究对象，又是研究方法和研究工具。对于互联网历史的研究，必须要强调描述性叙事的重要性，关注互联网中的鲜活个体及其使用经验。历史学家指出“史无定法”，“自然科学、社会科学、人文和艺术的研究方法都可有选择地用于历史研究，尤其是用于考据和实

① 姜华.从辛弃疾到GPT：人工智能对人类知识生产格局的重塑及其效应［J］.南京社会科学，2023（4）：135-145.

② 王建磊，曹卉萌.ChatGPT的传播特质、逻辑、范式［J］.深圳大学学报（人文社会科学版），2023，40（2）：144-152.

③ 邹开元，沈阳.Sora的技术复杂度突破：人工智能生成内容的新质生产力转型［J］.西南交通大学学报（社会科学版），2024（2）：1-13.

④ 吴世文.互联网历史学的理路及其中国进路［J］.新闻记者，2020（6）：47-60.

证”。[1]从社会科学研究方法的视角看，“深描”是美国文化人类学家格尔茨借用现代英国哲学家吉尔伯特·赖尔（Gilbert Ryle）的概念，在其论文《深描：迈向文化的阐释理论》中提出并全面论证的，意指从极简单的动作或话语着手，追寻它所隐含的无限社会内容，揭示其多层内涵，进而展示文化符号意义结构的复杂社会基础和含义。[2]因此，在具体展开的互联网历史研究过程中，应摆脱宏大叙事，“深描”网络生活与人的故事，并通过个体经验与个案研究来洞察整体的、大局的社会变迁。[3]基于此，本部分充分借鉴吴世文等学者的研究，从口述史和网民自传的方法出发，探索互联网历史学与质化研究方法的融合，以期为中国互联网历史研究提供方法论启示。

一、口述历史与集体记忆

对于口述历史的定义，哥伦比亚大学口述历史研究室的创始人阿兰·内文斯（Allan Nevins）的学术继承人路易斯·斯塔尔（Louis Starr）认为，口述史是通过有准备的、以录像机为工具的采访，记述人们口述所得的具有保存价值和迄今尚未得到的原始资料。[4]北京社会科学院历史研究所钟少华认为，口述历史是受访者与历史工作者合作的产物，利用人类特有的语言，利用科技设备，双方合作谈话的录音都是口述史料，将录音整理成文字稿，再经研究加工，可以写成各种口述历史专著。[5]这两位学者都有提到口述历史以录音为依据，以口述史料为研究对象。概言之，口述历史指的是由准备完善的访谈者，以笔录、录音或录影的方式，收集、整理口传记忆以及具有历史意义的观点，以期还原更加丰富精确的历史画面[6]，口述史料成为我们了解不同时代及其因

① 吴承明.经济史：历史观与方法论［J］.中国经济史研究，2001(3)：5-24.

② 汪民安.文化研究关键词［M］.南京：江苏人民出版社，2020：332.

③ 吴世文.互联网历史学的前沿问题、理论面向与研究路径：宾夕法尼亚大学杨国斌教授访谈［J］.国际新闻界，2018，40(8)：59-75.

④ DUNAWAY D K，BAUM W K.Oral history：an interdisciplinary anthology［M］. Walnut Greek：AltaMira Press，1984：8.

⑤ 钟少华.进取集：钟少华文存［M］.北京：中国国际广播出版社，1998：414.

⑥ 里奇.大家来做口述历史［M］.王芝芝，译.台北：远流出版公司，1997：24，34.

变迁引发的意义感消失的最好佐证。[①]

将口述历史作为一门专门学科始于20世纪40年代，由新闻工作者转行的历史学者亚伦·芮文斯（Allen Nevins）于1948年在美国哥伦比亚大学建立了第一座现代口述历史档案馆，标志着现代口述史研究的诞生。其开展了对于福特汽车公司的历史访问，获得了丰富生动的历史资料。随后加州大学柏克莱分校成立了地方口述历史办公室，加州大学洛杉矶分校建立了口述历史项目。[②]美籍华人学者唐德刚则是现代最早关注口述历史第一人，1957年开始参与哥伦比亚大学中国口述历史学部的工作，完成《胡适自传》《李宗仁回忆录》《顾维钧回忆录》等口述史著作。[③]

我国在20世纪五六十年代就开始采用社会调查和口述历史方法收集重要政治事件和人物资料，例如，高等学校纷纷对太平天国运动、义和团运动、辛亥革命以及中国共产党领导的革命战争等历史事件进行实地调研，并撰写调研报告。[④]上海社会科学院历史研究所意识到口述资料的重要性，组织科研人员前往上海各大工厂和商店调查访问，积累了丰富扎实的口述资料。20世纪80年代以后，国内学术界与出版界开始关注和重视口述研究方法。北京大学历史系1996年开始设置口述史学课程。北京大学出版社从1999年开始出版“口述传记丛书”[⑤]，如《小书生大时代：朱正口述自传》《带翅膀的摄影机：侯波、徐肖冰口述回忆录》。上海社会科学院历史研究所做过“上海移民史”口述史访谈工作。吉林大学历史系杨祥银先生开设了口述史网站。不仅于此，学术界也出版了一批基于口述历史的学术专著，中国的口述史学逐渐受到重视。[⑥]据统计，在新闻学与传播学领域，国家社会科学基金关于口述史的立项项目

① 周晓虹.口述史、集体记忆与新中国的工业化叙事：以洛阳工业基地和贵州“三线建设”企业为例［J］.学习与探索，2020(7)：17-25.

② 杨祥银.当代美国口述史学的主流趋势［J］.社会科学战线，2011(2)：68-80.

③ 傅光明.口述史：历史、价值与方法［J］.甘肃社会科学，2008(1)：77-81.

④ 杨祥银.当代中国口述史学透视［J］.当代中国史研究，2000(3)：47-58.

⑤ 陈子丹.少数民族口述历史档案研究［M］.昆明：云南大学出版社，2015：18.

⑥ 梁景和，王胜.关于口述史的思考［J］.首都师范大学学报（社会科学版），2007(5)：10-15.

包括“当代杰出新闻学者口述实录研究”“中国当代新闻界人物的口述史研究”“中国出版人口述史研究及数据库建设”“中国当代广告口述史（1979—2010）”“中国播音口述史（1978 年至今）”。可见，口述史的方法已经全面进入各个社会科学领域中。

口述史（Oral History）指的是一种方法，第一层含义指的是来自个人口述的历史不仅是其个体生命历程的叙事和写照，而且也是亲历者所生活和叙事的那个时代、其所生存的国家和社会的写照；第二层指的是通过口述获得的历史叙事与历史文献资料具有社会科学研究的学术价值[①]，是学者为了解决历史疑惑而主动激发出来的“被研究者的回忆”[②]，包含的信息有相对贴近于“真实”的趋向。[③]访谈录是对被访者的访问记录，可以围绕一个或多个主题进行采访，也可以围绕被访者的经历或者现实问题进行采访，而口述史是在对相当数量的访谈录进行研究的基础上，对一定的历史问题给予实事求是的阐述，并且给予本质上的解释和对规律的揭示。[④]口述史研究就是研究人们如何叙述过去，而受访者的叙述自身是有“文体”的，其自成一体，便是口承传统。[⑤]值得注意的是，访谈人与受访者的双向进展是口述历史的重要特点，受访者本身在某种程度上就是历史文献[⑥]，在口述史研究中要注意区分“我们的时间”与“他们的时间”。[⑦]

---

① 周晓虹.口述史作为方法：何以可能与何以可为：以新中国工业建设口述史研究为例［J］.社会科学研究，2021(5)：1-8.

② 王铭铭.口述史·口承传统·人生史［J］.西南民族大学学报（人文社科版），2008(2)：23-30.

③ 纳日碧力戈.作为操演的民间口述和作为行动的社会记忆［J］.广西民族学院学报（哲学社会科学版），2003(3)：6-9.

④ 梁景和，王胜.关于口述史的思考［J］.首都师范大学学报（社会科学版），2007(5)：10-15.

⑤ 口承传统研究关注的不是口承史诗、神话、传说、歌谣、谣言等“故事”里说的历史的真实性，而是关注这些“故事”作为一种“文类”(genre)流传的时空图式。研究中不可过于强调口述史与口承传统之间的界限，两者在现实生活中处于交织状态。

⑥ 傅光明.口述史：历史、价值与方法［J］.甘肃社会科学，2008(1)：77-81.

⑦ 杨念群.空间·记忆·社会转型——“新社会史”研究论文精选集［M］.上海：上海人民出版社，2001：467-486.

口述历史从现代历史科学内部分离出来，初步形成一门独立的学科，其发展速度之快、影响之大、涉猎范围之广，就连国际史学界人士也始料未及。[①]原因在于，一方面，口述历史颠覆了以往正统历史所体现的格局，将叙事的对象从国家、民族等宏大客体与英雄人物转向真正构成活的历史的芸芸众生[②]，为获取“底层和边缘的历史”提供了渠道和途径，通过挖掘有血有肉的个案，提供非常生动的描述，获取更有价值的资料，为国家叙事“补白”，弥补载入史册的传统档案与文献中的记载所缺漏的内容，使得历史具有了生活的气息[③]，从而深化对历史问题的理解；另一方面，相比于绝大多数的原始材料，口述历史可以在更大程度上再造原有的各种立场，更现实、更公平地重构过去[④]，在一定程度上有利于纠正文字史料中的偏见，还原历史的真实性，从而使整个历史的社会使命具有某些进步的意涵[⑤]，历史也会被赋予新的维度。诚如哈里·威廉姆斯（Harry Williams）所言：“口述史不仅是编撰近代史一种必不可少的工具，而且还可以使我们能特别详细地研究历史。”口述史让“那些即便留有痕迹，但原本一直保持缄默的对象说话”[⑥]，“赋予历史学一个不再与书面文献的文化意义相联系的未来。它也将历史学家自己技艺中最古老的技巧交回到他们手中”，“使得历史学家意识到他们的活动不可避免地是在一个社会脉络之中并伴随着政治含义而被从事的”。[⑦]

与口述历史研究方法紧密相关的一种研究倾向就是集体记忆，口述史正是收集集体记忆的重要方法。集体记忆最早是由法国社会学家莫里斯·哈布瓦

① 闻伍.历史之音：口述史学的叙述性质片论［J］.国外社会科学，2000（3）：2-7.

② 周晓虹.口述历史与集体记忆的社会建构［J］.天津社会科学，2020（4）：137-146.

③ 汤普逊.过去的声音：口述史［M］.覃方明，渠东，张旅平，译.沈阳：辽宁教育出版社，2000：21.

④ 傅光明.口述史：历史、价值与方法［J］.甘肃社会科学，2008（1）：77-81.

⑤ 汤普逊.过去的声音：口述史［M］.覃方明，渠东，张旅平，译.沈阳：辽宁教育出版社，2000：6.

⑥ 康纳顿.社会如何记忆［M］.纳日碧力戈，译.上海：上海人民出版社，2000：16.

⑦ 汤普逊.过去的声音：口述史［M］.覃方明，渠东，张旅平，译.沈阳：辽宁教育出版社，2000：88，2.

赫（Maurice Halbwachs）在《论集体记忆》（*On Collective Memory*）一书中所提出的，他认为，一方面集体记忆是通过个体进行传达的，另一方面又只有作为集体成员的个体才能进行记忆。[①]而对于集体记忆概念，当前存在两种互为竞争的理解——一种是由社会建构的个体记忆的集合，另一种则是自成一体的集体现象[②]，集体记忆与口述历史有着密切而复杂的关系，口述史是个体对自我生命历程的叙述，也是认识和理解群体或共同体集体记忆的有效途径。[③]虽然口述历史只有“短期的历史”，但自哈布瓦赫时代起，口述传统就被视为重现集体记忆的重要来源之一。口述史是一种集体记忆，个体的口述史究其本质是集体记忆的个体展现，虽然是一种个体叙事，但叙事的机理（包括重要程度、前后顺序以及意义内涵等）却是由社会建构的。[④]斐迪南·滕尼斯（Ferdinand Tönnies）在《共同体与社会：纯粹社会学的基本概念》一书中将共同体界定为“人类共同生活的持久和真实的形式”，并将其划分为血缘、地缘和精神三种形式。[⑤]命运共同体指的是因经历共同的命运而连接在一起的具有共同价值体系和行为准则的群体集合。[⑥]通过个体的口头叙事，便建构起生活于某一时代背景下的某一共同体，普通个体所形成的群体作为一个命运共同体时，共同体为单个个体通过口述还原集体生活提供了叙事基础，这一基础加之在单个个体形成共同体时所产生的突生机制，使得个体的口述能够超越个体的限制成为带有共同体一致精神特征的集体记忆。亲历者可将共同体的生活史

---

① 哈布瓦赫.论集体记忆［M］.毕然，郭金华，译.上海：上海人民出版社，2002：40.

② OLICK J K. Colective memory：the two cultures［J］.Sociological theory，1999，17（3）：333-348.

③ 胡洁.个人叙事与集体记忆：口述史的多维建构［J］.学术月刊，2021（11）：140-146.

④ 周晓虹.口述史作为方法：何以可能与何以可为：以新中国工业建设口述史研究为例［J］.社会科学研究，2021（5）：1-8.

⑤ 滕尼斯.共同体与社会：纯粹社会学的基本概念［M］.林荣远，译.北京：商务印书馆，1999：52-54.

⑥ 谢治菊，刘璇.乡村命运共同体的集体记忆与认同：基于“口述乡村”系列故事的考察［J］.天津社会科学，2023（6）：54-62.

或生命历程作为记忆的对象予以口头表述，由此形成具有象征意义的群体共享成分。[①]

当前学界开展的系列口述史研究中，以口述史为方法，聚焦于一个作为“命运共同体”的群体，窥探其所处的集体记忆框架以及更深远的意涵，例如对知青群体的研究、对土改时期农民群体的研究、对当代中国社会学家群体的研究等，由此发现个体成员的生命历程因为与整个共同体的紧密相连，使得其个人生命史的陈述也因此具有了集体记忆的性质。[②]张霁雪等基于H厂三代工人口述历史的研究，通过单位制变革中不同所有制类型、不同技术级别等维度划分出来的55位工人开展口述史研究，翔实展示了他们在单位制60年变迁中的集体记忆。[③]周晓虹以洛阳工业基地和贵州“三线建设”企业为例，通过对其亲历者的口述历史研究，梳理出新中国工业化进程记忆的建构逻辑，尤其是历史“即视感”形成的社会文化背景，从新中国工业化第一代建设者的口述叙事中，知悉每一个亲历者的个人生涯，同时能够通过集体记忆建构整个命运共同体的历史意义与集体群像。[④]白红义以《南方都市报》为庆祝创刊18年而在微信平台上设立的“南都口述史”为例，通过对南都口述史的个案考察探究记者如何作为一个阐释性记忆共同体来纪念他们曾供职过的新闻组织，并进一步分析这种集体记忆建构过程的文化意涵以及对于南都和中国新闻业的意义。[⑤]谢治菊等人组建“口述乡村”团队，深入全国20余省市200多个村庄的田间地头，对一线扶贫干部、乡村致富带头人、企业帮扶人员三大群体进行深度访谈，挖掘乡村命运共同体的集体记忆及其建构方式，并在此基础上探究集体记

① 周晓虹.口述历史与集体记忆的社会建构［J］.天津社会科学，2020（4）：137-146.

② 胡洁.个人叙事与集体记忆：口述史的多维建构［J］.学术月刊，2021（11）：140-146.

③ 张霁雪，陶宇.单位人的集体记忆与身份生产：基于H厂三代工人口述历史的研究［J］.学习与探索，2014（6）：32-38.

④ 周晓虹.口述史、集体记忆与新中国的工业化叙事：以洛阳工业基地和贵州“三线建设”企业为例［J］.学习与探索，2020（7）：17-25.

⑤ 白红义.记者作为阐释性记忆共同体：“南都口述史”研究［J］.国际新闻界，2015（12）：46-66.

忆如何转化为凝聚乡村命运共同体的思想资源并进行价值传承。[①]因此，口述史这一方法对于理解命运共同体的集体记忆及其建构方式具有不可忽视的方法优势，并能充实命运共同体下的个体叙事，不断获取凝聚命运共同体的思想资源。

作为一种以人类历史活动的主体——“人”为核心对象的研究方法与学科领域，口述史学由于其研究（实践）主体、研究对象、研究目标（用途）与传播（呈现）形式的多元性与丰富性，在当代的发展呈现出日益明显的跨学科特征与趋势。[②]口述史学还可应用于妇女史、家族史、艺术史、城市建筑史、人口史、儿童史、体育史和人物传记等社会科学研究领域。其中，妇女口述不仅是一种重要的研究手段，而且是一种政治手段[③]，通过女性口述历史，部分改变了女性“缺席”的处境，“让女人说话”，更重要的是，“用女人自己的语言说话”，肯定妇女在社会发展中的能动作用[④]，赋权于妇女。近年来在艺术学研究领域，口述史成为中国民族民间舞学术研究颇为倚重的研究方法。[⑤]有学者将“长安画派”的研究置于口述史的观照下，将相关亲历者的记忆及其重构“长安画派”的方式纳入画派历史研究之中。[⑥]还有不少学者将口述史的方法引入对非物质文化遗产传承人的研究中。总而言之，口述史改变了历史为权力单向书写的问题[⑦]，正如国际口述历史学界专家、英国埃塞克斯大学社会学教授保罗·汤普逊（Paul Thompson）所说：“它给了我们一个机会，把历史恢复

① 谢治菊，刘璇.乡村命运共同体的集体记忆与认同：基于“口述乡村”系列故事的考察［J］.天津社会科学，2023（6）：54-62.

② 中国青年报.以更为开放与包容的态度来理解口述史学的跨学科特征及其应用价值［EB/OL］.（2023-05-24）［2024-05-08］. https://baijiahao.baidu.com/s?id=1766785199691951743&wfr=spider&for=pc.

③ 鲍晓兰.西方女性主义口述史发展初探［J］.浙江学刊，1999（6）：85-90.

④ 杨祥银.妇女史、口述历史与女性主义视角［J］.浙江学刊，2004（3）：210-214.

⑤ 王昕.论“口述史”在中国民族民间舞学术研究中的意义［J］.北京舞蹈学院学报，2018（6）：30-35.

⑥ 屈健，刘艳卿.历见与重构：口述史方法与“长安画派”研究［J］.美术研究，2017（2）：98-103.

⑦ 周晓虹.口述历史与集体记忆的社会建构［J］.天津社会科学，2020（4）：137-146.

成普通人的历史，并使历史密切与现实相联系。”[①]

二、中国互联网口述史

互联网历史是复杂而丰富的，包括技术、商业、使用、治理等多维度的内容[②]，互联网历史研究具有不可忽视的价值，近年来成为学界日益关注的问题。有学者指出未来的历史学家理解当下的时代，必须开展互联网历史研究[③]，从技术、使用与地方性经验的维度重新定义互联网，采用“互联网的历史”（Internet histories）取代“互联网历史”（histories of the Internet），由此颠覆以美国为中心的线性叙事[④]，另外，全球互联网历史研究手册也有提到书写全球互联网历史的重要性[⑤]，互联网历史研究最初具有以北美和欧洲为中心的倾向，经过很长一段时间，欧美中心主义取向才发生转向，如今互联网历史研究呈现全球化、多元化的趋势，更多区域的互联网历史研究被学者关注。

另外，互联网历史研究从最初主要关注技术层面转向重视互联网历史维度与社会意义[⑥]，摆脱单一技术性定义的窠臼，为互联网历史研究提供了新的方向，然而当前的互联网历史研究尚处于探索阶段[⑦]，需要学者多引入新的视野，挖掘互联网历史更为深刻的价值意涵。有学者基于对50余份口述历史访

---

① 沈固朝.与人民共写历史：西方口述史的发展特点及对我们的启发［J］.史学理论研究，1995（2）：98-107.

② PACIFICI W R，SCHWARTZ B.The vietnam veterans memorial：commemorating a difficult past［J］. American journal of sociology，1991，97（2）：376-420.

③ BRÜGGER N. Website history and the website as an object of study［J］. New media & society，2009，11（1-2）：115-132.

④ ABBATE J.What and where is the Internet?（Re）defining Internet histories［J］. Internet histories，2017，1（1-2）：8-14.

⑤ GOGGIN G，MCLELLAND M.Introduction：global coordinates of Internet histories［M］// The routledge companion to global Internet histories.London：Routledge，2017.

⑥ BAHROUN A. Rewriting the history of computerized media in China，1990s – today［J］. Interactions studies in communication & culture，2016，7（3）：327-343.

⑦ BRÜGGER N. Australian Internet histories，past，present and future：an afterword［J］. Media International Australia，2012，59（1）：159-165.

谈资料的梳理，追溯了女性粉丝在20世纪90年代使用互联网（主要是邮件列表）的历史。[①]吴世文等从历史视角考察中国网民的总体样貌及其变迁过程，以中国网民为切入点，描摹中国互联网扩散的历史过程，反思互联网未来的扩散趋势[②]，当下中国网民规模高居世界首位，网民规模变化背后反映的是中国互联网的发展。还有研究对中国网红的演变进行历史分期考察，牵引出中国互联网的平台史、经济史与文化史，不断拓展中国互联网历史研究维度。[③]因而，从长时段历史视角切入对中国互联网发展开展研究具有重要意义。

自1994年以来，中国互联网已经发展了30年，对其历史进程开展研究在当下具有“周年纪念”的象征性意义。在改革开放40余年的发展历程中，互联网与之“同行”了很久，是中国历史——社会转型的重要“变量”。[④]在这一段漫长的跨世纪时间里，不同代际、不同领域的人都与中国互联网的发展有着交织。技术的更新迭代与商业的跌宕起伏是中国互联网发展浪潮里的关注焦点，但互联网发展背后人与社会之间的勾连却往往被忽略，这不利于更为全面地了解中国互联网发展的全貌，媒介、公众等社会行动者的记忆是研究互联网历史的重要材料，需要被全面收集与整理。互联网的历史是人的历史，我们不应只局限于对中国互联网发展的技术、政策等宏观层面因素的描摹，而应回归对人的研究，做一个以人为中心的互联网历史研究，以微观视角去挖掘与观照这些与互联网发展有着紧密联系的人及其与社会发展之间的故事。吴世文在《网事绵延：社会记忆视角下的中国互联网历史》一书中便尝试跳脱出互联网技术史、互联网事件史与互联网企业史等常规路径，另辟蹊径从社会记忆视角

① HORBINSKI A.Talking by letter：the hidden history of female media fans on the 1990s Internet［J］. Internet histories，2018，2（3）：247-263.

② 吴世文，章姚莉.中国网民“群像”及其变迁：基于创新扩散理论的互联网历史［J］.新闻记者，2019（10）：20-30.

③ 吴世文，杨小雅，冯铭钰.网红的历史长歌：网络名声的累积、流通与变现［J］.传媒观察，2023（12）：57-68.

④ 黄旦.媒介变革视野中的近代中国知识转型［J］.中国社会科学，2019（1）：137-158，207.

研究中国互联网的社会史。①

故事是一种众多社会角色参与的集体实践②，社会文化史特别适合运用口述史的方法进行研究③，围绕中国互联网发展这一主题，引入颇具人文关怀的口述史方法，可以为互联网历史研究提供个体的经验的视角，以此来补充和完善中国互联网历史，从而呈现多维全面的互联网历史。通过对作为集体表征的个体叙事的记录，继而探寻到漫长的中国互联网发展之中的点滴记忆以及该集体记忆的建构方式，这样的研究取向弥补了技术、媒介或商业所构建的线性互联网历史观的不足，为擘画中国互联网未来发展新的30年提供重要的历史支撑。

在互联网口述史的具体实践中，方兴东所负责的“互联网口述历史”项目的总体目标是完成1000人的口述历史，并将该项目的计划分为了中国和全球上下两部分。项目以口述历史的研究方法，选取对中国乃至全球信息领域全程发展有特殊贡献的人物，通过对这些核心亲历者的第一人称的口述，用文字、图片、音频、影像等形式记录他们独特的记忆、经历、观点和故事，挖掘和整理互联网历史上最关键人物的历史、事迹和思想，全景式反映中国信息化发生、发展和崛起的真实面貌，深度展示网络时代人类新文明群像，从而更好记录互联网历史的全程，以期为以后更全面的研究提供参考。杨国斌教授曾评价方兴东做的互联网口述历史工作为“功莫大焉”。④此节尝试对这一口述史项目进行梳理综述，细致展示互联网历史研究的新方法，同时借助这种方法重访历史。

自2007年至今，该工程从事的“中国互联网口述史”研究已初具轮廓，迄今已完成500多万字的采访记录和400多小时的视频，积累了大量宝贵的、

---

① 吴世文.网事绵延：社会记忆视角下的中国互联网历史［M］.北京：中国社会科学出版社，2022.

② 黄盈盈.作为方法的故事社会学：从性故事的讲述看“叙述”的陷阱与可能［J］.开放时代，2018(5)：163-184，8.

③ 梁景和，王胜.关于口述史的思考［J］.首都师范大学学报（社会科学版），2007(5)：10-15.

④ 吴世文.互联网历史学的前沿问题、理论面向与研究路径：宾夕法尼亚大学杨国斌教授访谈［J］.国际新闻界，2018，40(8)：59-75.

丰富的、鲜活的一手资料，几乎涵盖了所有参与弄潮的时代先锋——技术创新和商业创新的主力军、推动制度创新的生力军以及推动社会各层面变革的出类拔萃者。聚焦和深入透视这些时代先锋，可以更好地还原历史[①]，这也为我们了解中国互联网历史提供了丰富的素材。由于互联网的革命已经进入历史性拐点，方兴东强调，“互联网口述历史”将以中美两国为核心，分步实施，相互促进，因此，在他所开展的“互联网口述历史”计划的重要部分便是以美国为中心的全球互联网全记录，被赋予全球视野的“互联网口述历史”对于理解互联网革命的真实面貌以及凝聚人类共有的互联网精神具有重要意义。

在“中国互联网口述历史”中，亚信联合创始人田溯宁回顾了亚信中国早期故事以及在美国创业、中国建网的详细历程，包括给中国争取AS号码（ASNumber）等[②]；曾任国务院信息化联席会议办公室常务副主任的陆首群回忆了当时国家提倡信息化的来龙去脉、中国创建早期互联网反垄断的历程以及中国互联网的管理办法出台[③]；中国互联网重要的开创者之一、曾任网络信息中心副主任的钱华林讲述了中科院、北大和清华三家的院、校网络建成后形成的中国互联网雏形以及实现全功能国际联网的艰难历程[④]；中国工程院院士、中国互联网协会创会理事长胡启恒梳理了中标国内首个示范网络项目、接通互联网以及.CN服务器落户中关村的故事[⑤]，由此深入窥探了中国早期互联网的接入背景与初期形态；瀛海威信息通信有限责任公司创始人、总裁张树新分享了他去美国第一次见到BBS的经历及回国创业的历程、中国最先提供ISP业务的网络商的结局以及邀请尼葛洛庞帝来做“数字化生存”论坛向社会普及互联网

---

① 方兴东.互联网口述史：为史立言［J］.汕头大学学报（人文社会科学版），2016，32（4）：97-99.

② 田溯宁，方兴东，雷宁.中国互联网口述历史　把@带回中国［J］.汕头大学学报（人文社会科学版），2017，33（3）：112-116，5.

③ 陆首群.中国互联网口述历史　互联网在中国迈出的第一步［J］.汕头大学学报（人文社会科学版），2016，32（4）：100-105，10.

④ 钱华林，方兴东，何远琼.中国互联网口述历史　推进中国互联网进程的技术掌门人［J］.汕头大学学报（人文社会科学版），2017，33（1）：126-130，7.

⑤ 胡启恒，方兴东，薛芳.中国互联网口述历史1994-4-20：中国接入互联网［J］.汕头大学学报（人文社会科学版），2016，32（6）：140-145.

的故事[①]；被誉为“中国互联网络之父”的刘韵洁回忆了中国从知识界转向普通百姓的公众互联网的搭建以及自身在联通业务达到顶峰的经历[②]；搜狐公司董事局主席兼首席执行官张朝阳分享了搜狐第一轮融资以及确定互联网是门户模式的经历[③]，由此可以生动把握中国接入互联网后的发展趋势。通过对核心亲历者的口述的整理与记录，我们可以了解到很多中国互联网相关的重大历史事件以及其中不为人知的细节故事。同时不难发现，在中国关于互联网的技术想象，并非乌托邦空想，而是建立在个体实践经验之上的、对现实有批判、对未来有希望的乌托邦现实主义。[④]

通过对这些人的访谈可以获知很多历史事件，但是对这些细节的重组、验证和分析工作更具有研究价值。[⑤]自2016年开始，方兴东负责的“互联网口述历史”工程便向社会推出了专题研究、图书出版以及视频多媒体内容等多种形式的作品，例如，2021年已出版的“互联网口述历史”项目首辑成果《互联网口述历史第1辑·英雄创世记》，访谈对象包括4位“互联网之父”——鲍勃·卡恩、拉里·罗伯茨、伦纳德·克兰罗克、温顿·瑟夫，“韩国互联网之父”——全吉男，“法国互联网之父”——路易斯·普赞，“德国互联网之父”——维纳·措恩，以及中国互联网先驱胡启恒。互联网口述历史研究的时代价值便在于寻找早期互联网初始状态发生的事件真相，其背后的历史细节和时代精神，从而真正理解什么是互联网精神。[⑥]

① 张树新，方兴东，何远琼.中国互联网口述历史　中国互联网“黄埔军校”和“第一代织网人”［J］.汕头大学学报（人文社会科学版），2016，32（8）：138-142.

② 刘韵洁，方兴东，何远琼.中国互联网口述历史　ChinaNet的诞生：从知识界转向大众［J］.汕头大学学报（人文社会科学版），2017，33（9）：115-119.

③ 张朝阳，方兴东，刘乃清.中国互联网口述历史　开创门户时代［J］.汕头大学学报（人文社会科学版），2017，33（5）：99-103.

④ 吴世文，杨国斌.追忆消逝的网站：互联网记忆、媒介传记与网站历史［J］.国际新闻界，2018，40（4）：6-31.

⑤ 夏倩芳.中国网络传播研究：互联网的历史分析［M］.北京：中国传媒大学出版社，2021：5.

⑥ 方兴东，严峰，徐忠良.漫长的拨号与呼叫：中国互联网早期接入的技术、经济、社会和政治因素考察［J］.中国网络传播研究，2021（1）：3-22.

三、网民自传与媒介记忆

口述史对于互联网历史研究具有积极的作用，一方面可以借此了解互联网创业者、互联网建设与发展中的精英，在方兴东所开展的“互联网口述历史”工程中，他所关注的大都是互联网创业英雄或技术精英；另一方面，还可以用来研究网民，考察普通个体的经济活动与社会生活，重新发掘那些过去一直被人们所遗忘的历史。[①]研究个体网民及其互联网使用史，可以通过公众书写与集体记忆开展，发挥网民在书写自身历史中的主体作用。[②]每一个网民都有一段自己的网络历史，谈论个人网络历史实际上就是讨论社会变迁的历史。吴世文的研究不同于方兴东偏向于精英的口述历史研究，更倾向于关注普通的网民，关注与书写其与互联网之间互动的具体故事，以此丰富中国互联网历史。[③]精英与平民这两种不同传记视角，共同揭示了中国互联网的发展历史与文化意义。

传记和自传，是不可忽视的记忆文体。在人类学领域，传记式研究是对物体开展研究的传统经典方法，物的传记是文化传记的一种形式，研究者可以透过对这种文化传记寻求对物的考察与解释，传记研究与口述历史研究紧密相关，传记可作为口述历史研究的材料补充。在为媒介立传时，人们由于拥有亲身经历的体验会不自觉将自己的视角融入，从而使得媒介传记具有了自传的性质，产生这种现象的原因与人们回忆过往生活的能力密切相关。自传记忆是由我们自身所经历的事件构成的记忆[④]，基于个体经验而展开，个体通过记忆复活了过去的经验或经历，情感是重要的影响因素之一，生命故事便是建立在

---

① 吴世文.互联网历史学的理路及其中国进路［J］.新闻记者，2020(6)：47-60.

② 傅光明.口述史：历史、价值与方法［J］.甘肃社会科学，2008(1)：77-81.

③ 吴世文.互联网历史学的前沿问题、理论面向与研究路径：宾夕法尼亚大学杨国斌教授访谈［J］.国际新闻界，2018，40(8)：59-75.

④ 高萍.社会记忆理论研究综述［J］.西北民族大学学报（哲学社会科学版），2011(3)：112-120.

自传式记忆之上的个人生活故事。[①]而网络自传“是网民有关互联网使用的自传”，“可以由个体网民自我书写”，以此记录自己互联网生活的经历与体验。这种方式可以有效收集网民的网络使用体验[②]，借由网民群体考察社会历史变迁，继而打开网络平台等媒介通向文化记忆的通道。[③]

网络自传既是研究对象——互联网历史和记忆研究不可忽视的内容，又是研究方法——研究互联网历史的路径之一。[④]网络自传包括生命故事、自传式记忆或者媒介传记等，散布在网络的各个角落，包括在线论坛、网络社区等，构成了不可被忽视的互联网历史档案资料。“媒介诞生、成熟、衰老和死亡等生物节点和生活事件常常被纳入叙事结构之中”[⑤]，个体的生命故事或者自传因其与重要历史节点的勾连被赋予更为深远的意义，这对于理解媒介在特定历史叙事中所扮演的角色起到积极的作用。吴世文等学者结合用户在网络记忆文本和网络自传中讲述的生命故事（223篇记忆文章和140篇网络自传）发掘人与手机关系的不同场景及其所再现的社会关系，发现用户追忆自己在与手机互动的过程中形成的关联与表征塑造着手机记忆的独特性，同时映射出手机的生命轨迹和用户的生命历程。[⑥]他还基于224份网络自传考察其呈现的互联网记忆的主体及历史线索，发现网络自传不仅再现了互联网发展的进程、网民个人成长历史，还折射着家庭史与社会变迁的过程。[⑦]

---

① THOMSEN D K，OLESEN M H，SCHNIEBER A，et al.What characterizes life story memories? a diary study of freshmen's first term［J］. Consciousness and cognition，2012，21（1）：366-382.

② 吴世文.互联网历史学的理路及其中国进路［J］.新闻记者，2020（6）：47-60.

③ 阿斯曼.回忆的空间：文化记忆的形式和变迁［M］.潘璐，译.北京：北京大学出版社，2016：13.

④ 吴世文，杨国斌.“我是网民”：网络自传、生命故事与互联网历史［J］.国际新闻界，2019，41（9）：35-59.

⑤ NATALIE S. Unveiling the biographies of media：on the role of narratives，anecdotes，and storytelling in the construction of new media's histories［J］. Communication theory，2016（26）：431-449.

⑥ 吴世文，周夏萍.人与媒介物的“相遇”：手机的文化传记与记忆场景［J］.新闻记者，2022（4）：73-86.

⑦ 吴世文，杨国斌.“我是网民”：网络自传、生命故事与互联网历史［J］.国际新闻界，2019，41（9）：35-59.

杜威·德拉埃斯马（Douwe Draaisma）曾强调："人类记忆本来就和人类发明的记录方法密不可分。"[①]伴随着数字传播技术的快速发展，记忆建构方式被技术不断重塑着。新媒体用户在记忆重大突发性事件中扮演着日益重要的角色，在技术赋权下通过在线与现场见证的方式保存记录，生产了许多数字记忆。[②]同时，个人在新媒体上的记忆内容生产正在成为集体记忆的来源，个人成为历史的参与者，历史书写的公共参与也得以实现。媒介技术的持续进步，带来的是人们在日常生活中对媒介的依赖性更大，由此发生改变的不仅是人们的工作、学习与生活方式，还有记忆方式，媒介便成为个体记忆的重要载体与延展渠道。

媒介记忆的概念最早由美国学者卡罗琳·凯奇（Carolyn Kitch）提出，她在著作《过去的页面：美国杂志的历史和记忆》中强调了杂志在构建社会评论与国家文化的公共历史方面发挥的重要作用，并试图探讨媒介是如何通过扮演一个记忆代理角色来完成与社会其他领域的互动的。[③]邵鹏在其著作《媒介记忆理论——人类一切记忆研究的核心与纽带》中，首次将媒介记忆作为一个独立概念展开探讨。媒介记忆是指媒介通过对日常信息的采集、理解、编辑、存贮、提取和传播，形成一种以媒介为主导的人类一切记忆的平台，并以此影响人类的个体记忆、集体记忆和社会记忆。他提出，媒介是连接、沟通人类一切记忆的纽带、桥梁和平台。[④]

口述历史成为国内媒介记忆研究的主要方法之一。国内外不少学者都注意到媒介记忆与集体记忆之间的关联，媒介不应该只被看作一种中介或者渠道，更应该被视为一种与社会文化交互的现象。英格丽·沃尔克默（Ingrld Volkmer）在著作《公共记忆中的新闻：跨代媒介记忆的国际研究》中指出，

① 德拉埃斯马.记忆的隐喻：心灵的观念史［M］.乔修峰，译.广州：花城出版社，2009：21.

② ZELIZER B，TENENBOIM-WEINBLATT K. Journalism and memory［M］. New York：Palgrave Macmillan，2014：148-163.

③ KITCH C. Pages from the past：history and memory in American magazines［M］. Chapel Hill：University of North Carolina Press，2005.

④ 邵鹏.媒介记忆理论：人类一切记忆研究的核心与纽带［M］.杭州：浙江大学出版社，2016：4，6.

人们关于过去的记忆是由媒体塑造的全球集体记忆的重要构成。著作《论媒介记忆：新媒介时代的集体记忆》一书则探究了媒介记忆的场域并透析了媒介记忆与集体记忆的双向互动。① 人类记忆研究的历程是一条由个体记忆到集体记忆并发展至社会记忆、历史记忆与文化记忆等形态的动态过程②，媒介记忆研究作为媒介研究与记忆研究的交叉领域正方兴未艾。

互联网的迅猛发展带来了数字记忆的出现，媒介记忆成为研究互联网历史的有效路径。③ 关于互联网的媒介记忆，折射着人们对中国互联网的认知，实实在在地描述与认认真真地记录网民使用互联网的线索、故事与情节。④ 媒介记忆正在“发明”中国互联网历史的“传统”⑤，而建立于网民自传基础上的生命故事也在以媒介记忆研究互联网历史中展现出新的力量。吴世文等学者将消逝的网站作为研究网络历史“缺页”的宝贵材料，通过分析250余篇/节网友回忆277个消逝网站的文章，探讨网友记忆什么网站，为何记忆以及以何种方式记忆等问题，呈现出有关互联网历史的替代性叙事，为互联网社会史研究提供了新视野。⑥ 他还通过探究传统媒体和网络媒体在中国互联网10年、20年与30年的“节点记忆”，发现媒介对互联网使用的记忆呈现的是“点块式”而非连续性的历史，提出媒介在以隐喻的方式追忆时间上的“多元中国互联网”。⑦ 艾伦通过分析有关互联网发展阶段的话语（the discourse of versions）对网站进行研究，提出可通过考察网络用户对互联网的日常记忆来研究互联网

① NEIGER M，MEYERS O，ZANDBERG E. On media memory：colective memory in a new media age［M］. New York：Palgrave Macmillan，2011.

② 周颖.对抗遗忘：媒介记忆研究的现状、困境与未来趋势［J］.浙江学刊，2017（5）：158-168.

③ 吴世文，杨国斌.追忆消逝的网站：互联网记忆、媒介传记与网站历史［J］.国际新闻界，2018，40（4）：6-31.

④ 杨国斌.中国互联网的深度研究［J］.新闻与传播评论，2017（1）：22-42.

⑤ 吴世文，何屹然.中国互联网历史的媒介记忆与多元想象：基于媒介十年“节点记忆”的考察［J］.新闻与传播研究，2019，26（9）：75-93，127-128.

⑥ 吴世文，杨国斌.追忆消逝的网站：互联网记忆、媒介传记与网站历史［J］.国际新闻界，2018，40（4）：6-31.

⑦ 吴世文，何屹然.中国互联网历史的媒介记忆与多元想象：基于媒介十年“节点记忆”的考察［J］.新闻与传播研究，2019，26（9）：75-93，127-128.

历史。①

网络自传与媒介记忆都属于互联网口述历史研究的重要组成部分，也是当下互联网研究的前沿方法。这两种研究路径是有所交织的，并非平行关系。互联网使用的记忆（媒介记忆）记录与保存着网民成长中的“重要事件”（网络自传），互联网使用及其转型与这些“重要事件”难以分开，这些“重要事件”或者说是“生命节点”推动着互联网的变迁或转型。因此，对互联网中的“人”的研究显得尤为重要，从人的故事中挖掘与互联网的勾连。在对互联网中的“人”的研究中，我们需要关注不同的个体与群体，也需关注普通网民。作为互联网历史的重要组成部分，网民是真正的“历史的主体”，发现他们，讲述他们的故事，应当是中国互联网历史学的使命与担当。②

本章思考题

1. 简要概述互联网在世界诞生的原因。
2. 分析互联网在推动全球化进程中发挥的作用。
3. 分析网络空间内受众的政治认同是如何被强化的。
4. 列举几种平台经济的类型。
5. 谈谈网民自传在哪些方面补充了互联网历史研究。
6. 思考人工智能时代人的主体性可以表现在哪些方面。

① ALLEN M. What was Web 2.0? versions as the dominant mode of Internet history［J］. New media & society，2013，15(2)：260-275.

② 夏倩芳. 中国网络传播研究：互联网的历史分析［M］. 北京：中国传媒大学出版社，2021：49.

第七章

中国互联网 30 年：一部独立自主的创新史

本章知识要点

◎ Web1.0：中国互联网元年；门户网站；中美互动

◎ Web2.0：网络舆论；博客文化；互联网盈利模式

◎ 移动互联：网络空间命运共同体；网络治理；两微一端

◎ 智能物联：网络安全；生成式人工智能；元宇宙

本书在上一章完成了对互联网历史、理论与方法的梳理，基本建构起了网络文化的知识框架。方兴东等曾指出，互联网作为人类文明的全新成果，其对中国的意义，首先是一部创新史。[①]本章借鉴这一说法，以“一部独立自主的创新史”作为副标题，接续上一章，讲述中国互联网在技术创新方面独立自主的发展及其中关于人的故事。2024年是中国全功能接入国际互联网30周年，中国互联网发展已经渗透到生产生活与学术实践的许多方面，并发展成为一部强大的知识机器，中国互联网的发展从本质上而言是一个充满创新的不断走向人的过程[②]，其历史是由“多元互联网”构成的丰富而复杂的历史。[③]十年是中国人常常纪念的节点，因而30周年对于中国互联网的发展具有重要纪念意义。方兴东等从技术应用的角度，以10年为一周期进行划分，将20世纪80年代至21世纪20年代的互联网发展历史划分为：思想启蒙、Web1.0阶段、Web2.0阶段、移动互联网阶段、智能物联阶段。[④]方兴东等对互联网发展阶段的划分比较具有代表性，因此本章以此作为参考，将中国互联网历史划分为Web1.0、Web2.0、移动互联和智能物联四个阶段，分阶段梳理中国互联网发展进程，以期探寻中国互联网的未来发展之“道”，反思人类网络文明的价值。

---

① 方兴东，潘可武，李志敏，等.中国互联网20年：三次浪潮和三大创新［J］.新闻记者，2014(4)：3-14.

② 苏敏，喻国明.以人为本的成长逻辑：中国互联网发展的第一个25年——基于学术视角的Citespace可视化分析［J］.辽宁大学学报（哲学社会科学版），2019，47(6)：127-141.

③ 吴世文，何屹然.中国互联网历史的媒介记忆与多元想象：基于媒介十年“节点记忆”的考察［J］.新闻与传播研究，2019，26(9)：75-93，127-128.

④ 方兴东，金皓清，钟祥铭.中国互联网30年：一种全球史的视角——基于布罗代尔“中时段”的“社会时间”视角［J］.传媒观察，2022(11)：26-42.

第一节　Web1.0：内容数字化的互联网1.0阶段（1994—1999）

1994年是中国互联网历史元年。1994年4月20日，我国国家计委利用世界银行贷款重点学科项目NCFC（National Computing and Networking Facility of China）工程的64K国际专线开通，实现了与Internet的全功能连接，这是中国被国际上正式承认拥有全功能Internet国家的标志性事件。[①]不过此前，中国互联网已有所萌芽，其作为舶来品从美国引入中国，经历了从“暗渡陈仓”到书面获许，从信息检索到全功能接入的历程。[②]1981年，北京通过传真线设立国际在线检索终端，连接到美国的TYMNET或TELENET，实现与阿帕网相连，进入DIOLOG数据库系统；1986年，中国学术网项目启动，远程访问日内瓦的主机节点，推动互联网在中国的落地、生根与发芽；1987年9月20日，北京计算机应用技术研究所（ICA）发出第一封电子邮件；1990年10月钱天白教授代表中国正式在国际互联网络信息中心的前身DDN-NIC注册登记了我国的顶级域名.CN，从此开通了使用中国顶级域名.CN的国际电子邮件服务[③]；1992年底中科院院网（CASNET）建成，.CN服务器移入该网络[④]；1993年，中科院高能物理所通过卫星链路接入国际互联网，1993年底，中国正式启动建设中国的“信息准高速国道”的“三金工程”，我国网络基础设施建设迈出第一步。1994年4月初，中美科技合作联委会在美国华盛顿举行，中国科学院副院长胡启恒代表中方向美国国家科学基金会（National Science Foundation，简称

① 程涛，吕伟钢.南方周末：互联网经济10年凉热（1994—2004）[EB/OL].（2004-04-22）[2024-05-08]. https://tech.sina.com.cn/i/w/2004-04-22/0849352828.shtml.

② 陈建功，李晓东.中国互联网发展的历史阶段划分[J].互联网天地，2014（3）：6-14.

③ 杨世平.计算机网络原理及其应用[M].贵阳：贵州科技出版社，2004：61-62.

④ 国家互联网信息办公室，北京市互联网信息办公室.中国互联网20年：网络大事记篇[M].北京：电子工业出版社，2014：25-125.

NSF）重申接入Internet的要求，得到认可。[①]了解1994年4月20日全功能连接国际互联网的历史，可以进一步厘清中国在此前所做的独立自主的努力。

创新史的故事还在继续。1995年，中国电信开始筹建中国公用计算机互联网（CHINANET），邮电部电信总局分别在北京、上海设立的64K专线开通，并通过电话网、DDN专线等方式开始向社会提供Internet接入服务，意味着中国互联网向基础设施与公共服务领域扩展。[②]同年5月，北京瀛海威科技有限责任公司成立，主营ISP（Internet Service Provider，互联网服务提供商），10月国内第一家正式在互联网上创办的电子版报刊《中国贸易报》（www.Chinatradenews.com.cn）在人民大会堂举行开播演示[③]，引起国内外同行广泛关注。次年，瀛海威八个节点建成开通，初步形成全国性的主干网，并且随着CERNET建成中国内地第一条通达欧洲的互联网线路，标志着中国在全球互联网占据了更加重要的位置。1996年，中国出台首个互联网管理法规，即国务院签发的第195号令《中华人民共和国计算机信息网络国际联网管理暂行规定》，对外经贸部正式成立中国国际电子商务中心。[④]之后，网易、搜狐、腾讯、新浪网、阿里巴巴以及百度等互联网公司相继成立[⑤]，新华通讯社网站等中央级新闻门户与上海热线等地方门户逐步建立，开启互联网门户时代。[⑥]1997年，主管域名的CNNIC（China Internet Network Information Center，中国互联网络信息中心）在中科院成立。同年，国务院信息办举办“数字化信

---

① 陈建功，李晓东.中国互联网发展的历史阶段划分［J］.互联网天地，2014（3）：6-14.

② 王梦瑶，胡泳.中国互联网治理的历史演变［J］.现代传播（中国传媒大学学报），2016，38（4）：127-133.

③ 巢乃鹏.网络媒体经营与管理［M］.福州：福建人民出版社，2007：6.

④ 中国互联网络信息中心.1994年—1996年互联网大事记［EB/OL］.（2009-05-26）［2024-05-08］. https://www.cnnic.cn/n4/2022/0401/c87-912.html.

⑤ 1997年，丁磊创立网易公司；1998年，张朝阳正式成立搜狐网；1998年11月，腾讯成立，由马化腾、张志东等5位创始人创立；1998年12月，王志东创立新浪；1999年9月9日马云带领18位创始人在杭州正式成立了阿里巴巴集团；2000年1月李彦宏创建了百度公司。

⑥ 方兴东，潘可武，李志敏，等.中国互联网20年：三次浪潮和三大创新［J］.新闻记者，2014（4）：3-14.

息革命报告会”，开启中国互联网启蒙第一课，完成了与国际互联网思想的第一次接轨。1998年，互联网产业的正式主管部门——信息产业部成立。

1999年，中华网在纳斯达克首发上市，这是第一个在美国上市的中国互联网公司，随后新浪、网易等互联网公司相继上市，但并没有与之匹配较为成熟的盈利模式。同年，中央首次提出以现代化信息技术加强和改进对外传播手段，加大对新闻媒体网站建设的力度。门户网站的创建发展促使中国互联网发展第一次热潮来袭，而中国互联网发展尚处于摸索阶段，当时网民规模小，互联网的广告价值也很低。

互联网的Web1.0阶段在我国经历的时间较短，“门户网站”组成这个时期的网络化平台。这些“门户网站”的传播形态主要以静态网页为主，主要提供了包括网页导航、网络新闻、电子邮箱，以及分类搜索等在内的信息服务，其基本逻辑便是将媒体的内容“照搬”到互联网上，以条目的方式陈列在静态网站上供网民检索浏览。不难发现，Web1.0时期的“门户网站”在本质上仍旧保留了内容服务商的媒体属性，缺少对用户社交关系的连接以及分享动力的激励与挖掘。[①]

一种可行的未来主义（actionable futurism）政策愿景塑造了20世纪80年代的科技政策，尤其是发展先进技术的国家高技术研究发展计划（863计划），对中国的经济转型具有重要意义。[②]于中国而言，互联网的发展是一个“请进来”的过程。20世纪90年代，中国处于一个开放学习的阶段。“Across the Great Wall we can reach every corner in the world”（越过长城，走向世界）是中国向世界发出的第一封电子邮件。全球化和信息社会相互交织的过程推动着互联网发展成为全球信息基础设施，而互联网的引入以及门户的兴起便是现代化进程中中国基于自身发展所需，向西方学习，融入全球的真实写照，其发展过程符合中国现代化的需要。中国在全球化浪潮中积极拥抱互联网，通过引入先

① 陈昌凤，袁雨晴.平台演化：中国互联网30年与传播变迁［J］.新闻与写作，2024（4）：15-24.

② GEWIRTZ J.The futurists of Beijing：Alvin Toffler，Zhao Ziyang，and China’s “New Technological Revolution”，1979–1991［J］.The journal of Asian studies，2019，78（1）：115-140.

进的技术、资本、商业模式与理念，快速地推进了国内互联网的发展，并不断探索与互联网发展相配套的发展模式与机制。

第二节　Web2.0：个人数字化的互联网2.0阶段（2000—2009）

2000年，中国移动正式推出“移动梦网计划”，提供接入平台和信息通道，各SP（Service Provider，移动互联网服务内容应用服务的直接提供者）利用这一平台为用户提供信息与应用服务，借此盈利。[①]中国移动的移动增值服务，为中国互联网企业探索盈利模式争取了时间，在一定程度上推动了中国互联网发展，随后携程、盛大以及一批SP上市，手机服务供应商掌上灵通在美国纳斯达克公开上市，成为首家完成IPO的中国专业SP。中国的网民规模也得到扩大，从1997年的62万增长到2005年的1亿以上，中国互联网发展迎来了第二次高潮。

2000年，新浪网在纳斯达克上市，成为中国第一家通过VIE结构在美国上市的企业。2002年，搜狐、新浪、网易等互联网公司开始盈利。一些互联网公司逐渐摆脱对移动增值模式的依赖，通过网络广告、网络游戏、搜索引擎以及电子商务等途径形成日益成熟的盈利模式。中国的网络广告市场、网络游戏市场、搜索引擎市场保持较快的增长速度，互联网已经成为商务交易活动的重要信息流、资金流渠道。2003年，中国电信、中国网通推动的以短信为主的无限增值业务，给各大门户网站带来发展契机。同年，文化部发布的《互联网文化管理暂行规定》开始施行。2004年，阿里巴巴获得8200万美元的战略投资，成为当时中国互联网业最大的一笔私募基金。2005年，是我国互联网进行并购与重组的一年，盛大入股新浪、雅虎与阿里巴巴联盟等[②]，阿里巴巴

① 陈建功，李晓东.中国互联网发展的历史阶段划分［J］.互联网天地，2014（3）：6-14.

② 钟瑛，刘瑛.中国互联网管理与体制创新［M］.广州：南方日报出版社，2006：4-5.

收购雅虎中国；百度在美国华尔街上市，股价涨幅353.85%。同年6月，中国网民规模突破一亿大关，网民开始成为互联网主要的生产者与创造者，博客成为继门户网站、BBS之后的第三大互联网媒体形态。[①]从1994年到2006年，经过基础准备、加速发展、泡沫破灭与可持续发展等阶段之后，中国互联网的商业价值也得到了认可，主要商业模式逐渐确立，市场价值获得突破性增长。[②]中国互联网公司经历了从资本注入、海外上市到电商和游戏行业的快速发展和国际化，展现了中国互联网市场的巨大潜力和全球影响力的逐渐增强，而美国上市的VIE结构成为中国互联网资本运作的基本模式，也成为中美两国股市博弈的支点。[③]

2006年，我国第一个草根新闻网站“直播中国”（www.molive）正式亮相，该网站鼓励人们用数码相机和手机记录生活日常，更新着传统记者的角色。[④]《时代周刊》年度风云人物颁给了所有网民，标志着互联网走向以人为本的互联时代。同年，网络新闻作品首次纳入“中国新闻奖”评选，确立了互联网的主流媒体地位。2007年12月18日，央视国际网络有限公司在北京正式与国际奥委会签约，成为2008年北京奥运会官方互联网/移动平台转播机构，国际奥委会在百年奥运的历史上首次将互联网、手机等新媒体作为独立转播机构，与传统媒体一起列入奥运会的转播体系。互联网开始走进千家万户。

2007年，完美时空、征途、金山、久游等网络游戏公司相继上市。阿里巴巴也在香港上市，市场价值超过250亿美元，首次亮相便超过腾讯与百度两大公司，与老牌门户拉开巨大差距，同时伴随着博客、播客以及维基等新型应用的崛起，中国互联网全新格局初步奠定。[⑤]当年，《国民经济和社会发展信

① 王梦瑶，胡泳.中国互联网治理的历史演变［J］.现代传播（中国传媒大学学报），2016，38（4）：127-133.

② 陈建功，李晓东.中国互联网发展的历史阶段划分［J］.互联网天地，2014（3）：6-14.

③ 方兴东，何可，钟祥铭，等.全球化视角下的中国互联网30年：演进趋势与格局展望［J］.新闻与写作，2024（4）：45-57.

④ 黄健.新媒体浪潮［M］.南宁：广西教育出版社，2011：106.

⑤ 方兴东，潘可武，李志敏，等.中国互联网20年：三次浪潮和三大创新［J］.新闻记者，2014（4）：3-14.

息化“十一五”规划》发布，提出了“十一五”时期国家信息化和互联网发展的总体目标，中国网络治理的主导权转移到国务院新闻办公室，形成多部委联动式治理体系。[①]2008年是中国网络舆论元年，网络媒体在汶川地震、北京奥运会等重大历史事件上表现出独有的优势，网络媒体的地位也从边缘媒体跻身主流媒体的行列[②]，互联网真正成为“中国社会的主流媒体”，成为网络信息传播中不可忽视的主要力量，互联网公益筹款也在同一时期兴起[③]，自下而上的公益力量开始在中国全面崛起。同年，三大运营商正式形成：电信、移动、联通。我国网民数量达到2.53亿，网民数量和宽带网民数量同时超过美国，跻身全球网民第一大国，经历了近半个世纪发展的世界互联网重心发生了转移，中国互联网产业开始全面崛起。

伴随着网民规模的不断扩大，互联网的双面性凸显出来，针对网络出现的问题，政府不断加强对互联网的治理，2009年便成为中国互联网的“治理年”。政府采取了一系列互联网治理活动，国务院新闻办公室等在全国开展整治互联网低俗之风专项行动，中央对外宣传办公室等在全国范围内联合开展深入整治互联网和手机媒体淫秽色情及低俗信息专项行动，十一届全国人大常委会第十二次会议表决通过《中华人民共和国侵权责任法》。当年，工业和信息化部为中国移动、中国电信和中国联通发放3张3G牌照，标志着中国进入3G时代，同时iPhone 3G正式登陆内地，中国第一款智能手机魅族M8正式发售，智能手机代替PC成为中国互联网发展的重要载体，将移动互联网发展推向新高地，中国互联网进入新纪元。2009年也是“双11”网络促销活动的开局之年，自此以后，11月11日成为中国电子商务行业的年度盛宴，交易额逐年增长且增长幅度较大。同年，腾讯成为全球市值第三大互联网公司。

在21世纪的头十年，以博客为代表的Web2.0应用让网民获得了互联网上

① 方兴东，陈帅.中国互联网25年［J］.现代传播（中国传媒大学学报），2019，41（4）：1-10.

② 高欣峰，郑青华.网络与新媒体［M］.济南：山东大学出版社，2022：19.

③ 北京市互联网信息办公室，首都互联网协会.互联网公益影响力［M］.北京：同心出版社，2015：11.

的主体性地位。[①]社会进入“数字时代的民主社会”，社会重心开始由机构向个人转移。博客的传播特点主要表现在个体构成传播中心、内容自由度较高、传播手段相对单一、传播节奏自由以及私人话语空间与公共话语空间界限模糊等五方面。博客以个体为中心，上面其他人的留言、评论都是以博主的帖子为中心，这便使得博主的地位凸显出来，形成了“一对多”的交流模式。如此，博客为个体提供了充分的发表空间与交流可能，使得个人在信息传播及意见表达方面获得了更多主动权，形成了一种“去中心化”的传播。博客也让个体拥有了一个社会化的界面，使得个体在记录社会、影响社会方面拥有了更大力量，博客成为传统知识生产体系之外一个新的知识生产系统，而博客上的民间记录成为官方历史记录的补充，开始致力于构建新的知识生产与传播体系，推动多元文化发展。博客在挑战现实社会话语权中心的同时，自身也在形成新的权力格局[②]，例如，早期知名博主都是知识精英等，中国网民也在这样的文化生态中开展着自己的网络生活。

2008年，中国网民数量超过美国，成为全球网络大国，中国在全球互联网舞台上的影响力进一步增强。中国在全球互联网治理中也开始发挥更加积极的作用。这一阶段，金融危机同时带来了全球互联网产业的危机，而“中国模式”显示出独特的优越性。“汶川地震”和“北京奥运会”成为中外网络媒体关注的焦点，中国在处理危机与大型活动中表现出了出色能力。中国互联网从一味追随和模仿，逐渐发展出具有特色和内涵的中国互联网发展模式。[③]

第三节　移动互联：大众数字化的互联网 2.0 阶段（2010—2019）

以移动互联网兴起为标志，中国互联网进入即时传播时代，SNS网站兴

① 方兴东，何可，钟祥铭，等.全球化视角下的中国互联网30年：演进趋势与格局展望［J］.新闻与写作，2024（4）：45-57.

② 彭兰.网络传播概论［M］.4版.北京：中国人民大学出版社，2017：93-100.

③ 方兴东，何可，钟祥铭，等.全球化视角下的中国互联网30年：演进趋势与格局展望［J］.新闻与写作，2024（4）：45-57.

起，微博、微信[①]等移动社交应用开始进入大众视野。新浪微博采用“大V”策略使其成功成为中国最具影响力的社交媒体[②]，既见证了国内重大事件的发生，还参与到了全球社交媒体浪潮里。2010年，全球互联网用户数量首次突破20亿大关，中国的网民数量超过4.5亿。同年，谷歌退出中国，海外互联网公司在中国市场的份额开始下降，中国互联网的本土特色逐渐凸显，本土公司开始全面主导中国互联网市场。2011年，除了四大门户网站开设微博，国内提供微博服务的网站有50多家[③]，微博在“甬温线动车追尾事故”事件的信息发布与事故救援等方面发挥了前所未有的重要作用。[④]微博用户数量达到2.5亿，微博迅速崛起，成为网民重要的信息获取渠道。根据CNNIC数据显示，随着智能手机的日益普及，截至2012年6月底，手机上网人数首超台式电脑网民数，成为我国国民第一大上网终端。同年，今日头条、天猫、饿了么等软件产品纷纷推出，多样化的互联网应用生态初步形成，涵盖社交、娱乐、生活服务等诸多方面。[⑤]2013年，移动通信基础设施得到改进与突破，云计算、大数据落地成长，工信部正式颁发4G牌照，标志着我国进入4G时代，手机成为人们接入互联网的主要入口。2013年也被称为“互联网金融元年”，互联网企业大规模并购起步，次年并购成为互联网行业的新常态，我国电子商务市场交易额突破10万亿元，信息消费整体规模达到2.2万亿元，成为经济发展的新引

---

① 2011年，腾讯推出通信服务应用程序——微信，一年后推出了一款名为WeChat的英文版，以向国际推广该品牌。从那时起，该应用程序已经提供了主要语言的翻译版，包括西班牙语、俄语、葡萄牙语、土耳其语、日语、韩语、波兰语和印地语等。

② 王梦瑶，胡泳.中国互联网治理的历史演变［J］.现代传播（中国传媒大学学报），2016，38（4）：127-133.

③ 高欣峰，郑青华.网络与新媒体［M］.济南：山东大学出版社，2022：20.

④ 方兴东，金皓清，钟祥铭.中国互联网30年：一种全球史的视角——基于布罗代尔“中时段”的“社会时间”视角［J］.传媒观察，2022（11）：26-42.

⑤ 何心巨，代锐，吴华清.中国元宇宙的发展与治理：对比中国互联网发展历史［J］.产业经济评论，2023（2）：183-197.

擎[①]，互联网行业生态系统初步形成。[②]

2014年被称为“媒体融合元年”，互联网进入新发展阶段。我国成立中央网络安全和信息化领导小组，标志着互联网真正提升为国家战略，在网络治理领域构建起了新的顶层设计。2014年在中国互联网发展史中有着重要的意义，第一次以中国为主场的、以网络空间治理为主题的全球性大会——首届乌镇世界互联网大会开幕，来自100多个国家和地区的政府官员、企业家、专家学者和媒体代表参与了会议。同年，习近平总书记主持召开中央全面深化改革领导小组第四次会议，审议通过了《关于推动传统媒体和新兴媒体融合发展的指导意见》，强调要推动传统媒体和新兴媒体融合发展，要遵循新闻传播规律和新兴媒体发展规律，强化互联网思维，坚持传统媒体和新兴媒体优势互补、一体发展，坚持先进技术为支撑、内容建设为根本，推动传统媒体和新兴媒体在内容、渠道、平台、经营、管理等方面的深度融合，着力打造一批形态多样、手段先进、具有竞争力的新型主流媒体，建成几家拥有强大实力和传播力、公信力、影响力的新型媒体集团，形成立体多样、融合发展的现代传播体系。要一手抓融合，一手抓管理，确保融合发展沿着正确方向推进。[③]与此同时，腾讯与阿里开展移动支付大战，推动中国互联网金融的发展迈向高潮，阿里巴巴成为仅次于苹果、谷歌和微软的全球第四大高科技公司，成为仅次于谷歌的全球第二大互联网公司。[④]随着中国及世界各国互联网的发展，美国主导的互联网治理单极时代走向终结。

2015年，政府工作报告中首次提出“互联网+”行动计划，推动移动互联网、云计算、大数据、物联网等与现代制造业结合，旨在深化互联网与中国经

① 中国互联网协会.回眸历史 迈向未来：纪念中国全功能接入国际互联网20周年［J］.互联网天地，2014（4）：6-12.

② 苏敏，喻国明.以人为本的成长逻辑：中国互联网发展的第一个25年——基于学术视角的Citespace可视化分析［J］.辽宁大学学报（哲学社会科学版），2019，47（6）：127-141.

③ 习近平：共同为改革想招 一起为改革发力［EB/OL］.（2014-08-18）［2024-05-06］. http://cpc.people.com.cn/n/2014/0818/c64094-25489502.html.

④ 方兴东，金皓清，钟祥铭.中国互联网30年：一种全球史的视角——基于布罗代尔“中时段”的“社会时间”视角［J］.传媒观察，2022（11）：26-42.

济各个领域的联系，并为中国互联网企业的全球化提供支持。①同年12月，第二届世界互联网大会在乌镇召开，国家主席习近平出席开幕式并发表主旨演讲，强调互联网是人类的共同家园，各国应该共同构建网络空间命运共同体，推动网络空间互联互通、共享共治，为开创人类发展更加美好的未来助力。同年，中美双方建立了网络对话和沟通机制，中美两国围绕网络问题的冲突开始降温，但围绕网络空间秩序和网络基础设施的中美博弈才刚刚开始。②2015年之后，“Copy from China”模式开始在中国企业中兴起，其基本逻辑是参照在中国市场已被验证过的模式、产品、业务，在海外市场寻求蓝海，亚洲、北美、南美、欧洲和非洲等地都开始成为中国互联网企业市场拓展的新战场，而海外市场则成为附加市场，例如，字节跳动上线海外版今日头条TopBuzz、TikTok作为国际化产品，其“生而全球化”思维和模式让更多新创企业看到了可能，其2020年在全球App Store和Google Play营收超过YouTube、Netflix以及Facebook，直接挑战了美国在科技和文化领域的霸权地位。③

2016年，谷歌公司设计的人工智能“阿尔法狗”（AlphaGo）以4:1的比分击败了围棋世界冠军李世石，全球互联网进入智能物联时代。④2017年，我国第一部全面规范网络空间安全管理的基础性法律《中华人民共和国网络安全法》正式施行，标志着我国网络安全自此有法可依。同年，国务院发布《新一代人工智能发展规划》，正式将“人工智能”提升至国家战略。2018年，微信全球月活跃用户数首次突破10亿，新浪微博月活跃用户增加至3.92亿人。同年11月，新华社发布世界首位以真人新闻男主播为原型的人工智能“AI合成主播”，次年3月，新华社人工智能新闻女主播上线。人工智能开始对新闻行业生态产生重要影响。

① 屠苏.国际传播：沿袭与流变［M］.胡春阳，姚朵仪，译.3版.上海：复旦大学出版社，2022：7.

② 方兴东，陈帅.中国互联网25年［J］.现代传播（中国传媒大学学报），2019，41（4）：1-10.

③ 方兴东，何可，钟祥铭，等.全球化视角下的中国互联网30年：演进趋势与格局展望［J］.新闻与写作，2024（4）：45-57.

④ 方兴东，金皓清，钟祥铭.中国互联网30年：一种全球史的视角——基于布罗代尔“中时段”的“社会时间”视角［J］.传媒观察，2022（11）：26-42.

2019年是5G元年。2019年1月10日，工信部宣布发放5G临时牌照，拉开了中国5G商用建网的大幕，移动互联网再度迎来了网络通信技术的更新换代。华为在西班牙巴塞罗那移动通信展（MWC）发布首款5G折叠屏手机MateX，引发全球轰动，颠覆了智能手机的传统形态和固有样式，引领了移动智能设备的发展潮流。十三届全国人大二次会议的政府工作报告首次出现“智能+”，并明确指出，2019年要打造工业互联网平台，拓展“智能+”，为制造业转型升级赋能。

在21世纪的第二个十年，社交化的大众传播平台不断发展，网络文化形态日益丰富，“两微一端”（微博、微信、客户端）一时兴起，互联网进入移动互联阶段。微博是一种以内容为纽带的社会网络连接，其传播结构是“个人中心+内容关联”，微博传播具有内容上的微型化、传播的移动化、交流结构上的开发性、传播的碎片化以及信息传播与社交有机结合等特点。个人可以在微博上实现自我记录与表达，展现自身的多面性，也可建立自己的社交网络，并从中获取网络社会资本。如博客一样，微博也可以化为重要的知识库或资料库。当微博在中国最热的时候，微信诞生了，且热度很快超过微博。微信将人际传播、群体传播、大众传播三个层级的传播聚合在一起，实现线上与线下的连接，对中国网民的社会化媒体使用带来很大影响。随着App的不断成长与丰富，抖音、小红书等进入大众视野，其传播基于垂直内容的移动化包装，个人可以根据自己的判断与需要，将不同应用组合起来，构建自己的App使用体系。[①]随着移动终端及App的发展，网络视频及直播流行开来，草根网红异军突起，MCN机构也逐渐发展起来。网民的主体性地位不断深化，但也有学者提出反思，算法、大数据推荐等可能导致网民主体地位受到消极影响，积极参与互联网实践的网民一定程度上被异化为数字劳动者。

回溯历史，中国互联网逐渐从一个技术概念延伸为具备经济、政治、社会、文化内涵的重要事物[②]，开始从相对简单的技术革新深入到广泛而深刻的

① 彭兰.网络传播概论［M］.4版.北京：中国人民大学出版社，2017：111-130.

② 陈昌凤，袁雨晴.平台演化：中国互联网30年与传播变迁［J］.新闻与写作，2024（4）：15-24.

社会问题中。“中国模式”的优越性不断凸显，中国在全球互联网治理中发挥着愈加重要的作用。中国举办世界互联网大会，积极参与全球互联网发展治理，深化网络空间内的国际交流合作，促进互联网的全球数字共识。更为重要的是，中国提出构建“网络空间命运共同体”倡议，赢得多国的认可，中国互联网在自身加速发展之余也始终关注着全球互联网的发展，源源不断地为全球互联网发展提供着中国方案与中国智慧。表 7-1 梳理了 2014—2023 年世界互联网大会举办时间及主题，由此可以看到中国顺应科技发展，为世界互联网治理、为建构网络空间命运共同体做出的贡献。

表 7-1　2014—2023 年世界互联网大会举办时间及主题

举办时间	会议名称	会议主题
2014 年 11 月 19 日至 21 日	首届世界互联网大会	互联互通・共享共治
2015 年 12 月 16 日至 18 日	第二届世界互联网大会	互联互通・共享共治——构建网络空间命运共同体
2016 年 11 月 16 日至 18 日	第三届世界互联网大会	创新驱动 造福人类——携手共建网络空间命运共同体
2017 年 12 月 2 日至 5 日	第四届世界互联网大会	发展数字经济 促进开放共享——携手共建网络空间命运共同体
2018 年 11 月 7 日至 9 日	第五届世界互联网大会	创造互信共治的数字世界——携手共建网络空间命运共同体
2019 年 10 月 20 日至 22 日	第六届世界互联网大会	智能互联 开放合作——携手共建网络空间命运共同体
2020 年 11 月 22 日至 24 日	取消第七届世界互联网大会，以世界互联网大会组委会名义举办“世界互联网大会・互联网发展论坛”	
2021 年 9 月 26 日至 28 日	第八届世界互联网大会	迈向数字文明新时代——携手构建网络空间命运共同体

续表

举办时间	会议名称	会议主题
2022 年 11 月 9 日至 11 日	第九届世界互联网大会	共建网络世界 共创数字未来——携手构建网络空间命运共同体
2023 年 11 月 8 日至 10 日	第十届世界互联网大会	建设包容、普惠、有韧性的数字世界——携手构建网络空间命运共同体

第四节　智能物联：社会数字化的互联网 3.0 阶段（2020 年至今）

截至2023年12月，我国网民规模为10.92亿，较2022年12月新增2480万，互联网普及率达77.5%，国家顶级域名“.CN”数为2013万个。互联网宽带接入端口数量达11.36亿个。随着云计算、人工智能、5G等技术的突破与发展，“万物互联时代”到来，全球信息传播秩序将发生颠覆性转变。2020年，中国提出《全球数据安全倡议》，为制定全球数据安全规则提供了蓝本，旨在构建和平、安全、开放、合作、有序的网络空间。云网协同等创新模式为互联网企业进入智慧城市与产业服务提供了广阔的空间，国家发改委将信息基础设施纳入了“新基建”的范畴，更加突出了以人工智能和区块链为代表的新技术基础设施以及数据中心、云计算、智能计算为代表的算力基础设施的重要性。①

区块链以其不可篡改性、点对点传输、共识机制以及分布式存储等特征加强了对用户数据安全性的保障，以技术手段确认了互联网的信任机制。当前，区块链运用于代币发行等领域，能够赋予用户数字资产的所有权，从而勾连现实社会与虚拟赛博空间的经济体，使得这一时期的传播平台具备“可读+可写+可拥有”的性质。区块链技术引发了当前阶段组织架构的转型，去中心化自治组织（Decentralized Autonomous Organization，简称DAO）成为全新的

① 迪克.平台的生态系统：权力与变迁［J］.全球传媒学刊，2023，10（5）：1-3.

人类组织协同方式，将相关的管理规则以智能合约的形式编写在区块链上，在没有第三方或者集中控制的干扰下自主完成任务与项目，真正实现互联网去中心化的结构和理念。①

2021年，“元宇宙”作为一个互联网产业概念受到广泛关注，2021年也被视为“元宇宙元年”。②2021年，被誉为“元宇宙第一股”的Roblox上市后，股价一飞冲天。字节跳动收购虚拟现实设备公司Pico（小鸟看看），投资元宇宙概念公司“中国版Roblox”代码乾坤，还投资视觉计算及人工智能（AI）计算平台提供商摩尔线程和3D视觉技术解决方案的提供商熵智科技等一系列技术支持公司。腾讯参投Roblox的G轮融资，探索游戏与社交更深层次的交互。此外，国内网易、莉莉丝、米哈游、中青宝等游戏公司都有涉及元宇宙的相关布局。③当前元宇宙生态版图逐渐成熟，现有场景入口涵盖游戏、社交、体育、旅游、交易平台等较多领域。④

2022年，国家教育数字化战略行动全面实施，集成上线了国家智慧教育公共服务平台，上线一年多来，平台访问总量超过260亿次，成为世界最大的教育资源库。同年，市场监管总局对知网启动网络安全审查，国家互联网信息办公室依据《中华人民共和国网络安全法》《中华人民共和国数据安全法》等法律法规，对滴滴全球股份有限公司进行进一步规范等。国家网信办也就《互联网跟帖评论服务管理规定（修订草案征求意见稿）》公开征求意见。网络治理不断发展。

2023年，OpenAI推出ChatGPT，微软推出New Bing，百度推出“文心一言”，这些都成为人工智能生成内容（AIGC）领域的重要事件，标志着未来人工智能将重塑内容生产格局。上海报业集团澎湃新闻、湖北日报报业集

① 陈昌凤，袁雨晴.平台演化：中国互联网30年与传播变迁［J］.新闻与写作，2024（4）：15-24.

② 朱嘉明.“元宇宙”和“后人类社会”［N］.经济观察报，2021-06-21（033）.

③ 喻国明，耿晓梦.元宇宙：媒介化社会的未来生态图景［J］.新疆师范大学学报（哲学社会科学版），2022，43（3）：110-118，2.

④ 陈炜然，江雪珍，蓝瑞群.元宇宙场景应用：元宇宙时代的智慧生活新生态［M］.北京：中国商业出版社，2022：18.

团荆楚网和极目新闻、重庆日报报业集团上游新闻等161家媒体官宣接入百度“文心一言”，应用百度智能对话技术成果，打造内容生态人工智能全系产品及服务。[①]7月，七部门联合公布《生成式人工智能服务管理暂行办法》。发展与安全“齐头并进”，引导人工智能在我国良好健康成长。10月，我国正式成立国家数据局，旨在加强数据基础制度与治理体系的建设，在推动数据要素市场化的同时，也积极防止数据垄断的资本控制，以数据要素为抓手，优化信息内容秩序，从而推动数字经济与数字中国建设。同年，《中华人民共和国无障碍环境建设法》正式施行，明确无障碍环境建设与适老化改造相结合，对互联网网站、移动互联网应用程序、智能终端设备及基础电信服务等提出无障碍要求。11月，中美元首会晤并建立人工智能政府间对话，共同商讨人工智能国际治理问题的对策，中美双方就AI治理工作达成共识。

随着技术的不断成熟，互联网愈加服务于人们的日常生活。截至2023年12月，2577 家老年人、残疾人常用网站和App完成适老化及无障碍改造，超过1.4亿台智能手机、智能电视完成适老化升级改造。[②]同年，工业和信息化部、中央网信办、国家发展改革委、教育部、交通运输部、人民银行、国务院国资委、国家能源局等八部门联合印发《关于推进IPv6技术演进和应用创新发展的实施意见》，提出到2025年底，IPv6技术演进和应用创新要取得显著成效，网络技术创新能力要明显增强，“IPv6+”等创新技术应用范围进一步扩大，重点行业“IPv6+”融合应用水平要大幅提升。[③]IPv6的启用，标志着全球互联网发展进入“拐点”，中国也因此迎来了弯道超车的机会，其不仅能使万物互联成为可能，为对接智慧社会提供技术支持，还将打破中国没有根服务

---

① 161家媒体官宣接入百度“文心一言”[J].城市党报研究，2023(3)：51.

② 中国互联网络信息中心.第53次《中国互联网络发展状况统计报告》[EB/OL].(2024-03-22)[2024-05-18].https://www.cnnic.net.cn/n4/2024/0322/c88-10964.html.

③ 中华人民共和国国家互联网信息办公室.八部门联合印发《关于推进IPv6技术演进和应用创新发展的实施意见》[EB/OL].(2024-04-24)[2024-05-18].https://www.cac.gov.cn/2023-04/24/c_1683979081413287.htm?eqid=cb440d71000063a30000000664489a8c.

器的困境。[①]

2024年被称为5G-A商用元年和AI入端元年。2024年2月15日，OpenAI发布了新一代视频模型Sora，该模型可以据文本描述生成长达60秒的视频。在OpenAI官方分享的演示视频中，Sora可以直接输出有多个角色、多种场景的画面。[②]Sora的出现对人工智能的发展具有重大意义，推动了人工智能技术的普及和应用，革新了人机交互方式。[③]Sora的横空出世给互联网企业的发展带来了巨大的挑战与冲击。从ChatGPT的文本生成到GPT-4的识图绘图，再到Sora生成视频，生成式人工智能的出现，全面覆盖了多模态领域。

互联网已经通过开放多元的全球一体化基础设施将50多亿用户成功联网，人类同住“地球村”不是想象，而是变成了事实。[④]不同于早期的互联网硬基础设施，现阶段的基础设施既包括了作为物理存在的社会资源，也包括了参与社会机制的话语生产与现实建构，由人工智能、虚拟现实、物联网、智能计算等构成的技术矩阵，充分展示出此阶段互联网所具备的社会性与生态性。[⑤]不难发现，技术与互联网之间相互交融，促使中国互联网发展迈上新台阶。

正如方兴东所言，中国互联网全球化进入深水区，互联网30年，已经将中国推上了全球化的快车道。互联网在中国的发展不仅改变了中国的经济结构和社会生活，也使得中国更加积极地参与到全球化的进程中。过去30年的互联网全球化始终是以美国为中心的，而如今已经呈现出多元新格局，多中心的全球化成为大势所趋。[⑥]近年来，我国积极参与全球互联网治理，倡导发起《二十国集团数字经济发展与合作倡议》《“一带一路”数字经济国际合作倡议》

① 陈国浪，张煜.互联网技术与应用基础［M］.北京：北京理工大学出版社，2022：58.

② Open AI发布视频大模型Sora［J］.传媒，2024（5）：7.

③ 朱光辉，王喜文.人工智能文生视频大模型Sora的核心技术、运行机理及未来场景［J］.新疆师范大学学报（哲学社会科学版），2024，45（4）：149-156.

④ 方兴东，钟祥铭，李星.互联网元架构：解析互联网和数字时代范式转变的底层逻辑［J］.现代出版，2023（5）：25-39.

⑤ 孙婧.媒介化：共识、分野与中国语境下的研究路径［J］.新闻界，2022（12）：75-90.

⑥ 方兴东，何可，钟祥铭，等.全球化视角下的中国互联网30年：演进趋势与格局展望［J］.新闻与写作，2024（4）：45-57.

《携手构建网络空间命运共同体行动倡议》《全球数据安全倡议》等系列重要成果，持续为全球数字经济发展和网络空间治理、为全球互联网发展和治理体系变革提供中国方案和中国智慧。下一个十年，中国互联网一定会在中国式现代化理论的指引下取得更有突破性的进展，历史等待着我们去书写。

本章思考题

1. 中国于哪一年正式全功能接入国际互联网？
2. 简要回顾中国全功能接入国际互联网之前所进行的探索。
3. 解释“门户网站”的概念并列举几个例子。
4. 谈谈博客与微博的异同。
5. 论述网络空间命运共同体理论。
6. 简要回顾中国互联网发展至今的四个历史阶段。

第八章

青年亚文化：Z 世代与新媒介

本章知识要点

◎ 历史：亚文化发展史；商业收编；Z世代

◎ 娱乐：网络音乐；网络流行语；网络游戏

◎ 社交：搭子文化；匿名社交；弹幕社交

◎ 情感：网络文学；佛系青年；潮玩文化

美国心理学家埃里克·H.埃里克森（Erik H. Erikson）曾说："在任何时期，青少年首先意味着各民族喧闹的和更为引人注目的部分。"[①]本章所要介绍的青年亚文化正是当下最"喧闹"和"引人注目"群体的文化，对该文化的解读，有助于理解当代青年群体的成长及其与社会时代的丰富互动。中国于1994年正式全功能接入国际互联网，经过了30年的发展，互联网已经全面融入人们的日常生活，而与互联网共生的Z世代恰好是当下青年亚文化的主体。本章在第一节将从全球视野出发，梳理青年亚文化在西方国家演进的历程、与政治经济发展的互动，并概述这一研究领域的理论方法等。本章第二、第三、第四节从娱乐、社交、情感三个维度展开，全面描绘中国青年亚文化图景。这三节不致力于理论探讨，而是以弹幕文化、匿名社交、网络文学等具体媒介现象入手，展示青年亚文化的复杂性和丰富性，借此考察青年一代的社会心态与情感结构。

本章所探讨的青年亚文化在理论与方法上与第二、第三章有充分承接关系，作为文化研究的重要部分，青年亚文化研究尤其强调青年对媒介的自主使用及其对媒介文化的自主解读，因此，本章内容可以被视为第二章中文化研究学派理论的案例展示。同时，第三章所介绍的文本分析法、网络民族志也正是读懂当代青年文化的重要路径。青年亚文化的发展是传统媒体向新媒体演进的缩影，因此，电视文化（第四章）中选秀节目、电影文化（第五章）中"愤怒青年"形象等，都可以在青年亚文化知识框架中解读。第六、第七章所介绍的网络文化及中国互联网发展史，正是由网络支撑起的青年亚文化的研究基础，而第九章的全球文化更是描绘青年亚文化整体图景不可缺少的视角。可以说，本章内容在历史维度上勾连了传统媒体与新媒体，在全球文化谱系中补充了中

① 埃里克森.同一性：青少年与危机［M］.孙名之，译.杭州：浙江教育出版社，1998：12.

国青年的研究，同时立足中国互联网发展史及Z世代代际特征两大特点，展示了中国青年文化的独特画面。

第一节 历史回访：新媒体与青年亚文化

一、历史回访：全球视野中的青年亚文化

青年亚文化作为一种文化现象，是指在主流文化之外，由年轻人创造和传承的具有独特精神内涵、行为模式、生活风格和审美趣味的文化形态，其发展历史可追溯至20世纪中期的欧美国家。本节将首先致力于以全球视野回访历史，考察青年亚文化的形成与所处时代政治形势、经济发展、社会状态等因素的高度互动，在不同国家和地区表现出的不同形式和特点。其中，中国的青年亚文化不仅深度融合于全球青年亚文化中，也基于本土实践表现出独特的面向。

青年亚文化在美国的诞生起源于第二次世界大战后，这与当时的政治、经济形势紧密相关。美国通过在战争中积累的大量财富推行新经济政策、构建新经济体系。在国内，美国政府对私营企业实行优惠税率、以“科技革命”为导向投资现代化公共设施、重大科研项目等新科技产业部门；在国外，美国则通过“布雷顿森林体系”和“马歇尔计划”助力其经济扩张，确立美元霸权地位。在两者的共同作用下，美国的国民生产总值在1955年至1968年间以每年4%的速度增长，西方经济学家称此为“黄金时代”。经济的繁荣极大刺激了消费，但物质主义和消费文化也随之而来，“垮掉的一代”（Beat Generation）[1]便在此社会背景下诞生，以杰克·凯鲁亚克（Jack Kerouac）等为代表的作家和诗人强调，倡导消费的生活方式缺乏精神和情感深度，麦卡锡时代美国政治所强调的反共主义和道德上的清教徒主义更是限制了个人自由和表达权利。

① “垮掉的一代”是20世纪50年代美国的一个文学和思想运动，这个群体以反对当时美国的主流价值观、倡导个人自由和精神探索而闻名。

正如有研究指出，“他们把生命变成了一种商品，一切都是为了销售”，“警察是国家的疾病，他们像癌细胞一样扩散，直到社会完全腐烂”。在“垮掉的一代”标志性作品《裸体午餐》（*Naked Lunch*）中，威廉·巴勒斯（William Burroughs）对当时社会结构的异化与国家机器的权威进行了深刻批判，并通过极具解构主义色彩的表达方式描述了一个毒瘾患者的暴力、妄想与堕落，借此对传统的社会、文化和道德规范提出了挑战。在美国，青年亚文化初始是以一种消极的心态激烈反抗着社会的不公，主张反主流文化、追求自由和精神解放。①

不同于美国的向前发展，第二次世界大战后的英国社会经历了显著的挑战与变化。英国在工业革命中的发展滞后使得其竞争力大幅下降，1953—1963年，英国平均年增长为2.6%，而整个资本主义世界为5.6%，其中法国为4.6%，20世纪50年代英国工业增长率只有法国的一半。除此之外，在海外殖民地的丧失、世界经济格局的重构等国际形势变化与保守经济政策的失误、福利制度的负担等国内政治困境共同作用下，英国进入了经济衰退期，由此便衍生出高失业率、通货膨胀等社会问题。此时，一群穿着紧身裤与马甲外套、踩着厚底布洛克鞋、梳着鸭屁股头（Duck's Arse）的青年开始频繁出现在大街小巷，他们听着摇滚乐在街头日日闲逛，由于他们特别喜欢穿经改造的爱德华七世的服装，因此也被称为“泰迪男孩”（Teddy Boys）②。泰迪男孩的着装风格与体面的工人格格不入，他们也时常与暴力和街头斗殴联系在一起，因此，他们的形象在媒体上常是负面的、与“无业游民”相关联。在结构性原因的驱使下，他们的出现标志着英国“战后一代”对战后压抑的社会和父母价值观的反叛。

20世纪40年代至60年代，“垮掉的一代”体现的反抗传统、颠覆社会的思想正是青年亚文化叛逆表征的起源。在中国，青年亚文化起源于改革开放后海外文化流入时期，20世纪80年代的青年人身处结束动荡、思想启蒙的时代，在过去与未来的交织中，他们憧憬美好且自由的生活，也恐慌着未知的世界。

---

① 巴勒斯.裸体午餐［M］.马爱农，译.北京：作家出版社，2013.

② 1953年，《每日邮报》把“爱德华式”简称为“Teddy”。

知青一代面临着想回城与滞留农村的现实矛盾，感受着少年不得志的痛苦，现在他们更像身处迷雾中，不知身在何处也不知该去何方，以往的压抑情绪在此刻融汇为迷茫与苦闷，当这些情愫与西方传播进来的摇滚乐等流行文化相结合时，青年人便化身为“呐喊”的愤青。此时，黑豹乐队主唱充满撕裂感的声音完美唱出了青年人对前方的向往及对过去的舍弃，赋予了中国愤青最鲜明的身份特征：以浪漫、无畏的理想主义精神建构想象中的乌托邦，以直接、简单的表达面对不公，反抗权威。

在《亚文化：风格的意义》一书中，赫伯迪格将亚文化定义为从属群体挑战主流文化霸权的表现形式。[①]正如“垮掉的一代”“泰迪男孩”“愤怒青年”共同表现出的叛逆与批判的感情色彩一样，青年亚文化主体强调特立独行，他们向往精神上的自由与纯净，因此，其反感社会潜在规则、蔑视权威，由此来看，青年亚文化在诞生之初便隐含着愤怒的情绪。

二、商业转向：电视媒介对亚文化的“收编”

除了深受历史、政治、经济、社会因素影响，媒介技术的演进，也是形塑青年亚文化风格的原因。随着电视从小众化到大众化、从黑白到彩色的技术性发展，其产业化结构也在不断完善，电视节目实现了市场化，以内容生产为核心的节目制作与发行成为独立的产业环节，曾经作为提高审美的高雅文化的电视节目如今变成了可供交换的商品。本书已经在第二章重点讨论了伯明翰学派的观点，其“收编”概念在讨论青年亚文化时得到充分验证。青年亚文化被收编主要有两种情况：意识形态收编和商业收编，不同于意识形态收编，商业收编表现得更加渗透式与隐性化。基于媒体关注、商品化和规范化的商品整合过程，电视传播的亚文化成为本雅明所说的“灵韵”的消失，精英文化与大众文化间的界限逐渐模糊，商业与艺术间的关联更加紧密，文化成为消费社会中的重要组成部分。

---

① 赫伯迪格.亚文化：风格的意义［M］.修丁，译.桂林：广西师范大学出版社，2023.

嬉皮士（Hippie）最早是被用来描写西方国家20世纪六七十年代反抗习俗和当时政治的年轻人，这一名称通过《旧金山纪事》的记者赫柏·凯恩普及。但当这个反主流运动开始对主流社会产生影响时，媒介产业便开始评估其市场潜力，于是，嬉皮士被割分为一个个文化符号出现在电视上，自由恋爱、反战等嬉皮士精神内核成为电视节目的内容，宽松的服装、长裙、皮夹克、羽毛装饰等形象元素出现在节目空隙的商业广告中，杰斐逊飞机（Jefferson Airplane）、感恩而死（Grateful Dead）等颇具迷幻风格与嬉皮士特征的乐队在电视音乐节目中不断涌现。通过强化与反复播放，电视产业赋予了嬉皮士元素以商业意义，而受众在观看电视节目时也并非单纯享受新文化形态所带来的审美满足，而是期望通过关注嬉皮士这个流行风格来获得个体的身份认同。此时，嬉皮士由实体的社会反抗主体转化为虚拟的象征符号，它代表的是时髦、前卫的生活方式与文化认同。

青年亚文化与电视商业化的互动现象同样出现在中国，表现在电视偶像的发展历史中。我国电视事业自20世纪50年代起步，然而由于政治、经济等社会结构问题，发展十分缓慢，直至20世纪70年代末，电视才作为日常产品出现在家家户户中。1985年，中国电视机产量已达1663万台，仅次于日本，成为世界第二的电视机生产大国。作为文化传播的重要载体，电视的普及大大推动了中国媒介文化的发展，电视偶像则具体地启蒙了中国的青年亚文化。回看中国电视偶像的历史：1983年第一届CCTV“春节联欢晚会”不仅正式开启了春晚这一全国仪式性节目，也成就了第一档建构偶像的电视节目，主持人倪萍等建构起了青年人对偶像的最初认知；随后大量的娱乐综艺如《正大综艺》等，不断成为制造明星偶像的节目，“明星+表演+游戏”的节目形式实现了明星产业的初步成长；1998年央视开播的《幸运52》则以“观众+答题+奖励”的方式推动了后台观众的前台化，促使了电视偶像从“小众明星”到“大众参与”的转变；2004年播出的《超级女声》以“海选+大众投票+影视歌三方资源供给”的方式构筑了一套成熟的商业造星机制，观众从单纯的看客变为参与偶像建构的支持者，而当素人速成明星的蜕变过程暴露在大众眼前时，明星与大众间的距离被拉近，电视偶像成为青年群体的文化向往。

区别于西方基于文化形态的商业“收编”，中国青年亚文化的商业化主要是以人为核心，利用电视媒介而进行的、从零开始的商品制造。此外，不同于西方主流文化对青年亚文化所持的一贯的改造与融合的态度，最早的中国电视偶像生产强调的是主导型、支配型文化生产，直至诸如《超级女声》等竞秀类节目出场后，街舞、饶舌等反叛风格强烈的形态才开始成为电视媒介文化的核心。此时，依托于草根化、时尚化的青春电视偶像获得了青少年的心理认同和经济支持。建构电视偶像的背后，电视产业获取了年轻受众的关注，得到了经济效益，而受众在草根翻身成为明星的展演过程中获取了情感满足。两者各自满足，共同推进了青年亚文化的商业化进程。

正如本书第二章所论述的“受众商品论”理论，在电视媒介产业中，媒介与受众、资本三者间形成了巧妙的经济关系，受众付出时间与精力，通过劳动的方式收获了短暂的快感，媒介将受众的注意力“打包”售卖给资本，通过转移的方式收获了客户，资本再造新的亚文化形态吸引受众，通过内容制造的方式收获了金钱。于是，一代又一代的电视偶像及其所代表的时尚符号也持续性更新着，促使一代代青年不断为消费符号买单。

三、Z世代：青年亚文化的文化变迁及理论演进

本章题为“理解Z世代”，“Z世代”正是当下青年亚文化的重要主体。Z世代指出生于1995年至2009年间的一代人。从代际经历看，这一代人被称为“互联网原住民”，从出生就开始接触和使用互联网，据统计，Z世代平均每天在线时间超过5.6小时。他们引领了新潮流，创造了亚文化，他们获取信息、社交娱乐、消费决策、工作学习的方式更具有互联网特征，倾向于个性化、沉浸式、开放式体验。[①]基于这一特点，本章将以Z世代的娱乐、社交、消费为题展开讨论，考察互联网如何形塑了新生代的文化，由此获得的知识将极大丰富关于“新媒介与亚文化”的研究谱系。在开始正式描摹Z世代文化图谱之前，

① 栗建.元宇宙营销：认知、方法与实践［M］.北京：机械工业出版社，2022：69.

以更宏观的理论视角考察青年亚文化在新媒体时代的文化变迁与理论演进，是十分必要和迫切的。

电视时代之后，互联网逐步兴起与发展，其丰富的内容生产与交流渠道为青年亚文化的转向提供了新的平台和机会，“新媒介与亚文化”成为学界重要研究议题。新媒介所展现出的移动化、去中心化、互动性、即时性等技术特性创造了多元、开放的文化空间。一方面，移动化与去中心化相对平等地为不同职业、不同性别、不同年龄的网友提供了同样的表达权，新媒介不依赖于传统的中心化的媒体机构，它鼓励用户生成内容（User Generated Content，简称UGC），并允许小众群体形成、维护自己的社区。于是，在后台匿名的网络空间中，青年亚文化得以实现基于共同兴趣的分化与发散。另一方面，即时性与互动性为青年亚文化实践提供了多样化的表达方式与传播手段，青年主体可通过视频、图片、文字、H5等多种融媒体手段全方位展现其文化特性，如近年在中国兴起的表情包文化就是以“文字+图像/视频”的方式进行幽默或讽刺的情感表达，通过病毒式的复制与分享，一个表情包可以快速在社交媒体上传播。

与此同时，青年亚文化的整体形态也从“实体化生存”全方位转变为“数字化生存”，当“刷热搜”“看视频”“网络群聊”等数字实践成为大量青年群体的日常活动时，新媒介平台已然成为青年亚文化新的核心场域。根据中国社会科学院新闻与传播研究所与社会科学文献出版社联合发布的《青少年蓝皮书：中国未成年人互联网运用报告（2023）》[①]显示，未成年人互联网普及率几近饱和，显著高于76.4%的全国互联网普及率。此外，2006年每日上网的未成年人仅占比11.0%，而2020年每日上网的未成年人达到了57.7%，2022年这一数值则增长至70.8%。可见，“数字生活”已经成为中国青年表达自我与连接世界的新舞台。

青年亚文化伴随媒介演进不断实现理论更新，“新部落”（New Tribalism）[②]

① 方勇，季为民，沈杰.青少年蓝皮书：中国未成年人互联网运用报告（2023）[M].北京：社会科学文献出版社，2023.

② 马费索利.部落时代：个体主义在后现代社会的衰落[M].许铁冰，译.上海：上海人民出版社，2022.

这一概念成为对传统亚文化理论的补充和拓展。传统亚文化理论或从文化本体出发，强调其超越交流意义的反抗与差异的文化，或以社会结构的宏观视野为起点，批判亚文化发展中的过度经济化倾向。然而，随着技术与社会的变革，青年亚文化发生的文化场景及青年亚文化主体的生活方式发生了极大转变，“新部落”的概念便是在这样的背景下应运而生，它指的是现代社会中通过共同兴趣、价值观、生活方式或经验形成的紧密社会群体。新部落为成员提供了一种文化身份和认同感，在以网络社交为联络方式的互动中，部落成员共享同一套价值体系及网络语言系统。值得注意的是，新部落的成员身份不是唯一的，青年以网络游民的行动模式游走于不同的虚拟部落中，并构建起差异性的成员身份与个性化认同，流动性是青年亚文化在新媒体时代表现出的新表征。例如，ACG文化便是在流动性前提下出现的亚文化形式，ACG文化爱好者在动画（Animation）、漫画（Comics）与游戏（Games）三者间不断流动，在融为一体的同时保留各自差异，探索新的可能性和表达方式。

当下青年亚文化开始与传统模式渐行渐远，一群年轻人通过共同生活方式、时尚、音乐和语言表达对主流文化的反抗的趋势正在逐渐消失，青年亚文化迎来了“后亚文化时代”（Post-Subculture Age）。在后亚文化时代，娱乐与狂欢是文化的最大功能，基于符号消费的流动的、分散的体验是文化的主要特征，受众在不同非真实的网络场景中接受模拟和仿像的内容，文化不再有自主的发展性，它受制于虚拟符号的控制。换言之，技术复制使得媒介内容以漂浮于现实的状态存在，甚至文化生产已经不再与现实有关，而是基于网络内容的再创与重现，这使得后亚文化时代的青年主体对现实生活的态度与看法更依赖技术逻辑，获得满足也是想象的感受。

值得反思的是，新媒体时代下的青年亚文化往往更关注转瞬即逝的内在感觉，而非具有现实意义的反思或行动指南。面对无法呈现真实图景的媒介世界，青年们难以形成完整的、有逻辑的系统性认知，也就难以看到符号表象下的结构性困境，而当商业资本利用其技术优势构建出一个消费社会的乌托邦时，青年们会将此错认为现实社会的状况并沉溺其中。由此，他们不仅模糊了主流文化与非主流文化间的界限，更消解了主体与现实间的实在性联系。

第二节　Z世代的娱乐：新媒介带来的“使用与满足”

一、网络音乐：亚文化资本的多重转化

网络音乐是指依托于互联网或移动互联网产生的数字化音乐作品。在移动设备成为日常生活用品的当下，网络音乐成为音乐产业的支柱。根据《2024中国音乐产业发展总报告》显示，2023年网络音乐用户规模达7.26亿，占网民整体的67.6%。主要数字音乐平台的付费用户数量和付费比率均迎来了两位数的增长，年轻用户群体对个性化、高品质的音乐内容需求不断增长，短视频平台强势入局音乐流媒体服务。[①]网络音乐已经越来越成为青年亚文化的重要组成部分。当下较为流行的嘻哈音乐于20世纪80年代左右传入中国，90年代中期在中国经历了“地下音乐”的小众传播阶段，直至2017年网络音乐综艺《中国有嘻哈》的出现，嘻哈文化才进入了大众视野。可以看出，网络音乐使小众的亚文化音乐形态实现了大众化转型，同时也实现了新型资本积累。

文化与资本是后现代两个关键词，法国文化社会学家皮埃尔·布尔迪厄（Pierre Bourdieu）首次将这两个关键词结合在一起，提出著名概念“文化资本”。皮埃尔·布尔迪厄将资本分为社会资本、文化资本和符号资本，文化资本像一种个人资产，可以像经济资本一样来做交易，但未必能还原为经济资本，文化资本说到底，是社会地位的象征。[②]萨拉·桑顿（Sarah Thornton）提出，亚文化群体有着“亚文化资本”。具体来说，亚文化资本赋予了青年人在他们群体中的地位，这种资本通过客体化的形式（如听歌时长、服装等）展现

① 孙海悦.《2024中国音乐产业发展总报告》显示 去年中国音乐产业总规模超4695亿元［EB/OL］.（2024-06-12）［2024-07-05］. https://www.chinaxwcb.com/2024/06/12/99843504.html.

② 陆扬，王毅.文化研究导论［M］.3版.上海：复旦大学出版社，2022：271.

具身化的内核（如品位、知识等）。[①]相较于“文化资本”关注资本间的转化，“亚文化资本”更关注青年亚文化群体内部的层级结构与身份认同。

对亚文化群体来讲，“风格”是其与其他群体区分的标杆，也是其拥有“亚文化资本”的标志。如短视频音乐强调轻快、加速的风格，嘻哈音乐强调保持真我、节奏感强烈的风格，对不同网络音乐风格的偏好使青年分散成了一个个界限清晰的亚文化群体。这种以趣缘为基础的群体聚合最大限度地提高了个体创立结构化社群的积极性，推动群内成员持续关注某一特定风格并实现从追求风格到文化消费的转化，最终使群内成员在此过程中收获身份认同感及群体归属感。强链接的趣缘群体本身也是亚文化资本转化为经济资本和社会资本的加速器。“风格”的消费是群体内成员建立身份认同、构建和趣缘群体成员关系的重要途径，也是凝聚成员力量、推动群体资本转化不可缺少的一环。以嘻哈音乐为例，嘻哈歌手会保持一定的社交平台更新频率，以此提高个体在群体内部的曝光度，而更新内容中无意或有意暴露的服装、首饰等都会成为群体成员的追捧对象，通过消费与群体内顶层人物相同的商品，趣缘群体从此获得商品所蕴含的符号价值，通过符号确认自身身份，建立群体认同感。在此过程中，个体的商品消费被累计进群体的集体消费，异质性被同一性所遮盖，群体的亚文化资本得以积累。此外，嘻哈音乐综艺中“全民公投”的投票赛制也使得趣缘群体直接介入亚文化资本的转化过程中，通过拉票、转发等形式，趣缘群体不断向各自的“弱关系网络”推广亚文化，而在此过程中为嘻哈歌手引进的人气、关注等都转化为其自身的亚文化资本，借助大量的资本拥有，嘻哈歌手可以通过广告代言、综艺参与等形式向主流社会换取社会资本与经济资本。

除了趣缘群体，由主流媒体、自媒体等组成的完整的文化工业体系也促进了亚文化资本的流动并奠定了亚文化资本向其他资本转化的基础。值得注意的是，在如今“人人都有麦克风”的媒介环境中，亚文化爱好者不再作为“被建构”的群体存在于话语空间中，他们积极参与进亚文化风格及意义的创造与解读中，各种以UGC为核心模式的社交媒体成为他们的舞台，通过文字、图

① 杨小柳，周源颖．“亚文化资本”：新媒体时代青年亚文化的一种解释［J］．中国青年研究，2018（9）：91-98.

片、视频、音乐等多种形式，亚文化群体积极参与亚文化的生产与传播，创作者可通过音乐平台发布自编歌曲吸引受众。亚文化爱好者还可以通过传播亚文化知识、传递亚文化精神等方式挖掘亚文化内涵，两者的共同作用使得趣缘群体不断扩大。此外，通过亚文化创作者与商业媒体的合作，众多亚文化群体不仅积累了大量的亚文化资本，还实现了亚文化资本进一步向社会资本和经济资本的转化。以视频网站综艺《说唱新时代》为例，其首先以自身视频平台为起点，在自媒体博主中招募参与者，然后通过专业的拍摄手段及剪辑手法将参与者"包装"为"准明星"，并在此基础上传播嘻哈音乐中所蕴含的文化魅力，吸引更多网络青年的讨论与关注。

总的来看，在多元主体构成的网络社会中，网络音乐的资本转化依靠的是各方的协商与互助，正如布尔迪厄所强调的那样，社会资本是来自体制化的认可。由上述可知，这体制化的认可包含"自上而下"和"自下而上"两方面，既指主流场域给予的网络音乐的生存空间，也指网络受众对网络音乐的关注。此外，在利益驱动下，各方主体都在不断推动着资本转化的加速，而在资本转化的过程中网络音乐主体仍在不断吸引着趣缘群体的加入，资本转化机制开始不断循环。

二、网络流行语：身份认同与社会心态变迁

从学术角度看，网络流行语的研究涉及多个学科，如语言学、社会学、传播学等。不同的学者从不同的专业视角切入，试图将网络流行语放入特定学科框架中进行讨论，由此获得的差异化定义为理解网络流行语的多面性带来启发，使之呈现出多元化、流动化的特点。对于网络流行语中"流行"一词的界定，《辞海》将"流行"定义为迅速传播或盛行一时。"流行"主要满足两个条件：一是横向的传播广度，二是纵向的传播速度。只要达成其一即可被认定为"流行"。两个满足条件共同指出的是"流行"的突出性特征：转瞬即逝，即"流行"永远代表着新鲜，新的流行语不断覆盖着旧的流行语，而旧的流行语或淡出大众视野或成为经典永存人心。

关于网络流行语中的另一个关键词“语”，何庆敏认为，网络流行语不能被称为一种“网络语言”，语言是一种系统化、规范化的符号体系，而网友在创作网络流行语时往往随心所欲，并不遵循语言逻辑，网络流行语用“网络言语”来称呼更为恰当。[①]由此来看，网络流行语的“语”包含范围极广，只要能够在某种语言环境中达成理解与共识，即可被视为网络流行语。马中红、杨长征等在《新媒介·新青年·新文化：中国青少年网络流行文化现象研究》[②]一书中对网络流行语的内涵进行了综合性概述，其强调当下的网络流行语是指以青少年为主的广大网民通过自发创造、借用或改造固有词汇等方式而形成的在一段时间内广泛传播于网络空间，并对现实社会产生一定传播力和影响力的词语、短句、语体等。简单来说，网络流行语是由以青少年为主的网民对不同的词语进行组合、创造或改编后，实现短时间内快速传播的言语。

随着互联网技术的不断进步和普及，人们的信息交流方式发生了根本性的变化，信息传播速度的不断加快、交流平台的持续迭代、用户参与度的逐步提高等，都使得网络流行语在时代的洪流中不断演变。中国于1994年正式全功能接入国际互联网，早期的网络流行语仅仅是部分城镇年轻居民确认自身“时尚”地位的身份认同工具，当时传播的主要平台包括BBS论坛、网上聊天室等网络社区，因此，“斑竹”“马甲”“沙发”“菜鸟”等基于社区内部角色认知的单个词语构成了当时网络流行语的主体，这些词语也充分体现着鲜明的时代特色。

在2004年由O’Reilly Media和Medialive公司共同举办的一次头脑风暴会议上，“以用户参与”为核心的Web2.0概念得到推广并开始被大众所接受，“社交媒体时代”到来，中国也由此迎来了网络流行语的井喷式发展。在这一阶段，源自社会热点事件的网络流行语占比最高，“俯卧撑”“范跑跑”“不管你信不信，反正我信了”等一系列反讽形式的网络流行语出现，媒体文化也因此发挥了舆论监督权力、推动社会治理的重要作用。

---

① 何庆敏.谈网络用语［J］.中国成人教育，2007(24)：123-124.

② 马中红，杨长征.新媒介·新青年·新文化：中国青少年网络流行文化现象研究［M］.北京：清华大学出版社，2016.

在抖音、快手等短视频应用流行的今天，流行语体系愈发丰富，既有与个人生活息息相关的社会话题，如在高强度社会节奏下出现的“996”“世界这么大，我想去看看”“躺平”等，又有以娱乐为目的的影视剧、动漫及网络游戏造“梗”出来的流行语，如“大橘”“吃鸡”“爷青结”等，还有基于短视频内容的改造与再定义，如“拴Q”“集美”“脆皮大学生”等。网络流行语是网络文化的重要组成部分，既是网民沟通交流的语言载体，也是网民群体心理变迁的体现。从出现初期到如今，网络流行语特征的流变也正是青年亚文化不断转变的缩影，2013年前的网络流行语主要是针对公共问题的批判，如2009年火爆的“楼脆脆”“楼坠坠”“楼歪歪”等“楼××”网络流行语就是通过讽刺的方式对房屋安全问题表达不满，2013年后的网络流行语则更强调其娱乐功能，趣味成为网络语“流行”的重要属性，如“烙铁”“汗流浃背了吧”“神金”等都展现出网民从反映社会问题到调侃生活趣味的心态变化。

如今，网络流行语的使用与传播更成为身份认同的一种表达形式，帮助个体在网络中寻找并融入特定圈层或群体。网络青年通过语音语调变异、缩略、比喻等手段对词汇、句法等改造，随后在社交媒体或短视频平台上传播，在此过程中基于情感、心绪的个体认同被发展为集体认同。网络流行语也开始从传播工具变为身份认同的标识，从而确立了不同群体的隐形边界。以共同趣味为基础的网络流行语形塑了多元化的身份空间，构成一个个虚拟部落。

三、网络游戏：虚拟空间中的多元体验

《2023年中国游戏产业报告》在2023年度中国游戏产业年会上发布。报告显示，2023年，国内游戏市场实际销售收入3029.64亿元，同比增长13.95%，首次突破3000亿元关口；用户规模6.68亿人，同比增长0.61%。[①]相较于电脑端网络游戏的设备限制与地点限制，移动手游能为大多数用户提供随时随地的

① 国内游戏市场收入首次突破3000亿元 用户规模6.68亿人［EB/OL］.（2023-12-18）［2024-05-18］. https://baijiahao.baidu.com/s?id=1785589031068151097&wfr=spider&for=pc.

游戏互动，网络游戏开始从小众走向大众，开始成为一种文化现象，不仅为青年提供了娱乐休闲方式，也为他们提供了一个舒缓压力、构建社会关系及创造共同记忆的虚拟平台。

高速的社会发展在为青年带来大量机遇的同时也带来了挑战，他们面临着教育压力、就业压力、经济压力等多方面困境，网络游戏则为青年提供了一个情绪出口，一个在虚拟世界中重塑自我的空间。正如约翰·赫伊津哈（Johan Huizinga）强调的那样，游戏的特点在于没有时势的必需和物质的功利，其情绪通常是欢天喜地、热情高涨的。[①]网络游戏提供的是一个平等性与个性化兼具的虚拟世界，在进入网络游戏世界后，用户可自行选择角色形象，角色的身高、表情、衣物、职业等都由玩家自行搭配，在此过程中用户可在游戏规则内最大化满足自身喜好。此外，绝大多数网游都有着显而易见的二元规则，即胜利—失败的结算制度，这样的判断标准在很大程度上脱离了现实中复杂因素的制约，使不同社会地位的用户位于同一起跑线上，不论现实中是拥有万贯家产的企业家，还是身无分文的人，都需要遵守游戏本身的规则，而这个输或赢的结果基本不取决于现实经济条件。同时，多元化的战斗模式使得用户总能找到“赢”的空间，如移动手游《蛋仔派对》中便存在着五种游玩方式：休闲模式、巅峰模式、娱乐模式、乐园模式、挑战模式。用户可自行体验不同的玩法并选择适合自己的方式，最终实现其满足感的内容。

许多网络游戏都需要玩家之间的沟通和协作来完成游戏任务，通过共同的游戏体验，玩家之间可以建立深厚的情感联系，而这种共同体验将成为他们社交关系的基础。以手机游戏《王者荣耀》为例，《王者荣耀》设计了一套从“陌生人（组队队友）”到“弱关系（游戏好友、战队队友）”再到“强关系（微信好友）”的社交关系建立过程，由此玩家可跨越时空结交线上好友。在身份和角色匿名化的游戏环境中，玩家之间选择交友的标准是游戏能力或角色功能，相较于线下交往，网络游戏交友带来了更单纯无功利的友谊。此外，游戏的社交化取向也为现实生活中的好友提供了新型的连接方式。一方面网络游戏

① 赫伊津哈.游戏的人：文化的游戏要素研究［M］.傅存良，译.北京：北京大学出版社，2014.

可以强化玩家现有的社交网络，即通过游戏使玩家与远在千里之外的好友维系情感，也能够为玩家提供与普通朋友相识的机会，如《王者荣耀》通过与微信、QQ等通信类应用建立合作，构建游戏与社交间的互通渠道，玩家可以通过邀请在线好友一起游玩等方式实现游戏社交的目的。相较于传统社交媒体，网络游戏能为玩家提供一个虚拟的视觉体验，而这种视觉体验本身便可作为交谈资本促进玩家与玩家之间的互动。王水雄指出，"游戏网络化真正让多种多样的、过去只有'相聚'在特定时空情境下才能玩的游戏，在远隔重洋的两人、数人乃至成百上千人之间得以玩起来。于是，个人、游戏与社会之间，有了越来越多相互渗透、相互镶嵌的可能"[①]。另一方面，以游戏为媒介的社交互动为玩家提供了进一步了解好友的机会。网络游戏的临场感与沉浸式体验使玩家沉溺于当下的游戏感受而忽略对自身的情感伪装，于是，在配合不力或游戏失败时，用户可借机判断好友的价值取向、道德原则等。

本书第四章详细论述了民族主义学者安德森提出的"想象的共同体"，这一理论不仅可以指导电视文化、电影文化研究，学者霍华德提出将对"共同体"的探讨放置在网络世界中。他指出，虚拟社区是一种依赖于网络的社区形式，尽管地域上的共同性不再是其主要特征，但仪式、行为及利益的共同性成为虚拟社区的重要特点。在网络游戏中，不同的玩家扮演不同的角色并通过互动创造出自组织形式的虚拟社区，在如此形成的"共同体"中，超现实的玩家身份、结构化的组织规则、互相认可的群体价值等共同构成了情感色彩浓重的交流体系。首先，通过游戏内聊天系统、论坛和社交媒体群组等社交平台，玩家得到了分享经验、交流心得的机会，而在沟通过程中玩家创建了群体内部的"黑话"体系，只有掌握"开黑""五杀""红buff""蓝buff"等符号代码，才会被玩家认可为"自己人"，由此便形成了隐形的社区边界，使网络游戏的虚拟社区与其他社区相分离，为玩家提供集体归属感。其次，许多网络游戏都强调团队合作和共同目标，如完成任务、击败敌人等，这些都促使玩家之间形成紧密的联系与合作，社区内部也会根据此共同目标确立群体规则，如"不能挂

① 王水雄.从"游戏社会化"到"社会游戏化"：网络时代的游戏化社会来临［J］.探索与争鸣，2019(10)：148-156，162，2.

机”“不可以单打独斗”“不允许抢buff”等。最后，即便游戏本身是架空的虚拟世界，玩家所获得的游戏体验却是真实存在的，在竞争中体会到的快感与成就感使得受众愈发专注于网游社区所带来的集体感。可以说，兼具娱乐、社交等功能于一身的网络游戏，已经成为青年亚文化的重要组成部分。

第三节　Z世代的社交：以新媒介为桥梁的交往方式

一、搭子文化：强弱关系间的社交行为

随着社会迈入现代化的新阶段，中国的城乡基础设施逐步完善，产业结构化程度逐步加深，个体社会生活的异质化水平也在不断提高，这一现象可以用德国社会学家格奥尔格·齐美尔（Georg Simmel，也译为格奥尔格·西美尔）提出的“社会原子化”概念来理解。齐美尔指出：“城市居民的生活长期处于紧张刺激和持续不断的变化之中，这导致居民逐渐缺乏激情、过分理智、高度专业化以及人与人之间原子化。”[①]他强调，高度动荡的城市生活使人与人间的社会关系变得更为疏远。然而，个体间强链接的缺失不意味着社会成员对社交的需求减弱，相反，由于生活压力的增大，个体对情感交流的期望反而愈发加强，“搭子社交”便是在这样的社会状态下产生的。在2007年出版的《上海话大词典》中，“搭子”的解释是：“一起打牌的人，引申为合伙者。”到了2023年，“搭子社交”一词冲上热搜，与曾经的定义不同的是，如今的“搭子”的包含范围更广，其既指交谈双方基于共同兴趣而产生的社会关系，也指在特定领域为对方提供情感陪伴的社会交往。“搭子”是一种介于“弱关系”与“强关系”之间的特殊关系，在某个固定的领域中，“搭子”之间存在着深刻的羁绊，但一旦脱离这个时空，“搭子”之间便会退回浅层次的交往。由此，“搭

① 西美尔.大都市和精神生活［J］.郭子林，译.都市文化研究，2007（1）：19-31.

子”社交既体现了现代化社会个体复杂的情感需求，也展现了社会成员对现代社交关系把握的复杂性。

DT财经和DT研究院联合发布的《2023搭子社交小报告》显示，在收集的1431份问卷中，有52.8%的受访者表示目前是有搭子的状态，而在31.0%的无搭子人群中有高达半数的人表示有找搭子的需求和欲望。[①]由此可见，年轻人对“搭子文化”愈发喜爱。面对当下的社会结构，年轻人已接受并内化实用主义的意义，他们追求高效率且目的明确的事物，而有社交针对性的“搭子社交”正契合了其价值观念，“饭搭子”“游戏搭子”“旅游搭子”“健身搭子”等细化的“搭子”类型正是个体将生活区块化的表现，由于个人与个人之间并不是可以完美搭接的“拼图”，年轻人选择不同的活动匹配不同的人，从而以大量的小范围“合拍”达成整体机器的完美运行。对年轻人来说，这是一种直接且有效的社交方式，既能减少精力消耗，又能在一定程度上满足精神需求。此外，相较于日常生活中长期且稳定的现实关系，“搭子社交”是更为短暂而自由的社交活动。在复杂且多变的现实空间中，建立连接的双方都需要为情感维持付出劳动，但在网络世界中，与“搭子”构建关系并不意味着为对方持续付出，互取所需的合作关系才是对“搭子社交”的最好诠释。可以说，虚拟网络的匿名性与隐蔽性给了年轻人一个随时“全身而退”的机会，一段“搭子关系”的开始与结束可以完全由其中一方决定并且双方都不需要对此段关系的破裂负责，这种颇具“爽感”的社交关系在某种程度上满足了当代年轻人的情感需求。

社会学家马克·格兰诺维特（Mark Granovette）在1973年提出强弱关系理论（Strength of Weak Ties Theory）。他指出，强关系（Strong Ties）通常谈的是个人之间紧密、频繁互动的联系，如家庭成员、朋友等。弱关系（Weak Ties）则是指个人之间较为疏远、互动频率低的联系，如同事等。[②]强关系建

① DT商业观察.从饭搭子到蛋搭子，年轻人为啥流行找搭子？[EB/OL].(2023-04-18)[2024-05-18]. https://mp.weixin.qq.com/s/W0Hz9IiySlMBUAOsYhgitw.

② GRANOVETTE M.The strength of weak ties[J]. American journal of sociology, 1973(78).

立在深厚的情感基础上，弱关系仅在于了解信息，“搭子社交”是游离于强关系与弱关系之间的特殊形态。一方面，“搭子社交”代表着现代化社会中弱关系的新型搭建方式，在流动性较强的社会环境中，青年从一个工作环境到另一个工作环境的转变往往意味着弱关系的重新经营，然而，网络的跨时空性打破了传统社交时代地域的限制，一部手机或一台电脑便可以与远在异地甚至异国的网友联系，这大大提高了年轻人弱关系网络的广度与稳固度。此外，网络的出现使得弱关系选择的自由度大幅提升，网络中多种多样的趣缘群体为年轻人提供了多元化方案，而同一趣缘群体中大量且不同性格的个体也使年轻人寻找合适的“搭子”成为可能。另一方面，“搭子社交”强调个体与个体间在某一方面的契合，而这是强关系的重要表现。不等同于纯粹的信息交换关系，“搭子社交”并非完全无情感的浅层次社交，以趣缘为基础的交往使得年轻人可以很快就自身兴趣而深入交谈，然而这种强关系是极具边界感的，一旦脱离具体的情境便不复存在。换句话说，一个有大量“搭子”的人所收获的是一条条短线的情感而非一整条长线的情感。社会学家乔治·C.霍曼斯（George C.Homans）提出社会交换理论（Social Exchange Theory），认为人类的社会行为可以用经济学中的交换原则来解释，即人们在社会互动中追求最大的利益和最小的成本。这一理论可以很好地解释这种强关系形式，处于“搭子”关系中的双方追求互惠的情感付出，由此带来的情感交换本身是积极的，否则个体便开始计算投入产出比，因此为增加收益，年轻人分板块寻找“搭子”，以保证每一板块都是积极的深层情感交换。

总的来说，“搭子社交”中所强调的好聚好散社交本质迎合了互联网的独特属性。一般来说，“搭子”与“搭子”间的沟通交流是依靠文字与图片的，网络“搭子”可能并不清楚对方的真实模样，更无法看清对方在打出每一句话时所做出的表情与动作，而正因如此，“搭子”才无法完全感受对方的情绪波动从而将对方视为完整而丰富的人，对青年人来说，可能他们所面对的是自己心中的对方，而非对方真正的模样，与其说是与人交谈，他们更像是在与“模糊的身影”对话。

二、匿名社交："主我""客我"间的自由展演

互联网在为青年人提供集体讨论、开放展演平台的同时，也使得青年群体的言行都暴露在大众视线中，一方面受众个人信息和行为数据很容易被跟踪和利用，另一方面受众会因担心社会压力或评价而不愿意在公开身份的情况下表达自己的观点。于是，匿名社交应用应运而生，它允许受众更自由地展露自己的想法与情感，而不必担心现实生活受到影响。QQ的结伴交友功能，微信的附近的人功能及虚拟社交软件Soul等不同网络产品的出现，开拓了新型社交空间，并提供了一个保护用户隐私的平台，让用户可以在不透露真实身份的情况下探索不同的兴趣和社区。

虚拟社交软件的出现不只是受众追求更开放意见平台的结果，其更是受众私人化社交需求的产物。马斯洛需求层次理论指出，人类需求分为生理需求、安全需求、社交需求、尊重需求和自我实现需求五种。[①]而在中国经济稳定发展、个体生活质量不断提升的今天，大部分社会成员已经实现了物质上的温饱需求，转而开始追求精神上的自我满足，匿名社交平台正给了用户一个疏解压力、重塑社交关系的机会。在匿名平台中，受众不清楚好友的个人姓名、职业状况等现实信息，这使得社交的双方都可以更轻松地在短时间内享受一段自由的社交关系，他们在交谈中无须关注社交礼仪、无须控制情绪。放松既是匿名社交的特征，也是匿名社交的目的。此外，在匿名社交中，个体社会地位、资产等具象的现实成就不再重要，平等化成为匿名社交最突出的优势。在日常社交关系中，人们难免会调动五官来观察对方的行为状态、穿着举止，从而将对方"标签化"为某类特定群体，并通过评估对方与自身的差异来确定自己的社交策略。而在网络社交中，受众难以评判屏幕另一端受众的身份、地位、财富，因此，受众可以在虚拟社交中呈现出更加感性、放松的状态，精神

① 马斯洛需求层次理论由美国心理学家亚伯拉罕·马斯洛（Abraham Maslow）在1943年发布的论文《人类动机的理论》中首次提出。他认为，人类有一系列需求，这些需求按照一定的层次结构排列，从基本的生理需求最终到自我实现的需求。

共鸣是他们开启一段匿名谈话最重要的影响因素。

心理学家乔治·赫伯特·米德（George Herbert Mead）提出人格是由“主我”（I）和“客我”（Me）构成的。[①]主我是自我的最原始部分，是个体在行为和表达上的冲动和欲望，它代表了个体的自发性；客我则是个体内化的社会规范、期望与价值观，是他人如何看待我们以及我们如何看待自己在社会中的角色的反应，它对个体的行为和决策产生影响。米德的论述指出了自我人格的社会性特点，即人类并非毫无根据地成长为独具个人特色的个体，在不断接受外部信息和实现内部对话的循环中，主我和客我之间实现了动态平衡，塑造了既符合社会需求也充斥独特个性的自我。可以看出，个体的自我认知既取决于他人和社会对自身的看法，同时也受到主我带来的主动意识的控制。由此，在社交关系中，个体会通过完善自我呈现获取更为积极正面的客我形象，并以此为基础实现自我认同。以匿名社交软件Soul为例，在平台上，部分个体会分享其约会经历，而在大篇幅的文字中，主体也会有意将自身建构为更符合“体贴”“情绪稳定”“大方”等传统意义上正面形象的异性角色。通过晒照片，展现优渥的物质条件或强调自身的“好”性格，用户创造出一个更理想的社会型人格，并借此收获更多的关注。此外，这种形象的塑造是一个长期且重复的过程，由于匿名社交本身所具备的流动性特点，用户需通过持续不断的形象建构吸引不同的对象，以维持其一贯的形象特征。

从内部自我认知及自我认同的角度看，用户在虚拟社交平台渴望建构一个接近大众眼中的社交完美状态的个体，而从外部来看，用户虚拟社交的叠加则是群体意识与群体行为的开端。美国社会学家兰德尔·柯林斯（Randall Collins）提出了互动仪式链（Interaction Ritual Chains）的概念，互动仪式是一个具有因果关系和反馈循环的过程，参与者在这个过程中拥有共同的关注点，彼此之间能够感受到对方身体的微观节奏和情感，通过高度的互相关注和情感连带，形成了与认知符号相关联的成员身份感。[②]柯林斯关注的是线下群

① 米德在20世纪初提出了“主我”和“客我”的理论，这是象征性互动论的基础，这一理论强调人类使用符号与他人互动，并在社会过程中形成自我概念。

② 柯林斯.互动仪式链［M］.林聚任，王鹏，宋丽君，译.北京：商务印书馆，2009：86.

体内部的互动仪式，而在互联网逐步成为日常生活中重要一环的今天，互动仪式的涵盖范围已悄然发生了变化，物理上的身体在场转变为“点对点”的线上传播，新型互动仪式链得以建构。以小红书匿名群体momo为例，他们使用统一的头像、名字与昵称来与其他群体相区分，所有的参与者都关注一个共同焦点，即热点话题，他们在不同的话题下发表自己的看法，并以“一mo做事亿mo当”为口号，将个人看法上升至群体意见。通过相互评论与共享经验，momo参与者之间拥有了共同的情感体验。在momo群体的互动仪式中，个体特性被群体成员身份所遮盖，所有参与者都参与到集体狂欢中，最终连接成一个庞大的情感纽带，又进一步激励参与者持续关注相似的情境并试图创造新的仪式起点。由此，momo群体之间实现了持久的、阶段性的情感共鸣。

三、弹幕社交：“编码”“解码”间的网络狂欢

在信息社会化的今天，不同国家、不同文化的人们都被压缩进一块小小的屏幕，正如麦克卢汉所预言的那样，整个世界就像一个村庄一样联结在一起，“地球村”成为对如今网络时代的最好阐释。受众不再单纯是信息的接收者，更是信息的制造者与传播者，传统媒体时代的传播文本在当下获得开放，受众可以依托先进的媒介技术对文本开展多角度的开放式解读，弹幕视频应运而生。弹幕起源于日本，最早出现于日本的视频分享网站Niconico动画，此网站允许用户在视频播放时发送实时评论，这些评论会以横幅的方式在视频上方飘过，就像在屏幕中不断飞行的子弹，因此被称为“弹幕”。不同于以往延时性的视频评论区，弹幕最突出的特征是同步性，观众可以根据视频中的特定情节或时间点发送相关评论，而评论会以即时性的方式出现在弹幕中。一般来说，即时反应只能在面对面的交往中出现，但弹幕却通过将视频节点与评论相连接，塑造出一种即时发表感想的假象，由此不同的观众都能够在同一情境下观看到与视频内容相关的评价，这个过程带来了丰富的沉浸式体验。此外，由于字幕空间和即时性特点的限制，弹幕的另一个突出性特征即碎片化，当视频被分割为一个个时间节点后，弹幕也被刻画成一个个极具针对性的评论，一旦

单个字幕字数过多，下一个时间节点的弹幕便会产生延迟，从而带来一系列连锁反应，因此，弹幕往往是快准狠的，强调以最少的字数表达最深刻的情绪，总的来说，这极大提高了受众的游戏化体验，为其创造了一个朋友围绕式的观影体验。

不同于传统的点对点的双向互动模式，弹幕既强调了观众与观众之间的互动，也展现了观众与视频创作者间的互相交流。观众之间的互动包括有形和无形两种形态，有形的互动即观看者在察觉到弹幕时对其所进行的回应，无形的互动则更多指向那些默默观看弹幕的参与者。以视频网站哔哩哔哩为例，作为一个以ACG（动画、漫画、游戏）文化为核心内容的视频平台，哔哩哔哩具备独特的群体语言，如“FFF团”[①]“欧拉欧拉欧拉”[②]“awsl”[③]“你在B站买房了吗”[④]等，这些“暗语”都是B站群体内部所共用的特殊符号，而弹幕则是创造与传播这些符号的场所，无论是直接的回应还是间接的观看，他们都会产生认同或反对某些弹幕观点的情绪并基于此展开讨论。通过多元化的互动，观众创造了文化壁垒并从中获得了群体的归属感与认同感，而在此过程中受众都无意间参与进“想象的共同体”的建构中。

对弹幕文化群体来讲，娱乐是建构虚拟共同体的内核。经济的快速增长提高了人们的收入水平，增加了休闲娱乐的时间和消费能力，娱乐成为一种重要的放松方式。不论是吐槽类的弹幕还是玩梗类的弹幕，用户在创造时都存在着不同程度的娱乐心理。从文本角度来看，弹幕的存在包含着对视频内容本身的解构与重组，在此过程中用户与内容创作者的身份从传播者与接收者转变为更为平等的互动关系，戏谑式的话语是用户娱乐化视频创作者身份地位的表现，在大量且重复的调侃中，看似无意义的弹幕衍生出夺权的戏剧效果，人们沉浸在语言的狂欢中无法自拔。从情感角度看，用户对弹幕的娱乐化要求绝不

① 源自动漫《笨蛋测试召唤兽》，在B站指代那些对恋爱关系表示嫉妒或不满的单身群体。

② 源自动漫《JOJO的奇妙冒险》，指代具有攻击力的连续击拳，常出现在鬼畜视频中。

③ 用来形容看到可爱事物的喜爱之情。

④ 形容那些发弹幕及评论速度极快的用户。

仅是一个人的“独乐乐”，更是集体所共有的“众乐乐”，在吐槽中用户可相互激励、相互激发灵感从而带来新的思考与亮点，而当发弹幕、看弹幕的主体拥有相似的成长环境、学习背景等生活经历时，他们便可以更快地互相理解并在最大限度上拥有娱乐体验。

在更新用户社交方式、满足娱乐需求的同时，弹幕文化也存在一定的消极影响，如干扰观看体验、弹幕信息真实性难以核实等。由于弹幕发布本身的匿名性，用户在观看弹幕时无法接收到除弹幕外的其他相关信息，这使得用户更倾向于认同在弹幕中占据主要空间的观点，而占据“上风”的观点并不意味着更为正确或更符合社会规范的意见。在文字狂欢中，人们往往会通过简单的“跟风”以换取不脱离群体的结果，这就意味着发弹幕的人是情绪化与非理性的，原本为情感互动而存在的弹幕变质成为满屏的情绪宣泄或毫无根据的玩梗，长此以往带来的将是用户思维惰性的加剧及思考的浅表化和碎片化，进而造成受众难以对问题进行理性思考、无法搭建整体性世界观等问题。可以说，无论是传统媒体时代，还是新媒体主导的当下，“娱乐至死”的困境始终是开展媒介实践要面对的问题。

第四节　Z世代的情感：探索虚拟与现实的边界

一、网络文学：基于趣缘的共同情感体验

截至2023年12月，我国网络文学用户规模达5.2亿人，较2022年12月增长2783万人，占网民整体的47.6%。[①]其中，大部分网络文学爱好者属于Z世代，即90后和00后。可以说，这一代网民是伴随着网络的兴盛而成长起来的青年，以多元化、娱乐化为特征的精神内核是对他们群体思维的最好诠释，而网络文学对其来说则是“正中下怀”的文化形式。一方面，网络文学的发展依

① 中国互联网络信息中心.第53次《中国互联网络发展状况统计报告》[EB/OL].(2024-03-22)[2024-05-18].https://www.cnnic.net.cn/n4/2024/0322/c88-10964.html.

托于网络平台，而平台本身的开放性特征为大量非专业的作者提供了发挥空间，以往“写稿—提交媒体编辑部或出版社—审核—出版”的复杂流程被简化为“打字—审核——键发布”的效率化程序，不仅文章发布时长被大大压缩，发布成本也大幅降低。发网文的机会给到了更多的非专业化作者，尤其是青年作者。另一方面，经典文学所崇尚的严肃主义与理性思辨并存的审美观念，逐步被网络时代的流行文化消解，在青年作家与青年读者共同推动下，网络文学呈现出更为分散、多元且放松的状态。以近期爆火的“龙傲天文学”为例，“龙傲天”往往是各类玄幻小说的绝对主角并被赋予了强烈的英雄主义色彩，他不仅是天赋与实力并存的强者，更是文内所有角色簇拥的中心者，不论遇到何种挑战，“龙傲天”都可以完美应对并最终取得巨大成功。这是一种超现实且极富“爽感”的人物塑造，与传统文学关注现实苦难的写作特征形成鲜明对比，这种审美消费是更关注受众体验的消遣式文学，它以游戏的心态脱离了现实规则的控制，让读者在文章中体验到角色扮演的快感。

传统媒体时代，人们的情感需求往往要通过面对面的社会交流来满足，读书是其获取知识、学习技能和锻炼思维能力的工具，而不是日常休闲的活动，更不是满足情感需求的渠道。然而，“人人互联”的网络时代打破了这一逻辑定式，流行文化工业将包括文学在内的文化产品与消费和受众满足相连接，正如上述所言，情感体验是网络文学中最为重要的创作前提。在Web3.0时代，为贯彻以用户为中心的平台发展模式，大量网络文学平台创造了“互动+阅读”的页面设置，用户在阅读的途中还能够查阅其他读者对此段文字的评论，这使得阅读从一个人的自我消化转化为多个人的共同体验，看书变成了一项跨越时空的社交活动，这与上一节提到的弹幕文化有极大的相似之处。此外，文字创作中也呈现出更关注用户情感体验的倾向，一方面，网络小说的文本用词更为直截了当且简单易懂，小说语言的日常化进一步拉近了主人公与读者间的距离，使读者的代入感更加强烈；另一方面，网络小说的作者并不像传统作家一样写完全部内容后投稿，而是以章节为分隔一段段地发布作品，随着章节的更新，读者可随时提出意见并在评论区或社交平台直接与作者沟通，由此，读者参与进网络小说的创作中，更有甚者因不满作者所撰写的结局而创作

“同人文”。总的来看，在网络写作中，读者与作者的关系并非泾渭分明的传播者与接收者，其身份存在互换的可能性，而参与感正是增强用户情感体验的重要路径。

对网络读者来讲，在线阅读是在虚拟“书店”进行挑选后的结果，在此过程中点赞量、阅读量、收藏量等量化数据都是读者确定阅读对象的依据，而通过阅读特定网络小说，读者可在其他社交平台分享阅读心得以推荐或避雷某部小说，在此过程中网络读者又能在网友中吸引好友并构建一个兴趣相似的网络小组，由此读者在阅读后既收获了文本本身所带来的快乐，也结识了可以共同讨论的“阅读搭子”。这种以内容为开端的情感团体会产生对其关注的网络小说的特殊情感，他们坚定地支持着小说本身的人物塑造及剧情进展，对网络小说的IP衍生产品如电视剧、动漫等保持着高要求和高品位。总而言之，在阅读与传播网络文学的过程中，读者结成了一个个联系紧密的趣缘群体，他们共同分享着对作品的热爱，并在虚拟世界中以情绪和行动彰显其个性。

二、佛系青年：反映社会心态的情感传播

2014年，日本某杂志首先提出了“佛系男子”的概念，在当时，“佛系”指的是不追求恋爱关系，强调自我发展的男子。这个概念在2017年底传入中国，并迅速通过互联网平台成为热点话题。在中国，“佛系”的内涵得到了进一步深化，涵盖范围拓展至全体青年群体，其强调的是现代青年所拥有的或渴望的一种不争不抢、安于现状、追求内心平和的生活方式。从社会角度来讲，“佛系青年”的出现是时代特质的微观展现。在媒介技术与消费主义的作用下，广告发布者与媒体平台共同营造出一幅消费社会的媒介景观，通过图文、视频、音乐等多种形式，网络青年看到了现代社会物质的一面，同时又感伤于网络世界与现实生活间的巨大鸿沟，于是，他们选择以“佛系青年”的名号来实现“自洽”，即便个人难以实现巨大的财富积累但也要努力享受眼前的每一天。从群体角度来说，“佛系青年”是社会压力下的无奈之举。美国著名精神分析学家埃里克森提出了一个关于人类心理社会发展的理论，这个理论包括八个主

要发展阶段，每个阶段都与特定的心理社会危机相关联。网络青年大部分处于青春期和成年早期两个生命阶段的交接处，处于这一时期的网络青年在现实中正面临着大量的生活困境，关于职业选择的迷茫、人生走向的不安、情感动荡的焦虑等，各方面的难题都使得青年陷入社会身份角色的混乱认知中。[①]当他们从学校的“象牙塔”进入真实的社会时，有些人能够很好处理整个适应过程，有些人却手足无措地应付每个选择，“佛系”对他们来说也许并不是解决问题的最好方法，但却是暂时脱离现实苦难、实现自我价值认同的路径。

有学者提出了社会心态与个体心理与行为之间的向上与向下模型，认为社会心态是个体自下而上汇聚形成的群体间的弥漫心境状态，某种社会心态形成后，又会作为一个整体自上而下影响个体和群体的心态。[②]新媒体的出现为“佛系青年”文化的形成及传播提供了广泛的平台，即时通信软件、社交媒体平台、论坛和问答社区等成为网络青年沟通交流的重要精神家园。在开放性平台上，个体可通过文字、视频等多种形式释放心理压力，“加班多”“工作环境差”“工资少”“职业没发展前景”等一系列有关生活现状的抱怨出现在网络平台的各个角落，而内容发布后又可吸引有着同样人生境遇的个体的关注，经过讨论与交流，他们互相“取暖”，共同追求一种遁世的生活状态。如此反复，“佛系青年”便以“滚雪球”般的传播方式通过社交网络散播开来，逐渐凝聚为青年群体的热点话题与集体心态，随后通过线上与线下的社交活动，认同此观念的网络用户又将此心态传输给更多的青年群体，以求获得更多群体的情感认可。就此，自下而上形成的群体观念以及自上而下的传播方式逐步产生了更大的影响力，建构成“佛系青年”文化的内在逻辑。“佛系青年”的群体成员在加入群体之初可能更多抱有好奇心理与从众心理，但当其不断接收不同个体的“佛系”观点时，其自身的情感强度也在不断强化。于是，“佛系青年”的生活态度成为共识，“无所谓”是其面对事物时的主要心态。由此来看，在“佛系青年”的传播过程中，情绪感染是最重要的传播机制，通过群体暗示与

① 宋德孝.青年“佛系人生”的存在主义之殇［J］.中国青年研究，2018(3)：41-45.

② 卜建华，孟丽雯，张宗伟.“佛系青年”群像的社会心态诊断与支持［J］.中国青年研究，2018(11)：105-111，61.

群体模仿，个人的情感与群体的情感相同步，“佛系青年”成为群体性的符号标签。至此，随遇而安、心态平和的“佛系”青年心态最终形成。

相较于其他亚文化风格，“佛系青年”所展现的是一种更为复杂的精神特质，对抗性是其核心表征。首先，“佛系青年”一方面体现了积极的反抗心理，另一方面又展现了随性的消极对抗。“佛系”的出现本身是青年对社会现状的不满，他们渴望拥有更多的物质资源与生活保障，但激烈的社会竞争使他们困于原地。于是，这一群体开始通过“佛系”对待的方式间接表达对结构性问题的抗议，这种对社会问题的反思本身是一种积极的探索。但“佛系青年”的核心，如“就这样吧”等思想，又为这种反思增添了一种消极的感情色彩，即便他们不满意社会环境，但也选择平和接受现状。正如上文所述，消费主义已深入社会大众的内心，“佛系青年”沉溺于享乐思想与物质消费所带来的即时满足，拒绝以激烈的方式对抗现实。“佛系青年”既反映了青年群体焦虑的心理状态，又映射了青年群体渴望进取的生活态度。在人生的十字路口，他们焦虑于生活的柴米油盐，买房子、找工作、结婚等一系列难题摆在面前，而社会转型期的诸多问题又进一步加剧了个人的焦虑，对他们来说，未来像一团迷雾一样捉摸不定。但不同于拒绝一切的“丧”文化，“佛系青年”强调的是暂时性的自嘲与休整，他们企图找到暂时的“世外桃源”，以看淡一切的心态来抵抗生活的种种危机。

三、潮玩文化：爱好共同体中的情感消费

潮玩文化，即潮流玩具文化，是一种集创意、艺术、产品于一体的文化现象。这种文化起源于街头艺术所呈现的反叛、狂放的情绪表达，后随着市场经济的发展，“公仔”这种产品开始成为亚文化表达的最佳载体。由艺术家或是设计师进行设计，限量生产并具有收藏价值的“潮玩”产品诞生，受到大量青年群体的关注。在中国，“潮玩”所代表的并不只是具象化的物品设计与产品形态，更是一种抽象的文化。以著名潮玩品牌泡泡玛特为例，其旗下的潮玩产品均是以IP为导引，不同的IP背后体现着不同的设计理念与文化背景，

Molly系列以香港设计师在慈善活动所遇到的认真作画的小女孩为灵感，意在塑造鲜活、开朗的儿童形象，强调童趣与幻想；The Monsters（精灵天团）系列则展现了另一位香港设计师对成年人世界的思考，反差感是这个IP的主要特点，尽管长耳朵Labubu和骷髅头Tycoco都拥有着极具攻击性的外表，但他们的行为却非常内敛与善良，设计师借此突出的是亦正亦邪的复杂人性。对潮玩爱好者来说，针对具体产品的功能性需求并非其购买行为的起源，潮玩本身所体现的设计思想与文化特性才是吸引其购买的根本原因。在消费文化时代，消费者会基于爱好与性格特点消费，而潮玩所蕴含的情感价值远大于其使用价值，能够实现自我建构与自我认同的目的。此外，IP的更新是一种阶段性的发布而非连续性的输出，“少量多次”的购买行为大大减少了消费者一次性抛出的成本，其品牌黏性得到进一步增强。

在潮玩成为流行文化的过程中，网络社会为其形象的传播与扩散提供了公共空间。首先，潮玩玩家通过在社交媒体平台发布开箱视频、新品介绍推文等形式表明身份，进行自我形象建构，而通过“弱关系”的传播网络，早期的潮玩玩家吸引到了更多对此感兴趣的青年个体。就此，潮玩爱好者逐步形成趣缘群体并在社群中分享各自的购买经历、偏好IP等，在此过程中群体成员进行了情感互动，建立了情感连接，“想象的共同体”再次以全新的面貌出现。其次，潮玩玩家并非仅仅停留于产品的购买，其在很大程度上影响了潮玩的市场流通，建构出一个玩家内部的专属平台。以盲盒为例，大部分IP的盲盒分为隐藏款和普通款，在玩家眼中，隐藏款是更具有收集价值、更稀有的，普通款中则有部分款式设计感差、概念不清晰。于是，根据大多数群体成员的喜好，潮玩圈内部重新定义了不同IP、不同产品的价值结构。此外，玩家可依照自身喜好重新设计盲盒，群体内部称为“改娃”，由此，圈内形成了“普通盲盒—隐藏盲盒—改娃款”的价格链，在二级市场中，此规则已成为群体成员交换或购买时心照不宣的约定。通过群体情感与群体市场的构建，群体内部形成了完善的自组织机制，帮助玩家在游玩与互动中产生社交满足，收获群体认同。

与传统依赖于地域、亲缘形成的群体不同，潮玩群体的连接点是情感消费。青年疲于日复一日的学习或工作，又无法逃离现实条件的制约，因此，在不断的自我协商中，青年群体选择通过购买潮玩的方式寻找情感慰藉，对他们来说，只需少量金钱便可收获暂时的幸福，缓解日常压力，从某种程度上说这是一笔“合算”的买卖。此外，对潮玩的喜好与收藏也可成为其社交标签出现在网络生活和现实生活中。在如今快节奏的社会中，人们渴望以最短暂、最高效的方式了解一个人的兴趣爱好、性格特征等，QQ、微信、微博等社交平台为用户提供了一个自我呈现的场所，通过极富视觉化的表现形式，用户便可以轻而易举地建构出一个追寻时尚、喜爱艺术的身份形象，并以此作为社交资本出现在不同场域内。托马斯・L.弗里德曼（Thomas L.Friedman）指出，社会经济的增长改变了国民性格；年轻一代需要在消费过程中发现个体的精神需求，找到价值归属感，而不是以商品的使用价值来衡量。[①] 这也是对潮玩消费的最好诠释，青年群体可以在购买中收获审美愉悦，而后在自我建构中得到认同感与满足感，并最终在群体交往中获得情感能量。就此，潮玩作为文化符号，逐步实现了情感转化。

本章思考题

1.梳理青年亚文化发展历史并简述其在中国的本土化过程。

2.总结后亚文化时代特征，并基于政治、经济等社会背景思考后亚文化时代产生的原因。

3.探讨匿名社交中个体的心理动机及行为表现。

4.反思弹幕文化出现的问题并探索其可能的良性发展方向。

5.分析内卷青年、丧文化所体现的青年群体情感问题并分析其社会原因。

6.列举一种亚文化现象，并探索其形成中的娱乐、社交与情感等因素。

① 曾昕.情感慰藉、柔性社交、价值变现：青年亚文化视域下的盲盒潮玩［J］.福建师范大学学报（哲学社会科学版），2021（1）：133-141，171-172.

第九章

全球文化：媒介文化的全球化及反向流动

本章知识要点

◎ 全球传播：全球化；西方中心主义；文化帝国主义

◎ 跨文化传播：文化多样性；文化相对主义；文化共同体

◎ 本土意识：反全球化；信息传播新秩序；亚洲媒介文化

在《国际传播与跨文化传播译丛》的总序中，主编吴飞提出要以“与他者共在”的视野理解全球传播。在全球化的整个概念中，媒介和传播发挥着非常重要的作用，但是在理论探讨中，这一部分却被严重忽视了。显而易见的观点“没有媒介和传播就没有全球化”既没有被清楚地表达过，也没有被清楚地分析过。[①]由此可见，全球媒介与传播，或者本章所说的全球文化，正是媒介文化研究中不容忽视的组成部分。本章第一节将在全球化进程中理解媒介与传播，借助好莱坞、麦当劳、迪士尼等耳熟能详的案例对西方中心主义、文化帝国主义进行反思。第二节将介绍文化多样性、文化相对主义与文化共同体等理论，借此探讨跨文化传播过程中开展对话与合作的诸多可能性。第三节将与第一节的全球化形成对比，展示西方中心主义之外的媒介文化反向流动，并将亚洲作为方法，呈现非西方国家丰富多彩的媒介文化。

本章虽独立成章，但其内容及所提出的全球化视野应该是贯穿全书的。第二、第三章提到的很多理论与方法，起源于西方，并在全球化进程中不断完善。比如第三章的全球媒介志方法，能够对全球文化研究提供有力指导。第四至八章的内容，遵循技术演进逻辑呈现从传统媒体到新媒体时代的媒介文化变迁，但值得注意的是，这些演变本身正是与全球化同向而行。本章所介绍的美国好莱坞、印度宝莱坞、日本动漫、韩国电影等多元文化现象，正与电视文化、电影文化、青年亚文化研究息息相关。而互联网的诞生，在将世界变成“地球村”的同时，也进一步加速了全球文化的发展。可以说，本章的学习将同时成为对之前各章内容的回顾，让学生在重访媒介演进之旅中培养全球视野，从而真正以“与他者共在”的态度理解媒介、文化与人。

① 兰塔能.媒介与全球化［M］.章宏，译.北京：中国传媒大学出版社，2013：1.

第一节　全球化：对西方中心主义媒介文化的反思

一、全球化：反思媒介文化的美国化

人类文明的发展与演进伴随着媒介的更迭。古老的莎草纸，燃烧的烽火台，竹简、报纸、书籍穿越山海来到大洋彼岸，无线电波和通信卫星让信息传得更快、更远，社交媒体的转发互动让时空相隔的两条线逐渐靠近。汤普森曾指出，在现代世界，传播的一个最显著特征是它发生的规模日益全球化，即“传播的全球化”（globalization of communication）。[①]因此，在现代社会，全球化一个最显著特征是其越来越多地通过媒介和传播来实现，因此“媒介化的全球化”（mediated globalization）变得极为重要。本节试图从媒介与传播的角度出发审视全球化进程，通过梳理历史脉络和理论路径，为理解当下政治、经济、文化的全球流动提供方法论启示。

从历史语境来看，传播是维系帝国权威和统治的手段之一，媒介成为建立与维系帝国的关键，而口语传播和文字传播便是重要的传播手段。古希腊、古罗马的城邦统治者不断建立起高效有序的官方信息传播系统，传播效率与中央集权紧密挂钩。15世纪中叶，德国发明家约翰内斯·谷腾堡发明了金属活字印刷术。这一创新技术实现了大规模、高效率的书籍生产，彰显着人类对文字信息的复制与传播的迫切需求，大大推动了知识的传播和文化的交流，翻开了人类信息交流史的新篇章。由此，得益于印刷媒介高效的复制与传播能力，信息的流转速度极大加速，信息传播的疆域也得以不断拓展，资讯的触角得以伸展到全球的各个角落，全球之间的联系开始紧密起来。同时，我们可以看到谷腾堡印刷术的发明不仅改变了信息传播的方式，也深刻影响了社会的各个领

① 兰塔能.媒介与全球化［M］.章宏，译.北京：中国传媒大学出版社，2013：21.

域，为后来的印刷、广播、电视、互联网等传播技术奠定了早期基础。

民族国家是随着中世纪“基督教大世界”封建政治体系下“传统国家”的瓦解和近代民族的形成而发展起来的新型国家，民族国家形成的重要标志和特征便是国内统一民族语言的形成。①宗教改革运动的蓬勃兴起促进了民族语言的统一、民族意识的萌发等，为民族国家的产生创造了条件。这一民族国家建构模式，不仅为其他国家和地区树立了榜样，也为民族国家的扩展提供了可以效仿的经典范式。随后，出现了以欧洲移民为主要人口来源，创建于北美洲、拉丁美洲与大洋洲的“衍生形态”民族国家建构模式，伴随三大帝国解体，亚非广大殖民地半殖民地的民族解放运动和东欧剧变带来了“外在形态”民族国家模式等，民族国家实现了自身的“全球化”，完成了民族国家的全球扩展进程。②民族国家的界限越来越模糊，一个前所未有的一体化世界体系逐渐形成。媒介经济和媒介科技是欧洲工业革命以后“自由贸易资本主义”的产物，资本主义发达国家借助经济力量和文化力量进入不发达国家，开辟更具活力的市场，获得更廉价的生产和生活资料，在创造利润的同时也创造出了一种消费意识形态。③

在中国古代，媒介在信息传播与对外交流之中同样扮演着重要的角色，邮传制度本质上正是我国古代传递信息的制度。中国元朝开始便在信息收集和散播系统中使用文字，建立了广泛的官方邮递系统，邮传制度迅速发展，组织机构逐渐完备，信息得以高效流通。此外，《邸报》见证着中国中央集权的发展演进，从一种朝廷向官僚内部传达公务的信息传播系统发展成了一种更向下开放、更普遍的资讯传播形式，这也是中国融入全球信息网络，与其他国家交流互动的例证。伏尔泰在《风俗论》中，对中国《邸报》重视“公共需求”方面给予了积极的评价：“中国的报纸是世界上最可信、最有用的报纸，因为它刊载了所有关于公共需求、国家一切财力物力分配决议的详细说明。”根据已

① 钱乘旦.世界现代化历程：总论卷［M］.南京：江苏人民出版社，2010.
② 俞可平.政治通鉴：第二卷［M］.北京：中国大百科全书出版社，2021：409-482.
③ 尹鸿，萧志伟.好莱坞的全球化策略与中国电影的发展［J］.当代电影，2001（4）：36-49.

有研究和史料考察，有研究发现，雍正时期中国和欧洲间存在着较为明显的基于《邸报》的文化交流，《邸报》在中国的发行及其内容向欧洲的传播扩充了已有的信息网，对进一步打开信息增长的全球视角起到了推动作用。①

回顾媒介与传播的历史，可以将其分为口语传播时期、手写传播时期、印刷传播时期、有线电子传播时期、无线电子传播时期以及数字传播时期等阶段。媒介从最初的手信、手稿、书籍发展到电报、电视、广播，再到如今的网络，媒介形态发生着重要转变，而传播空间亦如此。从地方空间拓展到全球空间再到如今，互联网使空间不再是人与人沟通的界限。媒介与传播的发展演进，也是全球化进程不断推进的过程。20世纪90年代，冷战结束，资本主义的市场制度，成为整合跨区域不同社会资源的力量。从卫星电视到20世纪90年代以后的跨媒体整合，不同区域的人有越来越多的方式接触全球文化，开始了对“美好新世界”的全球化想象。随着全球化的深入和媒介技术的发展，跨文化传播已经渗透到了社会的各个角落。

从理论路径来看，随着技术与媒介的发展，20世纪后期文化研究视角在国际传播中产生着越来越大的影响力，其聚焦于传播和媒介在创造和维护共同价值观、身份与意义中的作用。20世纪70年代，文化帝国主义理论引发广泛讨论，主要研究者赫伯特·席勒分析了国际传播行业的全球权力结构，以及跨国商业与支配性国家之间的关系，美国媒介产品的出口不仅是在出售西方的商品与服务，还通过传播消费者媒介化的生活方式，传播了美国生活方式，导致“电子入侵”（electronic invasion）。学界由此出现了“文化帝国主义”相关研究，例如研究美国文化及其媒介主导的各个方面，包括好莱坞与欧洲电影市场的关系，迪士尼漫画在促进资本主义价值观方面的作用，广告如何成为意识形态工具等。同时，奥利弗·博伊德-巴雷特将国际传播中依附性最为突出的部分定义为“媒介帝国主义”（media imperialism），也可以将其理解为“传播空间的殖民化”（colonization of communications space）。这些研究审视与分析了国家之间的信息与媒介不平等，这些不平等现象背后更广泛的依附问题，以

① 钟鸣旦，胡涵菡.18世纪进入全球公共领域的中国《邸报》[J].复旦学报（社会科学版），2020，62（5）：2-18.

及美国主导的国际媒介（新闻机构、杂志、电影、广播、电视）所具有的霸权力量。

1950年兴起的发展传播学，主张西方现代化的发展经验可以作为新兴民族国家的榜样。大众媒介的地位日益凸显，成为传统社会转型为现代社会的重要工具。冷战时期的发展主义强调的是，将西方的特殊经验作为普遍的参考价值，是一种西方中心主义的论调。第三世界国家在全球化中产生了一种普遍的民族情结：走向世界。所谓“走向”带来的是西方本位的世界经济文化秩序被接受和肯定。[①]由此可知，全球化的语境中带有着强烈的西方中心主义的色彩。当代加速发展的全球化涉及一种新的权力分配，它伴随着产品和劳动力方面的信息化和灵活性。[②]随着媒介环境学派的发展，“媒介即讯息”“地球村”等概念的使用日益普遍化，媒介与全球化的互相影响进一步被学界认知。

从文化的角度来看，美国的流行文化在很大程度上影响着世界的流行文化。文化产品的全球输出不仅能扩展经济市场获得经济利润，还可以通过文化媒介承载美国的生活方式和价值观，影响到其他国家、地区和民族的想象与文化认同，从而创造出新的文化记忆，使其心理上对美国生活的“神话”形成向往和崇拜。通过文化来销售商品，通过商品来宣传文化，文化即商品，商品即文化，文化产业的全球化便成为美国努力达成的目标。但同时，美国文化对其他国家民族的文化认同的威胁、消费文化对传统社会的冲击、现代性的发展及其对传统文化的挑战，也受到了许多学者的关注，引发了他们的反思。下文将以好莱坞、迪士尼、麦当劳三种耳熟能详的流行现象为例，探讨美国的消费文化如何深刻地影响着世界各地的人们。

二、美国文化：好莱坞、迪士尼与麦当劳

在文化产业中，电影属于最国际化的媒介产业。20世纪以来，伴随美国

① 尹鸿.全球化、好莱坞与民族电影［J］.文艺研究，2000（6）：98-107.

② 瓦斯特.理解迪士尼：梦工厂［M］.杨席珍，译.北京：中国传媒大学出版社，2015：6.

政治、经济力量的壮大，特别是媒介产业的迅速发展，好莱坞电影成为世界电影体系中最引人注目的文化现象。[①]好莱坞电影借助美国自由经济的领先力量，通过色彩缤纷的电影形象传播着美国的政治、文化和经济，制造美国式生活方式，逐步强化了西方中心的主体意识，影响着全球电影市场，这种影响不仅仅是对电影，而且也是对整个社会的政治、经济、文化，甚至传统。从某种意义上说，好莱坞从一开始就在向全世界推销着美国。经过半个多世纪的国际化努力，美国电影几乎已经成为世界电影，好莱坞无处不在。[②]如今好莱坞电影在全球扩张的过程中已经不是完全意义上的西方话语体系，而是逐渐融入了世界各国的优秀文化[③]，如学者所言，“美国的大众文化看起来甚至不像是一种进口的东西”[④]。当全球化处在以强势国家政治经济文化优势为主导力量的后殖民背景中时，好莱坞电影便成为文化帝国主义大军的一支生力之师[⑤]，不仅仅是一种简单意义上的文化产品，还是阿尔都塞所说的“意识形态的国家机器”[⑥]。好莱坞电影对世界市场的“文化征服”，不断挤压着其他国家电影的生存与发展空间。不过近年来，欧洲艺术电影的坚守，日本新电影的崛起，东欧优秀电影的不断出现，伊朗电影的独树一帜，韩国电影的本土追求，都对好莱坞电影帝国提出了挑战[⑦]，这无疑会打破好莱坞电影一统天下的局面，形成世界电影多元鼎立的文化景观。对于世界多元文化的发展，本章后两节将展开更为详细的解读。

迪士尼公司创建于20世纪20年代末期，但直到20世纪30年代中期，米老鼠形象的流行才成为全球现象。迪士尼公司开始崛起，推出大量的故事、卡通

---

① 尹鸿. 全球化、好莱坞与民族电影［J］. 文艺研究，2000（6）：98-107.

② 尹鸿，萧志伟. 好莱坞的全球化策略与中国电影的发展［J］. 当代电影，2001（4）：36-49.

③ 吴华. 好莱坞电影：美国文化霸权的介质［J］. 湖南大学学报（社会科学版），2013，27（4）：156-159.

④ PELLS R. Not like us：how Europeans have loved，hated and transformed American culture since World War II［M］. New York：Basic Books，1997：205.

⑤ 尹鸿. 全球化、好莱坞与民族电影［J］. 文艺研究，2000（6）：98-107.

⑥ 吴华. 好莱坞电影：美国文化霸权的介质［J］. 湖南大学学报（社会科学版），2013，27（4）：156-159.

⑦ 何群. 文化生产及产品分析［M］. 北京：高等教育出版社，2006：196.

人物和各种主题乐园体验，充分传播美国主流文化，并在全球其他国家地区通过各种渠道发行，举行了大量的营销活动，迪士尼卡通人物不断扩散，开始遍布全球。1973年，麦克尔·瑞尔（Michael Real）在《大众媒介文化》一书中探讨了迪士尼世界名扬天下的原因，他认为，“迪士尼世界”这个词语恰如其分，代表了迪士尼产品的“广泛性”。迪士尼的产品从影视节目到主题乐园和度假村，都代表了迪士尼品牌形象以及公司理念，更进一步来讲，迪士尼故事和卡通图像代表了美国。全球其他国家地区的人们在参与和接触这些故事的过程中，其所蕴含的美国思想与价值观念深深地影响了他们，人们对迪士尼的象征意义开始形成了“普遍性”的共识。迪士尼作为媒介与文化景观中一个经久不衰的重要组成部分，已然成为当今世界的传媒帝国，迪士尼所代表的美国文化不断走向全球化，但其所凸显的“全球性”特质并非自然的，而是有意制造并精心传播的。[①]迪士尼开始成为许多学者的研究焦点，例如，法兰克福学派常常以米老鼠和唐老鸭为例研究文化工业等。近年来，众多学者纷纷加入“抨击迪士尼流行运动”之列，认为对迪士尼的批判性解读必须成为对企业与消费文化普遍性批判的一部分，同时迪士尼研究呈现修辞学、文学、女性主义和精神分析评论等跨学科特征。

在全球化的多维度中，文化全球化给人们带来的感受更直接、更普遍，不同文化的碰撞与交流也是一个人与人之间互动的过程。[②]除了前面所提到的精神层面的文化输出，西方也在向其他国家展开物质文化层面的输出，这便不得不提到麦当劳这一流行西方快餐。麦当劳的发展一共经历了五个阶段，分别是：起步期（从1940年到1954年）、快速成长期（从1955年到1966年）、扩张期（从1967年到2002年）、调整期（从2003年到2014年）和再次腾飞期（从2015年到现在）。现代社会生活的快节奏使得人们加快了用餐节奏，以便获取更多时间去工作与娱乐，麦当劳作为现代化的产物适应了这种生活方式，

① 瓦斯特.理解迪士尼：梦工厂［M］.杨席珍，译.北京：中国传媒大学出版社，2015：1-4，226.

② 张卫东.文化全球化与本土化的互动：麦当劳与中国饮食案例分析［J］.河北师范大学学报（哲学社会科学版），2006（1）：79-83.

正如学者乔治·瑞泽尔（George Ritzer）所言："麦当劳的成功在于它给消费者、工作人员和管理人员提供了有效性、可计算性、可预测性和控制性。"麦当劳通过其标志性的产品和形象塑造了快餐文化，已经成为全球人们熟知的经典美食，其积极推进全球化营销与营销本土化，通过整合营销建立起了其他国家顾客对麦当劳的品牌认同，并对社会产生了深刻影响。但存在的问题是，这样的快餐形式使得用餐的店面失去社会文化功能，仅仅成为纯粹吃饭的场所，不适于谈话和社会交往，并不是理想的社交场所或公共空间就餐场所。[①]但即便如此，麦当劳仍旧在发展中适应了各地的文化与饮食，允许经营者根据当地的口味改变食谱。麦当劳在一定程度上有助于规范和统一全球饮食文化，但在另一层面上，它又给世界各地带来了变异性、多样性和创新性，对创建一个复杂的后现代全球大众文化起到了推动作用。

概言之，无论是影院的好莱坞电影、影视作品中的迪士尼形象，还是食物传播中的麦当劳，美国凭借经济方面的优势在世界流行文化图景中占据一席之地，并借助文化之名不断传播美国价值观。对于媒介文化现象的分析，也是对全球化过程的一种反思。

第二节　文化多样性：对话、合作与共同体

一、文化多样性

多样性是人类物种和文化演化的基本条件，对生物多样性的尊重与保护，体现了人类在环境问题上累积的经验储备。生物多样性，是针对特化（specialization）这一现象提出的。当环境条件变化时，特化生物由于不适应而灭绝。特化体现了生物对环境条件的特异适应和进化，其结果是有利于某些方面的发展却减弱了其他方面的适应性。环境条件变化时，高度特化的生物

① 瑞泽尔.社会的麦当劳化［M］.姚伟，等译.9版.北京：中国人民大学出版社，2023.

类型往往由于不能适应而灭绝。[1]本节将从生物多样性推进到对文化多样性的理解上，借助前者概念的理解，从生物体到文化发展，都必须具备多样性的特点。

18世纪晚期，约翰·赫尔德（Johann Herder）提出文化多样性的概念，“上帝的所有作品都具有这种特性，即它们虽然都属于一个极为庞大的整体，但每一个也都自成为一个整体，并在自身具有它的规定的神性”[2]。文化多样性对于人类社会具有深远的意义，意味着不同地域、民族、国家之间拥有各自独特的文化传统和风俗习惯，这些不同的文化相互交融，共同构成了丰富多彩的人类文化宝库。有着不同文化背景和观念的人们的交流，也能够激发思维的创新，为社会进步和科技发展提供源源不断的动力。通过了解和尊重不同文化，人们可以更加包容和理解彼此的差异，减少误解和冲突，促进世界和平与发展。

与文化多样性相对的概念是文化同质化（homogenization），以美国为主的西方文化扩散到其他文化之中，使得全球文化呈现“趋同”与标准化，同时还带来了更加广泛的文化同化影响。罗伯特·墨菲（Robert Murphy）提出：“在技术较为发达的国家中，文化的区别渐次消失，世界上的初民与农民正在被我们的方式所同化。”[3]随着互联网技术的飞速发展，信息传播的速度和范围得到了极大加快，各种文化信息能够迅速地在全球范围内传播，加速了不同文化之间的交融和相似性。在全球市场机制的推动下，文化产品往往被标准化和商业化。这种标准化和商业化也进一步加剧了文化的同质化。1901年，威廉·斯特德（William Stead）在《世界的美国化》（*The Americanization of the World*）一书中表达了欧洲知识界对世界“美国化”和文化“一致性”的疑惧：“知识分子和艺术家标准的下降，民族语言和传统的衰落，独特的国家认同在

① 孙英春.跨文化传播学［M］.北京：北京大学出版社，2015：366-367.

② 李秋零.德国哲人视野中的历史［M］.北京：中国人民大学出版社，1994：150-151.

③ 墨菲.文化与社会人类学引论［M］.王卓君，译.北京：商务印书馆，2009：267.

美国文化压力下的消失。”[①]文化的同质化体现在很多方面。全球性的流行文化不断形成，如好莱坞电影、迪士尼动画等。语言和习俗也存在趋同倾向，英语等全球通用语言成为不同文化间交流的桥梁。此外，跨国公司通过品牌推广和营销策略，使其品牌和产品在全球范围内广受欢迎。不同地区的消费者开始追求相似的消费体验和生活方式，例如，咖啡文化、健身文化等。以美国为代表的西方文化通过电影、音乐、时尚等文化产品输出，其蕴含的价值观和生活方式也被广泛传播和接受。这种西方文化的强势影响，使得其他地区的文化在一定程度上也开始向西方文化靠拢。

1998年，联合国教科文组织提出：“能表明当地或国家特征和连接当地或国家的文化价值观，似乎处在被全球市场的冷酷力量打垮的危险之中。”[②]这充分展现了其对西方强势传播的担忧。欧洲学者也表达了对于美国占据绝对文化高地的焦虑：“欧洲的敌人已不是传统意义上的敌人，而是霸权主义，是单一化，是对多姿多彩的世界的摧毁，是对丰富个性文化的否定。”[③]第二次世界大战后，西方国家内部少数族群吁求平等、尊重和权利，产生了关注族群文化多样性、追求多元文化平等共存和共同繁荣的重要思潮。多元文化关注族群文化多样性、群体公正、弱势群体的权利等。多元文化主义是一种公共政策：禁止任何以种族、族群或民族文化起源以及肤色、宗教及其他因素为理由的歧视。多元文化主义也是一种文化政策，即鼓励少数族群把对族群的认同感转换为对国家的认同，促进社会和谐和政治稳定。可以说，广大发展中国家作为世界文化多样性的重要组成部分，应从理论和实践层面努力，构建多元共生的文化理念，推动多元文化的保护与发展。发展中国家更需要立足本土开展文化多样性的思考，培养好本国的文化自觉意识，制定符合国情的文化政策，加强对本土文化的保护和传承，从而在全球化浪潮中坚守文化根脉，传承文化传统。

---

① PELLS R.Who’s afraid of Steven Spielberg?［J］. Diplomatic history，2000，24（3）：495.

② 联合国教科文组织.世界文化报告：文化、创新与市场（1998）［M］.关世杰，等译.北京：北京大学出版社，2000：120.

③ 勃莱尔，等.欧洲书简［M］.郭安定，译.北京：生活·读书·新知三联书店，2004：5.

二、文化相对主义

18世纪初，法国学者在对北美印第安人进行民族学分析时，提出了不要以欧洲人的道德标准去看待土著居民的文化。1725年，意大利文学家、欧洲反启蒙运动的先驱乔瓦尼·巴蒂斯塔·维柯（Giovanni Battista Vico）在对法国启蒙思想的科学理性主义进行批判时最先阐发了文化相对主义的基本思想。20世纪20年代，弗朗兹·博厄斯（Franz Boas）出于对种族主义和文化殖民主义的反思，以及对落后国家文化的理解与尊重，建立了文化相对主义。他最早在文化人类学研究中提出和运用了文化相对主义的研究方法。博厄斯在印第安人和因纽特人部落做田野，提出只有在每种文化自身基础上才能去研究每种文化，只有深入研究每个民族的思想，并把在人类各个部分发现的文化价值列入我们总的客观研究的范围，客观的、严格的、科学的研究才有可能。[①]这意味着，以优劣、好坏对民族文化进行评价是不合适的。第二次世界大战之后，随着亚非及其他大陆民族解放运动的发展，欧洲中心论等相关理论被不断反思，20世纪50年代初，文化相对论成为一种比较流行的思潮。

博厄斯的弟子本尼迪克特在《文化模式》中提出，现代社会思考的最重要的任务，莫过于充分思考文化的相对性。[②]任何群体都有其存在的价值和合理性。在全球化和文化多样性背景下，文化相对主义依然是一个重要的理论，强调不同文化间存在着不同的价值观、道德观和习俗，没有一个文化能够作为标准来评判其他文化的好坏。文化相对主义观点逐渐从人类学渗透到其他学科，其影响力与日俱增，例如，文学理论、比较文学、美学、比较宗教学，以及杜克海默、韦伯等建立的宗教社会学、知识社会学等传统的或新兴的学科都受到了影响。[③]

---

① 王铭铭.人类学与文化学说［J］.国外社会学，1996（1-2）：1-27.

② 本尼迪克.文化模式［M］.何锡章，黄欢，译.梦觉，鲁奇，校.北京：华夏出版社，1987：15.

③ 邓建华.反思新“欧洲中心主义”：一位汉学家对“文化相对主义”的批判［J］.文艺理论与批评，2010（3）：67-70.

与之相对的文化中心主义，指各个国家、各个民族常有一种倾向，即将自己的生活方式、信仰、价值观、行为规范看成是最好的，并认为它们优于其他民族的文化。文化中心主义的特点是将本民族或本群体的文化模式作为中心和标准，以此衡量和评价其他文化。种群中心主义也是文化中心主义在跨文化传播中的体现。当族群中心主义体现在不同民族之间，即某一民族把自己看成世界中心而歧视其他民族时，就产生了民族中心主义。在特定情境下民族中心主义可以激发民族成员的团结和斗志，共同维护民族的利益和尊严，但极端的民族中心主义会造成巨大的冲突和灾难，引发偏见和歧视，阻碍文化交流和理解，加剧文化两极分化，以及导致不平等和不公平现象的出现。

文化相对主义在探讨文化问题时也同样存在问题：一是存在走入整体主义的歧路，相对主义一定是在一定范围之内才有意义；二是回避了文化的目的性，缺少贡献于社会实践的实用功能；三是陷入了封闭僵滞的文化分析框架，忽视了文化变迁的必然性和动态性。不同的民族不可能永远隔绝，世界也在永恒地运动发展。①文化相对主义所表现出来的观念，最终使之走向了其自身反对的对象：一种强烈的要为一切归类、定位的普遍主义。发展中国家需要正确理解和应用文化相对主义，既要尊重外部文化，也要坚定文化自信，将文化行为放入具体的历史、环境和社会中加以评估，不抱残守缺、停滞不前，在保持文化独特性的同时，实现文化的和谐发展。

三、文化共同体

2000年发表的《联合国千年宣言》（*United Nations Millennium Declaration*）指出："人类有不同的信仰、文化和语言，人与人之间必须相互尊重。不应害怕也不应压制各个社会内部和社会之间的差异，而应将其作为人类的宝贵资产来加以爱护。"在社会学领域，"共同体"（community）一词通常被译为社群或社区。"共同体"特指由两个以上的个体构成的既作为一个整体又不能

① 杨须爱.文化相对主义的起源及早期理念［J］.民族研究，2015（4）：107-119，126.

完全丧失每一个体各自独立性的有序群体。文化共同体是指具有共同理想和相同的文化性状的社会个体所构成的有序群体。构成要素包括共同的文化记忆、文化生活、文化精神。雷蒙德·亨利·威廉斯结合自己的生活经验，提出任何真正的传播理论都是“共同体理论”，认为共同体的发展就是通过发现共同意义和共同沟通手段而实现的。艺术则是共同意义和共同价值沟通和传播的重要手段，是实现文化共同体进程的最高形式之一。威廉斯认为，发展和利益不是个体意义的而是集体意义的，个人价值在团结的集体之中才能得到最终彰显，“人类的个体价值植根于社会，共同的思考和感受方式极为必要”[①]。

第二次世界大战结束后，欧洲各国遭受了巨大的破坏，许多城市沦为废墟，经济遭受重创，美苏成为超级大国，对国际事务产生重大影响。欧洲国家开始寻求更紧密的合作和一体化，以避免未来的冲突。《马斯特里赫特条约》的签订宣告了欧洲联盟的成立。欧盟倡导尊重多样性和包容性的文化精神，鼓励成员国在保持各自文化特色的同时，增进彼此之间的联系和合作。这种精神使得欧盟成为一个充满活力和创造力的文化共同体。欧洲国家众多，但力量分散，他们拥有相似的地理环境、共同的文化记忆，第二次世界大战的创伤使得对和平与合作的渴望成为欧洲各国共同的追求。这种记忆有利于成员国之间能够超越过去，共同致力于实现欧洲一体化的目标。对“共同体”的向往同样发生在大众传播领域，从“无国界电视”到“视听媒体服务方针”，大众媒介致力于为欧洲内部电视节目的流动创造条件。欧盟通过媒体项目向欧洲视听产业提供经济及其他支持，成立欧洲电影促进会，努力提升欧洲电影在世界市场的影响力。欧洲广播联盟致力于推动欧洲公共服务媒体之间的合作与交流。总部设在里昂的欧洲新闻频道，新闻工作者在同一采访区域工作，在同一个新闻平台上，将同样的原始新闻材料写的新闻快报放在一起，并用英语、西班牙语、意大利语、葡萄牙语、俄语和阿拉伯语播出。可以说，这些媒介组织极大提升了欧洲一体化的建设力度。

---

① 威廉斯.漫长的革命［M］.倪伟，译.上海：上海人民出版社，2013：59，339.

第三节　本土意识：全球媒介文化的反向流动

一、全球媒介文化的反向流动

以美国为代表的西方国家媒体产品在全球范围内的文化推广主导了全球媒介文化的流动方向。反向流动则指的是非西方国家通过发展本地媒体产业遏制西方的文化倾销，同时实现少量的节目出口。全球化过程中，越来越多的发展中国家或地区的文化通过媒介和文化产品对发达国家或地区产生反向影响，挑战和改变了传统的文化流向。第二次世界大战后的全球传播研究在理论关切上主要聚焦在全球范围内信息的不平衡流动上。相较于美国主导的对“信息自由流动”的追求，绝大多数发展中国家要求全球传播走向“信息自由且平衡”的流动，反对美国利用所谓“信息自由流动”作为捍卫其全球传播领域霸权地位的说辞。全球媒介文化的反向流动是一个复杂且多维度的现象，描述了发展中国家在全球文化权力和地方性媒介生产之间博弈的过程，这种信息流动在地方性、民族性和全球公民的身份论争中协商形成。具体包含“国际流动”（transnational flow）与“地理-文化区域内流动”（geo-cultural flow）两个维度，主要指非西方的影视资本与媒体的跨域流动。其中，“地理-文化区域内流动”主要反映了区域性媒体与文化势力的崛起。

尽管西方媒介文化在全球化进程中具有明显的优势传播地位，但媒介产品的流向绝不是单向的。当前全球媒介文化格局呈现出更加多元的流向。中国媒体不断拓展国际业务，新华社、中央广播电视总台、人民日报、中国日报等媒体均在国际舞台发挥重要作用，不断对外讲好中国故事。以宝莱坞和Zee TV为代表的印度娱乐业也以多语种覆盖播出。土耳其电视剧作为肥皂剧和历史剧的后起之秀在中东地区有效冲击了美国市场。韩流的兴起逐渐形成一种全球媒介影响力。作为非洲人口大国，尼日利亚电影也以独特的风格在文化出口方面独树一帜。新闻业也不再仅仅由英美垄断，半岛电视台在中东地区发挥着独特优势。非西方国家借助媒介纷纷凸显着本国特色，以金砖五国为例，如中国国际电视台（CGTN）、今日俄罗斯（Russia Today）、宝莱坞（Bollywood）、巴西的电视小说（Telenovels）、南非的信息娱乐（infortainment and entertainment）等，都在国际传播领域做出一定成绩，作为非西方国家的媒介内容挑战了美国的统治地位。

二、国际信息与传播新秩序

国际信息与传播新秩序的建立与联合国教科文组织密切相关。回溯这段历史，1945年联合国教科文组织成立，1946年作为联合国专门性机构正式成立。其事务范围包括科学、教育、文化和传播项目以及全球研究项目。倡导建立世界信息与传播新秩序的运动与20世纪60年代的不结盟运动紧密相关，本质上是“信息领域国际关系体系的民主化”。随着曾经被西方国家殖民的国家的不断加入，来自亚洲、非洲的国家开始表达自己的意愿和诉求，他们有着较为接近的经济发展状况和历史文化，在很多方面可以达成共鸣。联合国教科文组织专家理查德·霍加特曾说：“新兴国家，总体来说都是20世纪60年代早期成立的，尽管有些分歧，还是十分重视联合国这一机构。由于联合国是当时获胜的联盟国家建立的，因此有西方思维方式的烙印。而另一方面，它在反殖民主义方面又成果卓著，对一些新兴国家的建立也功不可没。因此他们与联合国的关系矛盾重重。”[①]新兴国家对于现代化、工业化有着强烈需求，但也面临着基础设施匮乏的现状，对于西方文化保有警惕或是抵制，关于世界信息与传播新秩序的讨论也不断产生。

1979年“麦克布赖德委员会”成立，即国际传播问题研究委员会。1980年，联合国教科文组织通过并发表了当代国际传播领域最重要的学术文献——《多种声音，一个世界》，又称“麦克布赖德报告”。该报告首次将信息与传播相关问题纳入全球议程，强调了信息传播的平等与公平，呼吁在信息传播领域

① 麦克费尔.全球传播：理论、利益相关者和趋势［M］.张丽萍，译.北京：中国传媒大学出版社，2016：62.

建立更为平等和公平的结构。尤其对发展中国家，强调他们应享有更多的自主权和传播资源。报告倡导了国际信息新秩序，包括加强信息传播的独立性、为缩小国家间传播差距创造良好的政策环境、加强不同社会的文化认同等。该报告同时关注了技术挑战，建议应根据社会效果进行决策，减少技术与信息的垄断。该报告强调传播民主化的重要性，呼吁提高新闻记者的责任感，保护他们的权益，并鼓励国际间的合作，以促进信息的自由流通和多样性。该报告提倡全面保护人权，特别是信息方面的权利，并强调传播内容的多样化和可选择性，以满足不同社会群体的需求。该报告认为，交流是建立友好合作关系的基础，通过媒体传播可以促进国际间的相互理解，减少误解和冲突。

但也有反对者表示世界信息与传播新秩序的要求为第三世界国家阻碍媒体自由、实行审查机制提供了挡箭牌，持有新秩序主张的第三世界国家政府对“新闻自由”构成了威胁。美国曾一度退出了联合国教科文组织，西方国家对国际信息与传播新秩序的态度消极，视其为不受欢迎的、具有侵略性的，并可能带来潜在风险的。而不结盟国家群体则认为，国际信息与传播新秩序不仅是一个具有实际操作性的项目，更是一个理论上的创新，能够有效激发和增强原住地的生产活力。冷战末期，联合国教科文组织内部更加关注全球电信与跨国数据流动等领域，这与信息技术的发展紧密相关，计算机与电信系统的叠加使得国际传播产生了新的可能，传播观由以国家为中心向受自由市场规则支配转变。

三、将亚洲作为方法：韩流、日漫与宝莱坞

以中国、朝鲜半岛和日本为中心的东北亚地带，曾在前近代时期占据了人类文明发展的重要位置。这片区域的文化传统，富含了相似的内涵与共同发展的脉络，长久以来为东北亚各民族的生存和进步提供了坚实的内在支撑。基于东北亚共有的文化底蕴，很多研究倡导开展深入的文化交流与协作，共同构建一个面向未来的“东北亚文化共同体”。此举不仅有助于展现当代东北亚文化在全球社会中的独特地位，而且对中国文化的现代化进程也具有重要推动作

用。本节将主要聚焦周边国家，以韩国、日本、印度三国的代表性媒体产业为例，探讨亚洲文化的反向流动力量。

“韩流”是韩国文化产业的简称。1996年韩国文化观光部首次使用这一名称。1998年金大中总统上任后，他正式提出了“文化立国”的发展战略，将文化产业作为21世纪发展国家经济的战略性支柱产业优先发展。[①]如今，韩流不仅仍引领着亚洲的消费潮流，也吸引着世界的目光。韩国的文化产品涉及电视、电影、流行音乐等，韩流在亚洲各国的兴起与发展，与文化接近性密不可分。

韩流的出现与韩国政府的积极推动密不可分，同时也展现了现代化进程中对儒家文化的尊重，中国、日本、越南等国的受众都深受这一思想影响。韩流的影响，也不仅仅局限于视听内容，还对整个消费行业如磁带、游戏等，特别是对青年群体，都产生了深远的影响。

除了韩流，日漫也是亚洲媒介文化研究的重要部分。铁臂阿童木、火影忍者、奥特曼、机器猫、樱桃小丸子等都是风靡世界的日本动漫形象。日本动漫包括日本动画和日本漫画，作为极具符号特色的文化产业，日本动漫产业的兴起主要经历了三个阶段。第二次世界大战前，日本的动漫产品一直存在但没有形成产业。第二次世界大战期间，日本动漫产品作为商品被复制、出售，出现了大众漫画杂志，漫画成为重要的大众传媒手段之一。20世纪六七十年代，动漫产业开始在日本兴起。日本政府单独制定漫画出版的政策，对动漫产业规模不断扩大并向国外出口大力支持。[②]日本政府在日漫的发展历程中始终发挥着重要引导作用，制定并实施了相关政策，设置文化审议会，派遣人才出国学习交流，为漫画企业的发展提供充足的发展空间。2004年颁布《内容产业促进法》，通过动漫产业化实现经济结构调整。日本政府还充分利用财政政策和货币政策，为动漫产业的发展创造有利的经济条件。

---

① 陈艳平，盛辉.从韩国文化立国战略看国家软实力的提升［J］.人民论坛，2014（11）：247-249.

② 张玉柯，金春.日本动漫产业兴起的新制度经济学分析［J］.河北大学学报（哲学社会科学版），2011，36（5）：37-40.

为了扩展本身的影响力，日本公司开始与美国及其他亚洲国家合作，并借助互联网向制作公司直接购买产品，减少经销商和发行商的介入，实现利益最大化。许多日本动画也通过外包的形式由中国、韩国或者其他国家生产，这样的制作模式非常有利于日本动漫产业的壮大。《千与千寻》荣获2003年奥斯卡金像奖最佳长篇动画，同时也是历史上第一部以电影身份获得柏林国际电影节金熊奖的动画作品，这充分展现了日本动漫的国际影响力。但同时，日本文化产品也面临着电视产业发展有限、打入美国市场阻力较大等问题。

在世界电影市场上，印度也占据一席之地。印度于1913年制作出了第一部无声电影，这距离卢米埃尔兄弟制作出世界上第一部电影已经过去了17年。现如今，印度每年出产的电影数量和售出的电影票数量居全世界第一。印度的电影产业集中于孟买（旧称Bombay），宝莱坞因此得名。宝莱坞对印度及周边国家、东南亚地区的流行文化都产生了重要影响。受益于全球数字媒介工业的迅速发展，电视频道急速增长，助力许多专门播放电影的付费频道的诞生。卫星和有线电视也为印度电影扩展国际影响力提供了基础设施支持。宝莱坞电影具有鲜明的特色，例如，音乐贯穿始终，穿插生动的歌舞镜头，叙事风格夸张，强调对立冲突，极能够触发发展中国家观众共鸣等。同时，宝莱坞电影产业发展成熟，审核速度快，生产成本远低于好莱坞，从业人员众多。宝莱坞电影还积极投资字幕和配音，以期在国际市场上扩大影响力。

随着印度海外移民数量的不断提升，DVD和家庭录影带等手段也提升了印度电影的发行效率。许多从业者也积极在国外设立发行处，印度电影海外市场的电影票收入远远高于印度本土，赢利前景广阔。好莱坞也与印度当地合作建立合资企业，实现互利共赢，近年来政府开始允许海外资本进入电影行业，使其实力不断壮大。宝莱坞已经成为文化符号，彰显着印度自信而富有创意的国家形象。但也有观点表示，印度电影收入深受海外市场影响，产品内容存在着迎合国外受众喜好、娱乐化严重等问题。

概言之，伴随着对全球化进程的反思，各国本土意识不断觉醒，全球媒介文化反向流动趋势日益增强。全球媒介文化的反向流动是一个不可忽视的现象，它打破了西方文化长期主导全球媒介市场的局面，使得更多元、更丰富的文化能够得到展示和传播。这种流动不仅为受众提供了更多样化的选择，也促进了不同文化之间的交流和融合。国际信息与传播新秩序的构建对于促进文化多样性和平等交流至关重要。随着全球化的深入发展，信息传播的渠道和方式也在不断变化。在这样的背景下，我们更需要关注本土文化的传承和发展，同时也要积极参与全球文化的交流与融合，直面媒介技术发展带来的挑战，在积极拥抱世界的同时，努力做到扎根历史，面向未来。

本章思考题

1. 在全球化进程中描述媒介文化的变迁。
2. 运用媒介文化研究理论解释好莱坞、迪士尼或麦当劳在全球流行的现象。
3. 解释“文化共同体”概念。
4. 列举能够体现文化多样性的媒介实践。
5. 回顾国际信息与传播新秩序建立的历史过程。
6. 谈谈人类命运共同体理论对全球文化的指导意义。

附　录

学生作品："新青年与新媒介"的研究活力

学生作品展示

◎ 跨越国界的笑声:《老友记》与中国观众的集体记忆

◎ 一起长大: Z世代的互联网媒介记忆

◎ 媒介生产、技术怀旧与亚文化: 对Z世代与“中式梦核”视频生产的考察在《Z世代：成长中的新一代青年》一书中，李云雷曾这样描述"Z世代"：这是一群生机勃勃充满朝气的年轻人，他们善于观察，勇于思考，他们不仅在课堂上学习，也将视角触及社会的各个层面与各个角落。[①]Z世代是当前青年亚文化的主体，学界较多关注这一代际群体依托互联网所形成的丰富媒介生产与文化实践，这也正是本书第八章所讨论的内容。但诸如《Z世代：成长中的新一代青年》《噢，孩子们——千禧一代家庭史》[②]等书已经开始展示Z世代的研究活力，即Z世代如何作为写作或研究的主体将自己正在从事的媒介文化实践转化成作品与研究，如何通过文字书写和学术研究表达对自身所处文化、社会与时代的深刻思考。受此启发，本书尝试在最后以附录的形式展示部分学生作品，在展示教学成果的同时，也期待能够体现"新青年与新媒介"的研究活力。

本书第一至第九章基本构建起了媒介文化研究的知识框架，而附录所展示的则是对这一知识体系教授成果的体现。这三份学生作品均来自编著者本人从事教学以来的课堂汇报成果，7位作者正是世代意义上标准的"Z世代"，他们既是从事与感受Z世代文化的主体，也是冷静观察和思考青年亚文化的研究者。身处媒介文化研究的主体与客体间，以所学理论诠释自身代际文化，Z世代的学术作品展示出了前所未有的理论活力。

赵欣宇同学的作品《跨越国界的笑声——〈老友记〉与中国观众的集体记忆》从属于第四章"电视文化"，同时借鉴了第九章"全球文化"的理论，对传入中国的美剧《老友记》进行了历时性考察。作为《老友记》的剧粉，作者将娱乐对象转化为研究对象，对《老友记》的中国之旅进行梳理，并借此考察

① 张慧瑜，李云雷.Z世代：成长中的新一代青年［M］.上海：上海大学出版社，2022：封面.

② 王洪喆.噢，孩子们：千禧一代家庭史［M］.桂林：漓江出版社，2022.

了情景喜剧的发展脉络，为中国如何更好发展本土喜剧文化提供了启示。

吴佳丽、尹越筠、马健三位同学共同完成作品《一起长大——Z世代的互联网媒介记忆》，在中国全功能接入国际互联网30周年的历史节点，将自己作为方法，采用口述史与自我民族志结合的研究方法，对Z世代早期互联网记忆进行了回溯。该作品主题从属于第六、第七章“网络文化”和“中国互联网30年”，充分运用第三章所介绍的各类口述史的方法，完成了一次网生代对互联网记忆生动的洄游。

高伟航、张安琪、宋谨羽三位同学共同完成作品《媒介生产、技术怀旧与亚文化——对Z世代与“中式梦核”视频生产的考察》。该作品既深受第六、第七章中国互联网发展历史的影响，同时聚焦第八章的青年亚文化主题，将社交媒体上流行的“中式梦核”视频作为研究对象，对“核艺术”、梦、情感等亚文化主题进行抽丝剥茧的分析，由此追溯Z世代的媒介记忆，并勾连起中国互联网的早期历史。

张慧瑜曾这样概括Z世代的三副文化面孔：“小时代”的宠儿、网生代和数字原住民、拥有更为确定的社会意识的一代。[①] 在本章所展示的三份学生作品中，Z世代群体分享了与互联网“一起长大”的集体记忆，诠释了网生代对互联网的独特理解。作为在物质条件丰裕时代中长大的宠儿，Z世代较之其他代际群体有更坚定的文化自信，也同时具备反思消费主义的能力，他们在不断追寻文化主体性的过程中，培养和获得了更为确定的社会意识。从学术代际看，Z世代群体已然进入攻读硕士、博士阶段，部分已经正式走上从事社会科学研究的岗位，从体验媒介文化转为研究媒介文化，将独特的代际思考与确定的社会意识转化为更具活力的学术增长点，Z世代一直在路上。

---

① 张慧瑜，李云雷.Z世代：成长中的新一代青年［M］.上海：上海大学出版社，2022：封面.

跨越国界的笑声
——《老友记》与中国观众的集体记忆

赵欣宇 *

《老友记》这部美国情景喜剧在中国赢得了无数观众的心，成为一代人的集体记忆和共同话题。那么，究竟是什么使《老友记》能在中国观众中引发如此广泛的共鸣？从剧中的喜剧文化、生活场景、角色塑造和叙事方式出发，能够深入探讨《老友记》为何能跨越文化边界，打动中国观众的心。通过分析《老友记》传入中国并大受欢迎的历程，可以探寻为何《老友记》在中国受众心中占据了特殊的位置。同时，这样的思考也能够在电视文化中发现欢笑和温情的力量，以及文化交流与共通的美好。

2004年2月中旬，在美国已热播了十年的《老友记》在NBC播出大结局，中央电视台想借此契机引进该片，但由于太多敏感话题而计划搁浅。直到2012年7月，爱奇艺正式上线《老友记》十季全部236集，《老友记》才首次全剧正版引入中国。

回顾中国观众看《老友记》的历史，在2012年以前，粉丝们只能通过网络途径欣赏。这部分粉丝包括学生、蓝领、刚步入社会的青年白领及部分普通白领。这些粉丝有一个共同的特征：对互联网有很大的依赖性。它反映了一种重要的社会变动——在20多岁的年纪里，年轻人远离家乡，独自在大城市打拼，父母远在天边，朋友即是家人。熟悉的观众都知道，这也正是《老友记》故事叙事的核心内容所在。

中国于1994年正式全功能接入国际互联网，这为《老友记》粉丝通过网络方式观看提供了可能。此外，字幕组也在《老友记》传入中国的过程中发挥

* 赵欣宇，中央民族大学新闻与传播学院2023级硕士研究生。

了重要的作用。字幕组是因为喜爱海外影视剧而聚集起来为其制作字幕并通过互联网进行交流和传播的民间组织，在跨文化传播过程中担任了重要的解码编码的工作。《老友记》的受众不乏受过高等教育的翻译人员，减少了《老友记》在解码与二次编码之间误读的可能性，形成了一个传播生态的良性循环。

《老友记》在中国收获大量观众，文化接近性发挥了一定的作用。文化接近性最早由J.斯特劳哈尔（J.Straubhaar）于1991年在学术论文《超越媒介帝国主义：不对称的相互依赖与文化接近》中提出，指受众基于对本地文化、语言、风俗等的熟悉，较倾向于接受与该文化、语言、风俗接近的节目内容，即在肯定受众主动性的前提下，说明文化距离对节目成功输出或输入的重要性。尽管中美两国文化有着巨大差异，但《老友记》在都市生活叙事上，找到了文化共通之处。

首先，喜剧文化基础上的接近性。清代咸丰、同治年间，相声最初以说笑话或滑稽问答的形式出现，自此以后，相声艺术一直在不断发展，晚清年间相声就已经形成了现代特色和风格。我国喜剧小品起源于20世纪80年代初，继承了话剧、相声、二人转等艺术表现形式的特点。小品虽然出现的时间晚，但因其独特的表演形式，很快博得了全国观众的喜爱。20世纪90年代，周星驰出演的系列电影，成为风靡全国的喜剧品牌。1991—1999年是我国情景喜剧的初创期，例如《我爱我家》讲述了一个居住在北京的三世同堂六口人的家长里短，通过小人物映射大时代，喜剧达成了与社会的共鸣。2000—2008年是我国情景喜剧的拓展期，这一时期我国电视情景喜剧充分展现了地域文化。例如，代表北方文化的《东北一家人》，剧中多次使用东北方言，幽默又亲切地讲述了老工业大家庭的趣事。2009年至今是我国情景喜剧的转型期，我国电视情景喜剧走向本土创新。2022年，随着全国首档情景喜剧综艺节目《开播！情景喜剧》在东方卫视、腾讯视频、优酷、百视TV播出，网络情景喜剧以一种迎合大众消费的流行文化形态出现，该节目特邀了《我爱我家》《武林外传》《家有儿女》等影响深远的情景喜剧导演或主要演员，以综艺节目的形式重温了20世纪90年代以来中国情景喜剧的发展。

第二，生活场景上的接近性。改革开放后，随着市场经济的发展，“下海”

成为热潮，许多年轻人背井离乡闯荡，在无依无靠的大城市打拼。在这种社会浪潮下，年轻人间诞生了社区文化，咖啡馆成为一种文化场所。《老友记》以咖啡馆和合租公寓这种年轻人熟悉的生活场景作为主要的拍摄场地，让目标受众——正在打拼中的年轻人，更能产生情境感。《老友记》成功地创造了一种都市年轻人真实而熟悉的生活场景，观众可以在剧集中看到自己的影子，感受与年轻人的共鸣。这种情境感使得观众更容易被故事所吸引，并融入剧情之中。他们可以在角色中找到自己的影子，从中汲取动力和勇气，继续努力追逐自己的梦想。

第三，性格身份上的接近性。根据福斯特的"圆扁说"，剧中人物都是"扁形人物"，即"依循着一个单纯的理念或性质而被创造出来的人物"，这样的设计能使观众在最短时间内接受和理解人物，有利于故事情节的展开。《老友记》里面有三男三女，共六个主演，剧中主要人物的性格和行为都有着鲜明的个人特点，人物个性变化不大。莫妮卡有强迫症和洁癖，是一个妈妈型好友，瑞秋是敢爱敢恨的富家千金，菲比是有一点神经质但真诚善良的人，钱德勒常常用幽默来调侃身边的人，罗斯是一个敏感且有点迷糊的学者型人物，对爱情和家庭有着复杂的情感，乔伊则被描绘成一个活泼、善良且对女性极有吸引力的角色。这样的扁形人物设计使得观众能够快速建立对他们的认知，并迅速融入剧情。这种设计方式让观众能够更好地理解和关注剧情的发展，同时也使观众与这些剧中人物产生了深厚的情感联系。

第四，叙事结构上的接近性。《老友记》遵循了"平衡—打破平衡—再次平衡"的封闭式叙事结构，这和中国影视作品的"大团圆"结局有相似性。"大团圆"结局的作品似乎更能受到中国观众的喜爱，原因之一是中国传统的"家"文化概念深入人心，"此事古难全"的生活常态使人们深深寄"大团圆"的希望于影视作品中。冲突过后，老友们都会不约而同地回想起对方的好，并以一个温暖的拥抱释怀。在《老友记》中，每一季剧情的发展都遵循着"平衡—打破平衡—再次平衡"的模式。主要角色们会面临各种挑战和冲突，打破原有的平衡状态，制造戏剧性的发展和紧张感。但最终剧情会回到重新平衡的状态，老友们通过相互之间的理解、支持和互动解决问题，重新建立友谊和亲密关系。通过这样的叙事结构，观众能够在每一集或每一季中体验到情节的紧张和扣人心弦的高潮，同时也能感受到故事的圆满和和谐。这种“大团圆”结局给观众带来满足感和情感共鸣，与观众对“大团圆”结局的期待达成共振。

可以说，《老友记》在中国赢得观众喜爱的原因在于剧中的喜剧文化、生活场景、角色塑造和叙事方式与观众之间形成了一种深层的共鸣。这种共鸣不仅仅是笑点和情感上的共振，更是一种文化上的连接和认同。通过幽默的喜剧文化、剧中讲述的故事和反映现实的生活场景，以及真实而鲜明的角色形象，观众不仅可以找到自己熟悉的情感和经历，还能够感受到一种跨越时空和文化的共同体验。这种跨越界限和融入异域的感受，既展现了人类共通的情感和价值观，也让观众体验到文化交流和相互理解的美好。因此，《老友记》在中国受到欢迎，并非仅仅是一部情景喜剧的成功，更意味着，文化可以打破国界和语言的限制，成为一座桥梁，将不同的观众连接在一起，共同分享欢笑和温情。

一起长大
——Z世代的互联网媒介记忆

吴佳丽　尹越筠　马　健*

一、研究缘起

1994年，中国正式全功能接入国际互联网，在30周年的重要节点对互联网开展媒介记忆的研究，是十分必要的。"Z世代"作为与中国互联网共同成长的一代人，在今天，已成为社会发展中不可或缺的力量。而他们同样也是互联网内容生产、传播和消费的重要群体。

（一）数字原住民：Z世代的代际特征

代际差异常用于解释不同代际的差异和冲突，该理论认为，不同的代际在不同的历史和社会环境影响下会形成独特的价值观、信念、行为模式和文化特征。随着互联网的快速发展，Z世代在科技产品和媒体上与其他代际产生差异，形成了独特的行为模式和文化特征。Z世代指1995年至2009年之间出生的一代人，而中国的互联网元年正是1994年，因此，Z世代被称为"互联网原住民"。本研究中的"Z世代"特指2000年至2005年之间出生的人群，这一代人成长在数字化快速发展的时代，与技术密不可分，对信息技术和互联网有着高度的熟悉和依赖，甚至可以说这一代人是与中国互联网"一起长大"的一代人。

就前一代（1990年至1995年）而言，互联网在Z世代看来并非一个突如其来的事物，它不是在某一年、某一月甚至某一天突然被大家讨论起来的东

*　吴佳丽、尹越筠、马健，均为中央民族大学新闻与传播学院2021级本科生。

西，而是一个从来就存在的事物，因此，Z世代与互联网有着更多的亲密；而就后一代（2010年后）来说，中国互联网已经经历了探索与尝试，进入了蓬勃发展的阶段，然而“锦上添花”不如“雪中送炭”。因此，从中国互联网发展的整体历史来看，Z世代被赋予了更大的发展空间和更多话语权，他们不仅从上一代那里了解到了互联网，还在与互联网的接入中发展了互联网，并给后一代提供了一个更加多元、丰富和精彩的中国互联网世界。

（二）互联网记忆：一代人的集体记忆

媒介记忆研究是集体记忆研究的重要议题，近年来在新闻传播学领域兴起，其关注两个主要方面：一是利用或通过媒介收集共同的过去记忆，二是分享有关媒介的记忆。媒介记忆因人们使用媒介而产生，因此，它关注个体与媒介的交往。在这个意义上，媒介记忆既包括有关媒介的记忆，也是有关回忆者的记忆，具有媒介传记和回忆者自传的双重性质。[①]因此，互联网记忆即为媒介记忆中的一种，又是Z世代群体接触、参与最多的媒介记忆内容。同时，Z世代的集体记忆，也是中国当代互联网史的部分体现，可以充分映射出媒介技术演进与受众社会心态变迁。

二、研究方法

本研究主要采用口述史与自述史[②]相结合的研究方法，在具体工作中，对部分Z世代群体进行口述史访谈，注重将视线放在亲历人的诠释上，以个人记忆为依据，构建Z世代互联网集体记忆，寻找属于这一时代群体的记忆联结与情感纽带。本研究将Z世代作为研究对象，选取不同地域、不同性别、不同年龄的具体对象进行研究。具体选择了1995—2009年间出生的6位青年作为访谈对象，对每人进行超过半小时的口述史访谈，访谈内容主要包括了解访谈对象的个人成长经历、最早使用互联网的时间、使用互联网的目的，以及对互联网

① 吴世文，杨国斌.追忆消逝的网站：互联网记忆、媒介传记与网站历史［J］.社会科学文摘，2018（8）：111-113.

② 本研究三位作者属于典型的Z世代群体。

的具体回忆等。访谈人员具体信息见附表-1。

附表-1 “Z世代互联网记忆”主题口述史访谈对象基本情况

受访者编号	性别	出生年月	籍贯
01	女	2002.07	广西壮族自治区百色市
02	女	2003.06	山东省菏泽市
03	男	2002.01	甘肃省兰州市
04	男	2002.05	福建省厦门市
05	男	2002.05	海南省陵水黎族自治县
06	女	2002.06	黑龙江省哈尔滨市

三、研究发现

(一)引导与自觉:Z世代接入互联网历史溯源

研究发现,Z世代互联网接触行为的开端往往在4—6岁之间,且呈现出受家庭成员、同辈亲友影响的显著特点。由于Z世代群体“触网”时间早,上一辈或略年长的同辈人为年幼的网生代们提供了最早接触互联网的设备条件、基本知识和使用方法。因此,传授者的网络使用习惯也对Z世代群体有潜移默化的影响。部分受访者表示,早期互联网接触行为往往发生在家庭成员建议、学校信息技术课程讲授等场景中。例如,有被访者称:

> 怎么开机、关机、下载游戏,都是哥哥教的;怎么打游戏是表姐带我去网吧看别人玩学会的;怎么玩QQ听音乐看视频是姐姐教的;对于计算机办公软件的应用则是在信息与技术课中学会的。此外全靠自己摸索。(03)

在互联网环境的感知方面，相比于年幼的Z世代，上一代对互联网的特点与变化有更明晰的体验，因此，也在与Z世代接触的过程中对其产生潜移默化的影响。例如有受访者表示，“我的舅舅想给我建个QQ号，他说用这个跟小朋友交流比较潮流，大家都有，也给我建一个”。互联网带来的社交方式、休闲方式的变化经由上一代传授给Z世代，使Z世代在幼年时就有了全身心浸入互联网环境的条件。

在初步接触互联网的阶段，Z世代发挥自学能力，呈现出很强的自主探索与兴趣驱动的特点。在21世纪最初的十年，互联网并没有今天这样发达，但由于Z世代对于互联网环境具有极强的适应能力，很早便可以通过简单的信息检索找到自己感兴趣的信息，或是通过同龄人间的互通有无来实现技能的学习与进化，例如，有被访者称：

> 小学二年级的时候，《守护甜心》特别火，我就自己在网上搜，百度词条眼花缭乱的。我记得那时候看的网站叫“土豆网”。听见我爸一回来，我就立马切换成金山打字的界面。（02）
>
> 我好像没有看过什么教程，很多教程没办法针对我的问题，搜索引擎的关键字也不是很target。同学之间玩游戏，通常是他们告诉我，我再去搜网址，包括QQ农场、偷菜，其实都是同龄人之间的讨论和自己摸索。（04）

Z世代群体的互联网使用行为与媒介技术的升级与更迭同行。从台式电脑、翻盖手机，到笔记本电脑、触屏手机、平板电脑，网生一代与中国互联网同发展、共成长。随着互联网为Z世代提供愈加丰富的功能需求，Z世代对互联网的媒介依赖也在不断增强。例如，有被访者称：

> 最开始用的是家里的台式机。然后小学五年级（2014年）有了自己的手机，那时候我喜欢用软件看漫画。到了初高中，偶尔会用作业帮、小猿搜题，手机起到一种学业辅助的功能。高考后购入了

> 一台笔记本电脑，很多学习和工作就完全离不开线上了，包括之后购置的平板也不只是娱乐功能那么简单。(02)

与此同时，Z世代群体在初步接触互联网时年纪尚小，自控能力不强，由兴趣驱使的互联网使用行为容易主导青少年的生活，有娱乐依赖的风险，互联网于Z世代而言的学习工具属性在最初仍未凸显。正如有受访者表示，“打游戏、看网文，好像都是无师自通的”。在这一过程中，青少年群体中的潮流与个人兴趣起到了很大的引导作用，利用互联网进行娱乐、社交都成为Z世代群体日常生活的组成部分。

随着Z世代不断成长，使用的媒介日渐多元，他们对互联网的需求也在逐渐变化。Z世代群体对互联网的认知在真实的使用体验、迭代的网络媒介中不断深化，其互联网使用行为开始具有更强的目的性。依赖性与自主性并非此消彼长，在互联网与日常生活的联系越来越密切的同时，Z世代对互联网的认知也在不断提升。Z世代群体提高了媒介素养，正如有受访者表示，“互联网只是服务于我”。Z世代群体随着年龄的增长和认识的提升，在使用互联网的过程中显示出更强的主体性，互联网的工具属性开始凸显。

> 我用过百度贴吧，还有天涯社区，想通过互联网了解一些外面的事情。(03)
>
> 我觉得人的成长过程是一个不断适应的过程。我高中阶段对互联网特别依赖，简直肆无忌惮，甚至会做出在网络上哗众取宠的行为。等上了大学后，我对互联网能够以一个平和的心态去看待了——互联网只是我们的一个工具，我对它有了比较充分的了解，我在与时俱进地更新自己对于互联网的知识。(05)

本文尝试用“领路人的引导”与“网生代的自觉”两种表述来描述Z世代群体进入互联网世界的特征。同时，两个代际间也逐渐呈现出“数字互哺”的趋势——年幼时，长辈是Z世代接触互联网的领路人；Z世代作为“网生代”，对互联网的使用有天生的敏感，在不断成长后，也能够对上一代际传播新的网络知识，进行“数字反哺”。

（二）童年的社群：互联网的强社交性

腾讯QQ对Z世代群体来说有着独特的媒介记忆。很多受访者对第一次接触互联网的印象都是QQ。在QQ上聊天、建群，让Z世代第一次见识到“虚拟的联系”。QQ作为一个社交平台，为Z世代提供了与其他同龄人互动的机会。通过QQ上的社交活动，Z世代可以表达自己的观点、分享自己的生活，从而增强彼此之间的认同感和归属感。除此之外，在QQ空间发表“说说”“扩列”、玩游戏，也可以构建起一种共同话语空间，从而塑造了独属于Z世代的互联网集体记忆。虚拟的联系和现实的互动相结合，使得Z世代在QQ上形成了自己独特的社交身份和角色。例如，有被访者称：

> 就像现在的小天才电话手表一样，一代小朋友有一代的社交需求和途径。（01）
>
> 同学们都会玩，所以我也要学，不然看来不太合群的样子。互联网好像变成了我们维系关系的工具，比如说你有QQ、有微信，那我们一定要加为好友，来显示我们之间关系有多么多么好。（05）
>
> 当时有一种“QQ文化”。有阵子流行一个QQ游戏，好像是“QQ服装店”，好友之间可以相互光顾，每天放学之后看到自己店里的“衣服”被买走了就再去“进货”……QQ宠物也是可以串门的，有时候闲得无聊了就会去好友家挨个看看。（01）

Z世代群体的青少年时期已经完全处于被互联网包裹的世界中，其生理成熟期和心理转型期也呈现出被互联网影响的特点。互联网成为Z世代群体在青少年时期获取信息、结交朋友和娱乐休闲的重要方式。这种与网络不可割舍的生活方式，也造就了其具有时代特点的“网友文化”。在他们青少年期，同伴在青少年的认知、情感、人格以及行为的健康发展和社会适应中发挥日益重要的影响，是青少年满足社交需要、获得社会支持、安全感及亲密感的重要来源。[①]在互联网环境下，网络连接为正处于青少年时期的Z世代群体提供了同龄交友的途径。在高频率网络互动中，Z世代群体逐渐对其身处的大小圈层产生程度不同的亲密感与依赖感。例如，有被访者称：

我之前有一位关系很好的网友，她在西安上学，现在好像去美国留学了。我们从没见过面，但是当时她是我的精神寄托。（01）

好像是2018年左右，太多大事儿了……很容易形成社群，多了很多"网友"，一起打榜、追更啊什么的，像是一种"网上邻居"。（01）

即使不见面，却仍能形成深厚的情感联结。Z世代在网络社群中的行为呈现出"弱连接"与"强认同"的明显特点，反映了与互联网相伴而生的人际交往模式的更新。可以说，QQ的出现打开了Z世代对"陌生人社交"接受良好的大门，这种新颖的社交模式深刻影响了他们后续的社交认知与行为模式。不只社交软件，Z世代许多互联网记忆都离不开"社交"这个关键词。游戏帮派、追星社群等，互联网使各类趣缘群体开始在网络空间中生长，形成了多元化的虚拟社区，让更多兴趣相同的年轻人聚到一起。在互联网构建起来的各类虚拟社区中，Z世代个体能够跨越地域、年龄、性别等界限，与志同道合的人建立联系，个体在社群中找到归属感和价值实现，进一步加深Z世代的群体认同。

（三）"玩网"狂欢：互联网带来的青年亚文化

在受访者对于互联网记忆的追述中，有关青年亚文化的记忆占了很大比重。很多时候，作为"互联网原住民"的Z世代群体在不知不觉中参与了亚文化狂欢。"玩网"成为Z世代群体记忆中不可缺少的一部分。例如，有被访者称：

五六年级到初一、初二这段时间（大约2013—2016年），在我

① 雷雳，伍亚娜.青少年的同伴依恋与其互联网使用的关系［J］.心理与行为研究，2009，7（2）：81-86.

的同龄人之间兴起了“玩网”，就是玩互联网。像现在二次元，各种圈层，或者“扩列”什么的。但是当时因为互联网也刚起来，大家的风气就很不好。记得当时确实有那种圈子，有点非主流在里面的，他有很多家族亲友，底下会有很多人都想参与一下，说我访问量多少，我点赞量“底赞”有多少。这种逻辑有点像现在说的流量的雏形。还有那种十大家族，现在想起来真的很非主流，谁敲字敲得最快，谁在家族里的地位就最高。那时候还有什么语C、古风圈也很火。（01）

那时候很喜欢窝起来玩手机，偷偷摸摸的，有种偷感，感觉被爸爸妈妈看到了会被骂“神经病”。（02）

“玩网”、帮派、语C（语言cosplay）这些看似小众的互联网社交游戏模式是Z世代互联网记忆中独有的故事。互联网的高流动性和海量信息供应使个体能够更便捷地寻找到相对独特的情感共鸣和社会支持，从而催生了多种迭代迅速的“小圈子”“小群体”“小组织”。[①]

在互联网时代，Z世代群体在文化的生产与传播中被赋予了更多主动权。互联网为Z世代提供了展示自我、追求个性和表达情感的丰富平台。不同于传统媒体时代的大众传播，新媒体环境成就了青年亚文化群体的网络狂欢，有着相同兴趣和爱好的人们聚集在一起，运用个性化的符号和共通的意义来传达圈层内部的价值观念。总而言之，亚文化在互联网时代有了更好的传播环境和生存空间，与Z世代群体的成长相辅相成。

四、结语与讨论

（一）新媒介认知与使用：作为“互联网原住民”的Z世代

Z世代在成长过程中的媒介认知和使用习惯受到早年互联网深刻的影响，

① 王水雄，周骥腾.中国Z世代青年亚文化的由来、发展与应对［J］.中国青年研究，2022（8）：28-35，20.

习惯于通过互联网进行社交、娱乐和学习。这种习惯伴随媒介技术的发展不断强化，Z世代愈加倾向于使用社交媒体平台进行交流，而不是传统的书信、电话或面对面交谈。同时，Z世代也更愿意及容易接受新技术，例如，人工智能和虚拟现实技术等，这与他们成长时期的互联网体验是契合的。

（二）演变与融合：作为青年亚文化主体的Z世代

亚文化，比如，网络游戏和动漫等，曾经是Z世代的专属领地，但随着时间的推移，Z世代的互联网亚文化现象在多方面已经融入了当下主流文化，成为大众文化的一部分。比如，动漫、轻小说、游戏等。随着Z世代的成长，曾经相对小众的亚文化元素逐渐被广泛传播，许多年轻人通过社交平台分享自己喜欢的二次元作品，甚至在日常生活中模仿角色的穿着和行为等。最初起源于日本动画网站的弹幕文化，也随着移动互联网普及与短视频崛起，成为青年人网络生活的有机组成部分，充分反映着Z世代的语言创新和文化表达。

与此同时，也有一些逐渐退出互联网历史舞台的亚文化元素，例如，人人网和飞信等，因未能适应移动互联网的发展和市场变化失去了竞争力。再比如，曾经流行过的亚文化"火星文"，因对语言规范化的要求、交流效率的考量、社会观念的转变等社会因素，也开始渐渐退出历史舞台。

总之，Z世代的亚文化不再局限于圈层内部，而是积极向外发声，与其他文化形态互动，主流文化符号被Z世代的亚文化群体借用并"二次创造"，形成快速扩散趋势，打破了原有文化壁垒，有力促进了文化的多样性和包容性。

（三）共生与反哺：Z世代对中国互联网的贡献

Z世代人群从小生活在数字化和信息化环境中，他们的成长与中国互联网的飞速发展紧密相连，也因此对中国互联网发展产生了深远的影响。其中最值得一谈的便是Z世代对中国互联网内容多样性的推动。一方面，由于Z世代不仅追求娱乐化的内容，还渴望获得知识和信息，这一趋势推动了互联网平台如B站等的发展，推出了大量知识类内容，满足Z世代人群及其他代际群体的知识需求；另一方面，Z世代人群不仅关注传统的文字和图片，还对短视频和直播等多媒体形式表现出极大兴趣，多样化的消费需求推动了互联网内容形式的创新和丰富。此外，Z世代人群在互联网平台上的内容创造也充分展示出了独特的风格，他们创造和分享个性化、创意性强的内容，促进互联网内容多元发展，他们在互联网上的活跃参与也为内容的传播和推广打开了更多新途径。

附 “Z世代互联网记忆”主题口述史访谈提纲

被访者基本信息：

1.请问您来自哪儿？

2.请问您的家乡属于几线城市？

3.请问在您第一次接触互联网的时候多大？

4.在初次接触互联网时，是以什么方式得知的？（家人/朋友/同学）

口述史访谈问题：

1.请问在您的记忆中，最早听说互联网是什么时候？在哪儿？

2.最早接触互联网是什么时间、地点、动机？

3.请问您最早是通过什么终端进行互联网访问的？

4.当时身边是否有其他人也在使用互联网？他们是什么人？

5.他人的媒介使用行为对您是否产生影响？有何影响？

6.当时（各个阶段）使用互联网的目的主要是什么？

7.如果需要您对自己的互联网使用进行分期，您会如何划分？依照的标准是什么？

8.对于各阶段互联网的使用技能，您是通过何种方式习得的？

9.对于早期的互联网，您能记起的比较具象的回忆是什么？能回忆一下当时的场景吗？

10.请讲述您童年时使用互联网最难忘的一件事。

媒介生产、技术怀旧与亚文化
——对Z世代与“中式梦核”视频生产的考察

高伟航 张安琪 宋谨羽*

一、研究缘起

“中式梦核”指一种新兴的视觉艺术风格，其特质常以怀旧、梦幻的手法呈现，运用图像、视频等媒介，营造出一种富有情感共鸣和超现实主义意味的审美体验。从理论溯源看，“核艺术”是对过去、现在和未来社会变革愿景杂糅体的解构，是21世纪艺术家受网络媒介文化影响并持续对其进行探索和试验，在“后网络”语境下完成的艺术形式。而网络亚文化是一种基于后网络感知所产生的文化现象，本文提及的“梦核（dream-core）艺术”正包含其中，其存在是要通过艺术表达对群体心理进行观照以及对网络文化进行回应。

“核”（core）一词来自法语单词“coeur”，意思是“心”。从20世纪30年代开始，这个词作为后缀使用以代指“顽固或不屈不挠的少数群体”。在那些以“核”为后缀的词汇中，也包括怪核（weird-core）、伤核（trauma-core）等“核艺术”，用以指代新兴的网络文艺美学风格。“核艺术”与阈限空间概念和美学的兴起有极强的关联性。网络社群对阈限空间美学最开始的讨论围绕着一张于2019年被匿名投稿在讨论室“4chan”上的“后室”（Backrooms）照片，这张模糊的照片展示了一个灯光昏暗、墙面凸起的房间，照片怪诞的观感表达了大量的不安情绪。随后大量网民模仿这种风格创作出了类似带有诡异氛围的图片或有配乐的动态图像作品，引发了互联网新美学“核艺术”风潮。

阈限空间是指一个人在过渡时期所处的位置。柯斯滕·富兰克林（Kirsten

* 高伟航、张安琪、宋谨羽，均为中央民族大学新闻与传播学院2021级本科生。

Franklin）曾将阈限空间描述为“一个事件结束而另一事件即将开始的处境”。人们通常对这个概念持有抵触情绪，因为人类不喜欢生活在不可预测的境地中。阈限空间充分调动了大众在“空无一人”过渡场所中孤独彷徨的情感状态，并且通过充分留白，激发人们对未知的无限联想，这种联想根据每个人对恐怖不同的感受阈值发展成专属的、内在的情绪体验。[①]同时，常作为过渡场所的阈限空间唤醒了记忆深处被遗忘的那一部分。已经消逝和荒废的童年场景或事物瞬间唤起人们童年相似情感体验，滋生出怀旧情绪，又因图片细节与个体记忆不同而为人们营造出陌生的感受。

“核艺术”的开创者和参与者主要是Z世代群体。Z世代被认为是第一个自小同时生活在电子虚拟与现实世界的原生世代，他们也被部分学者和媒体称为“数字原住民”或是“连结世代”。Z世代受到互联网、即时通信、简讯、MP3 播放器、智能手机、平板电脑等科技产物的影响很大，更多地从社交媒体以及娱乐视频网站上获取资讯。由科技发展形塑的社群关系与价值观深深影响了Z世代的自我认同。“核艺术”的美学基础是建立在Z世代对数字科技的感性理解之上，是部分Z世代群体对初代互联网体验下的童年记忆、心理问题等的一种回应，艺术创作也成为该群体面对压力时的一种逃避方式。[②]

可以说，“怀旧”成为青年逃避现实的一种形式。因为童年记忆中的世界作为一种稳定的存在，不会发生更多的变故，网络怀旧主义便充分体现了青年对现实社会压力的回避心理。当青年对当下处境产生厌烦之情，对未来的期望逐渐减低甚至产生孤立感，怀旧便成了一种宣泄方式。青年对网络文化的搜索加剧也成就了“核艺术”被发掘的可能。更多的线上交流、对线上美学的聚焦关注、集体意识的唤起加速了“核艺术”的发展。

2020年开始，“核”风格的作品逐渐在YouTube、TikTok、B站等社交媒体平台流行开来，并逐渐分化为怪核、梦核、伤核等多种风格。这些艺术作品

① 张菁芮.精神分析视域下梦核的艺术表现与审美心理研究［J］.大众文艺，2023（18）：223-225.

② 朱添熠.探析后网络艺术中的视觉亚文化现象：以“怪核”艺术为例［D］.上海：华东师范大学，2023.

风格之间没有清晰明确的分界点，而梦核则指的是那些更明显地表现出与人们的童年记忆或梦境紧密相连的作品。梦核通常以梦为题材，将图像置于20世纪八九十年代的场景中。加上"中式"前缀，则意味着梦核作品根植于中国本土文化。此类作品中那些来自千禧年间的旧物件、童年记忆中场景与意义不明的文字交织，连接当下与过去，让观众在旧时光里获得慰藉。在这个意义上，Z世代独特的媒介怀旧实践投入文化研究空间，其具有能动性的媒介生产和背后的情感结构值得深入考察。

传播具有中介性，既能将意义赋予源自过去的结构，也能将意义赋予形塑未来的能动性。[①]"中式梦核"艺术在Z世代群体中引发了怀旧现象，技术赋权下社交媒体平台作为转译点勾连了个体身份与群体情绪，由此，技术怀旧在社会结构中的文化潜能值得被发掘。本研究以"中式梦核"视频及其生产者为研究对象，试图描述和解释三个主要研究问题："中式梦核"视频的特征是什么？"中式梦核"视频的生产逻辑是怎样的？该类型视频怎样勾连起媒介、文化现象与Z世代群体的文化主体性？

二、文献综述

（一）媒介与怀旧研究

"怀旧"（nostalgia）一词由希腊文nostos（返回）和algos（痛苦）构成，最初用来形容医学领域中因离家产生的生理、心理上的不适焦虑症状，后来随着时间的推移逐渐衍生为对生活中任何人与事物的美好怀想，是一种对已逝时光的浪漫化想象。为什么要怀旧？学者赵静蓉将怀旧置于现代性视角下的美学领域，认为现代化的转型带来了现代人的认同危机，从根本上酝酿了怀旧情绪。借由怀旧实践中对已然逝去的文化的想象，人们平衡了紧张的现代节奏。[②]持

① 延森，曾国华，季芳芳.界定性与敏感性媒介化理论的两种概念化方式［J］.新闻与传播研究，2017，24（1）：113-125，128.

② 赵静蓉.在传统失落的世界里重返家园：论现代性视域下的怀旧情结［J］.文艺理论与批评，2004（4）：77-83.

乐观态度的学者认为，对过去的渴望是一种普遍的心理体验，能够在外部环境变幻之际唤醒人的美好情绪[①]，因此，怀旧往往揭示过去美好的一面。[②]持相对悲观态度的学者则从怀旧带来的负面影响出发，认为乐于怀旧的人将沉溺于过去，而对现状充满失落。[③]但不可否认的是，在现代社会中怀旧情绪已经成为一种集体情感表征。

随着信息技术的发展，学者们意识到媒介开始成为怀旧的投射空间，触发或操纵怀旧[④]，成为人们与旧日经验的中介物（mediator），媒介的中介化视角关注文化、记忆档案被媒介载体保存、再现与传递。例如，有学者关注音乐综艺进行怀旧叙事、整合集体记忆进而塑造身份认同的价值逻辑[⑤]，又或者是线上社区豆瓣小组成员如何通过对旧物的展示，讲述生命故事，进而展开一场群体式的怀旧活动。[⑥]近年来，对于媒介与怀旧实践的研究也存在一种研究取向上的转变，从中介化的视角转向对媒介本身物质性的关注，即探讨媒介本身作为怀旧对象的可能。观察时代洪流中逐渐淘汰的旧物品，比如，分析网民对早期网站、论坛的使用经历，发现消逝的网站在用户记忆中并不只是媒体平台，而是有生命的存在实体。[⑦]除了中介化的媒介怀旧生产和物质性的媒介怀旧物，王润归纳出另一类数字媒介怀旧类型：互动展演的数字媒介怀旧实践[⑧]，即将中介化和物质性的媒介怀旧融合、延伸至数字平台，平台的互动属

---

① SEDIKIDES C，WILDSCHUT T，ARNDT J，et al. Nostalgia：past，present，and future［J］. Current directions in psychological science，2008，17（5）：304-307.

② 赵静蓉.怀旧：永恒的文化乡愁［M］.北京：商务印书馆，2009：53-69.

③ WILDSCHUT T，SEDIKIDES C，ARNDT J，et al. Nostalgia：content，triggers，functions［J］. Journal of personality and social psychology，2006，91（5）：975-993.

④ NIEMEYER K. Media and nostalgia：yearning for the past，present and future［M］. NewYork：Palgrave Macmillan，2014.

⑤ 陈一占，李宁.音乐、记忆、共鸣：音乐综艺中的怀旧叙事与身份认同［J］.新闻世界，2024（3）：88-91.

⑥ 杨蓝.互联网中青年群体怀旧行为研究：以“假装活在1980—2000年”豆瓣小组为例［J］.传播与版权，2023（16）：82-85.

⑦ 吴世文，杨国斌.追忆消逝的网站：互联网记忆、媒介传记与网站历史［J］.国际新闻界，2018，40（4）：6-31.

⑧ 王润.媒介与怀旧：媒介记忆研究的新方向与实践进路［J］.新闻与写作，2022（2）：25-35.

性赋予用户实践的主体性。例如，通过对二手物iPod的观察，发掘出旧技术物经由二手平台的再商品化，开展“制造怀旧”的媒介实践。① 对三类媒介怀旧生产的类型梳理，拓展了媒介记忆研究的范式。

依据现有理论来考察“中式梦核”视频，其承载的记忆首先是一种媒介记忆，媒介作为一座桥梁，能够将怀旧与记忆连接起来：怀旧被媒介触发，对过去的记忆也因媒介得以再生产。“媒介记忆”是指媒介生产、保存、传递与转换的集体记忆，② 也指人们因使用媒介而生成的对媒介本身的记忆，“中式梦核”内容同时涉及这两种记忆。

“集体记忆”的概念由莫里斯·哈布瓦赫（Maurice Halbwachs）在《记忆与其社会条件》一书中提出，被定义为特定社会群体成员共享往事的过程与结果。集体记忆作为共同事件中个体的共同回忆与客观影响，包括空间环境、社会事件以及与之关联的文字与言语记录。何塞·范·迪克（José van Dijck）这样定义“媒介记忆”：是指个人记忆、集体记忆、社会记忆与文化记忆经由媒介得以再中介化。关于媒介记忆的特征，邵鹏指出，媒介记忆既具有事实性，也具备选择性：不论是回忆过去还是重现当下，媒介记忆总与特定的社会现实联系在一起，也不可避免地带有主观性和情绪性，通过强调或淡化某些事实，营造记忆的堆砌与空白。③

关于媒介与怀旧，已有研究大多将媒介中的怀旧活动归结为对过去的美化，归根到底停留在“进步—退行”的二元关系中，而忽略了记忆实践在当下对媒介生产者和社交媒体空间的关系性互构。因此，从“证伪怀旧”到“理解怀旧”可以一定程度上摆脱技术怀旧的学理困境。

（二）核艺术研究

历时性地考察核艺术的发展历史，我们可追溯至“后网络艺术”这一概

① 黄顺铭，陈彦宁.旧技术物的“重生”：一个线上平台的iPod二手实践［J］.新闻与传播研究，2021，28（10）：92-109，128.

② 邵鹏.论媒介记忆的维度、机制及其镜像［J］.新闻前哨，2012（6）：28-31.

③ 邵鹏.媒介作为人类记忆的研究：以媒介记忆理论为视角［D］.杭州：浙江大学，2014.

念，它描述了在信息内爆、媒介泛滥的时代，互联网对美学文化和社会产生影响之下创作的艺术作品，这些艺术作品的发展背景是网络社会带来世界范围内的空间性高度融合与文化性的含混多元。然而，“伟大的作品的永恒之处不是基于它创作的历史背景，而是在于它回应了它承载的历史运动的挑战”[①]。从20世纪六七十年代青年亚文化寻求反抗的激情，到如今核艺术表达的互联网另类美学，现实效应本身已发生巨大变革，自我改造的行动与对青年本真性的探求仍然活跃，核艺术开始成为青年亚文化的重要组成部分。

“核”作为一种“宣言代替斗争”的艺术形式，它的具体起源日期不详，也尚没有相对权威的官方定义，然而在这个大数据、算法、控制论盛行的时代，这一始于阈限空间理论的艺术形式无疑被寄予了希望。在梦核作品中，虚拟与现实的边界被模糊，使受众容易产生陷入梦境的感觉与状态[②]，而“中式梦核”作品则更多融合了旧核的艺术风格与主题，涉及对过去的观照、对童年的回忆。在新的传播形式、新的艺术模式加持下，“中式梦核”的媒介文本逐步发展出Z世代的“青年风格”。创作者借助网络科技，已经将感知的社会压力化解为媒介内容。[③]

现有的关于核艺术的研究，多集中于探讨其艺术表现形式与美学风格[④]，少有对其微观创作手法与生产动机的讨论，更遑论对作品生产背后的社会文化语境的探索。因此，本研究引入媒介生产、技术怀旧的视角，探讨以“中式梦核”为代表的核类视频的文本生产与动机，及其背后体现的情感结构与社会文化语境。这既为当下媒介记忆研究提供了新的案例支撑，也为理解Z世代与中国社会变迁注入了理论活力。

---

① 戴宇辰.从视角主义到视差主义：论齐泽克的文本解读原则［J］.文学评论，2020（2）：126-134.

② 许妍婷，张阳.怪核背后正在崛起的互联网美学［J］.三角洲，2024（4）：194-196.

③ 韩江枫.技术崇高：数字化生存时代的艺术斗争形式［J］.文艺争鸣，2024（4）：105-109.

④ 宗子德.“梦核”风格的游戏世界构建与情感表达研究［D］.沈阳：鲁迅美术学院，2023.

三、研究方法与设计

为探究"中式梦核"视频的文本特征，本研究选取B站平台上发布的"中式梦核"相关视频文本为样本。"中式梦核"视频虽然在知乎、豆瓣、抖音、快手等平台均有媒介文本产出，但相较于其他网络平台，B站平台上的"中式梦核"文本生产者更加集中于Z世代人群，其非精英式的文化背景更能代表并贴合当下青少年群体的情感结构，而且由于B站平台独特的弹幕文化与无时间限制的视频时长，其文本内容的丰富性、即时互动性都最适合用于分析"中式梦核"视频的媒介生产及其特征。

笔者对B站平台上发布的"中式梦核"相关视频文本进行检索，在以"中式梦核"为关键词、以播放量大于10000为条件进行初步检索后得到300份文本记录，在删去无关视频与介绍类视频后，将最终得到的246篇文本作为最终研究对象。分析"中式梦核"视频的符号元素、互动特征，有助于深入理解其象征意义、叙事结构，从而透视"中式梦核"视频的技术怀旧方式与文化表达。

为进一步探究相关视频文本的生产流程、传播机制以及其建构的技术怀旧空间，本研究根据前期文本分析，将创作者的作品数量、平均播放量纳入考虑因素，按照视频创作频次由高至低排序选取相应Up主进行半结构式访谈。在选择访谈对象的标准上，首选地区IP与笔者所在地接近的创作者，以便后期进行实地访谈；其次考虑创作者主页中"中式梦核"视频的含量，以期寻找专注于"中式梦核"视频生产者，获得更专业、更具代表性的访谈信息。在预访谈阶段，本团队邀请了一位视频创作者进行对话，以检测问题的有效性，并对提纲进行必要的调整以确保研究的深度和广度。在正式访谈阶段，笔者征得视频创作者同意后，对创作者进行实地走访与访谈，此举旨在了解创作者的真实成长环境和当前生活状况，深入探讨其创作的初衷和理念。此外，通过观察作品中呈现的建筑和实物的实际样态，可以进一步理解这些元素如何反映Up主的生命历程。在正式访谈结束后，笔者持续关注受访者最新创作动向，对于在初访中尚未完全厘清的问题或新问题，及时进行回访。这一过程不仅有助于维持与受访者的持续联系，也是确保研究发现具有时效性和动态发展性的关键步骤。

本研究对每位受访者进行访谈的时间在90分钟至120分钟，访谈整理出的研究资料共计五万余字。访谈对象信息如附表-2所示。

附表-2 访谈对象基本信息表

编号	B 站昵称	年龄（岁）	性别	从事视频创作时间
F1	正版陳川	22	女	9 个月
F2	第 103 秒	16	女	5 个月
M3	fly 氚	34	男	15 个月
M4	安沫 _Audrey	20	男	12 个月
M5	扬风哟	22	男	4 个月

四、研究发现

（一）怀旧记忆文本："中式梦核"的梦境再现

1.文本类型：碎片拼接、技术模拟与数字档案

理解"中式梦核"的文本素材类型是理解怀旧记忆文本的基础维度，通过足够系统与多样性的文本表征，本研究考察了"中式梦核"的怀旧世界。从网络素材的碎片化拼接，到实拍素材滤镜化的技术模拟，再到个人家庭记忆的数字档案，"中式梦核"的媒介文本可概括为一切现实碎片的物质性在场，这是一种无法被化约为符号的现实元素之自反性呈现，这同时也是使"中式梦核"建构的梦境得以再现的积极条件。

"中式梦核"作为一类独特的怀旧美学形式自海外互联网传入中国，其记忆文本的起始点往往来自互联网已有素材的简单拼接。通过微博、Instagram等国内外社交媒体以"老旧照片""梦核风格""超现实美学创作"为关键词就

可以获取海量文本素材。这些来自世界各地的视觉图片具有低分辨率或色彩异常的特征，它们经由非线性剪辑技术被依次排列在时间轴上并辅以背景音乐形成平均时长为一分钟的视频。它们共同指向的是视觉文本在碎片拼接后所产生的超现实主义特点，正如M4所说："中式梦核视频之所以迷人就是因为几张图片的转换就能呈现出像梦一样天马行空的感觉，或者是陌生又感觉到熟悉的梦境之感。"M5也表示："这些老旧的图片会让大家感觉到类似走马灯的回忆感。"这些被发掘的素材并不需要建立在复杂的或规整的解释范式之上，而是以原始、本真的状态呈现保持了梦境空间的虚空，激发起人们的怀旧情绪。

随着"中式梦核"媒介文本产品在网络空间内播放量与转发分享数的增多，该类视频的文本生产资源得到进一步拓展，形成了技术模拟下的"中式梦核"视频。F1回忆："这是在我家乡自己拍的，我的家乡是一个十八线的小县城，坐公交从城南到城北半个小时就逛完了，但它承载着我前半生的记忆。于是我在大三升大四的暑假里借一个朋友的DV，再次回到故乡，虽然是现在拍的，但我仍借用'中式梦核'的表现形式怀念着过去。"当代技术对过去状态的模仿被看作对某种美学风格的技术补救性措施，同时视频创作者往往通过技术性操作按照经验生产出怀旧记忆文本。为模拟梦境般的审美体验，创作者会选择具有一定模糊度的滤镜、低饱和度与灰暗的色调，有如压在玻璃下面泛黄的老照片质感，"中式梦核"因此具有了个体创造性建构的面向。

在不断增值的"中式梦核"文本中，承载个人和家庭记忆的录像带作为网络空间中的数字档案成为怀旧记忆文本的独特部分。以Up主"choya俏雅"为例，在他的视频文本中，我们可以看到拍摄于20世纪末的青岛家庭共看春晚、除夕夜家人打电话拜年、音响店体验流行音乐等生活场景。与具有生产性的梦境不同，以家庭为单位储存下来的历史记忆向我们展示的是一场具有群体性意义的、反抗现代性的梦境。它可以让我们重拾"附近"的灵感，以"附近"作为方法，帮助我们在自发性的田野里更好地去关注日常生活细节的变动，无论这些变动多么急促剧烈或者缓慢渐进。[①]从这个角度来说，"中式梦核"一定

① 严飞.以"附近"为方法：重识我们的世界［J］.探索与争鸣，2022(4)：141-149，179-181.

程度上可以减弱亚文化带来的现实抽离感，保持中华文化基因中对共同体的向往与怀念，这也体现了“中式梦核”基于本土特色的文本类型嬗变。

2. 文本主题：日常经验与早期互联网记忆

“中式梦核”视频的文本类型丰富多样，但在主题呈现上都不约而同地指向了Z世代群体童年时代的日常经验以及他们的早期互联网记忆。在碎片拼接、技术模拟与数字档案之后，几乎所有“中式梦核”的文本都会提到一些极具代表性的关键要素，比如，幼儿园、以筒子楼为代表的老式建筑、装有蓝色防晒膜的阳台玻璃窗、充满迷幻色彩的马赛克瓷砖、小时候的流行玩具、大头电视和翻盖手机等媒介物。当然不乏怀旧主题下的浪漫主义想象，例如，“带着微风和蝉鸣的下午”和“涌进房间里凉爽的穿堂风”等。创作者在制作此类视频时，无一不在寻找怀旧感。例如，有被访者称：

> 梦核要体现一种什么感觉：这里有人，这里有生活的痕迹，有烟火气息，但在梦中你看不到真切的人，就有一种其他人都去了另外一个时空，就只有你一个人留在这个时空的感觉。（M3）

“中式梦核”视频往往通过标题的巧思、背景音乐的精心选取以及加入孩童口吻的文字等方式让日常经验变得既熟悉又陌生，例如，“6月8号的下午后，还会想起这里吗”“让我回到姥姥家”“坐着叔叔的小轿车，去县城啦”等。这些表达都可以唤起Z世代群体关于自身成长和社会变迁的深刻记忆。这些日常场景不仅是物理空间的再现，也是集体记忆中的“第三空间”——既非完全公共也非完全私人的空间，它充满了情感的回声和历史的低语。虽然场景与地点之中并不拥有内在的记忆，但它们对于似梦的文化回忆空间的建构却具有重要意义。它们不仅能把记忆固定在某一地点上，使其得到证实，同时还具有一种持久的延续，比起个人的短暂回忆都更加长久。熟悉的地方空间由此变成一个中性的、去符号化的、具有可替代性和可自由支配性的符号范畴。

与带来伤感、怅惘的日常经验不同的是充满期待、向往与兴奋的早期互联网记忆，这也标志着怀旧记忆文本从“记忆的技术”转向“技术的记忆”。

于是，单纯聚焦于保存与容纳记忆内容开始转型，承载记忆的媒介本身也被纳入记忆过程中。这些“互联网原住民”见证着早期互联网的成长、热爱早期互联网的纯粹，也在追忆着早期互联网界面带来的独特使用体验。

> 我七八岁的时候就开始上网，待在4399和7k7k小游戏里，那个时候网络氛围也非常包容，我觉得当时省吃俭用，省下十块钱来充值游戏和在QQ上同其他人聊天的日子非常快乐。因此，当我再次看到天涯论坛、土豆网、QQ农场、小游戏网站那些经典的界面时，都非常感动。（F1）

Z世代群体在回忆早期互联网的同时，也是在思考过去、现在与未来的多重关系。[①]正如“中式梦核”艺术风格的主题——描述一个过去眼中的未来。或许早期互联网的媒介使用经历对于Z世代群体并不会产生堪称深刻的生命体悟，但当“中式梦核”作为怀旧记忆文本为我们提供记忆坐标，回溯性地建构起那个不相信已经经历的“黄金时代”时，主体才被建构成了欲望的客体，通过怀旧的幻象，我们才学会了如何去欲望。[②]可以说，旧式互联网界面勾连着往昔时光，记忆由此汇聚成一个与现实世界隔绝的童乐乌托邦。[③]

（二）媒介生产逻辑：块茎式书写下的文化表达

“块茎”（rhizome）是德勒兹式的哲学图式，是与等级化的树状结构相对立的一个概念。[④]它描述了植物的主根已经夭折，多元体彻底弥散在开放网络中，并在连接和扩张中改变其自身本质的状态。从数字媒介诗学的维度来看，电子传媒作为信息时代功能最强大的媒介，创造了块茎式的空间——赛博空

① 程心怡.怀旧情结下的蒸汽波艺术发展研究［D］.南京：南京艺术学院，2021.

② 齐泽克.斜目而视：透过通俗文化看拉康［M］.季广茂，译.杭州：浙江大学出版社，2011：15.

③ 刘瑀钒.记忆的双重中介化：基于CCD相机的青年怀旧文化研究［J］.新闻与写作，2024（3）：101-109.

④ 黄月琴.象征资源“褶皱”与“游牧”的新闻专业主义：一种德勒兹主义的进路［J］.国际新闻界，2015，37（7）：53-71.

间，块茎最重要的特征之一就是它总有“多元性的入口、出口和自己的逃逸线”[①]。拥有不同生命历程的个体可以在同一个社交媒体平台上分享记忆和故事，这些记忆虽然独立，但又互相补充，形成一个多元互补的记忆网络。本研究尝试借鉴“块茎”概念，来描述“中式梦核”文本的丰富多元。

当无数局部的、细碎的怀旧文本将梦境呈现在受众面前时，我们需要从媒介中抽离出来，重新聚焦Z世代群体从事这样媒介文化生产的基本逻辑。法国社会学家布鲁诺·拉图尔（Bruno Latour）曾深入阐发“脚本”的概念，即设计者在设计时，将其关于世界的愿景写进技术内容之中，借助媒介物预先设定了使用者的某些偏好和行为方式，即技术的剧本会促成用户的某些行为。[②]从个体网民的关注到平台化的记忆展演，“中式梦核”这一视觉文本的生产离不开社交媒体平台上不同个体的共同书写与其中的多样表达，更离不开Z世代群体独特的情感结构，它们共同指向了Z世代块茎式书写下的文化表达。例如，有被访者称：

> 我的想法很简单，自己很喜欢梦核里的场景，在投稿的过程中也发现有很多人支持并给了我灵感，所以我就想我一定要坚持下去，让这种温馨和怀旧的感觉引起更多人的共鸣。（F2）
>
> 我也是偶然地在B站上刷到相关视频，它能勾起我的一些情感共鸣，那我是不是也能做一些视频，把我的故事讲出来，和大家一起做一做梦？这也是件美好的事情。（M4）

块茎式书写的特征在于其不遵循传统的线性故事发展，而是以一种似乎随机但富有创意的方式展开，亦如“中式梦核”在Z世代群体中传播的特征：重要的不是可寻觅的媒介事件或细节，而是那种模糊的、不清晰的记忆感；重

① 麦永雄.光滑空间与块茎思维：德勒兹的数字媒介诗学［J］.文艺研究，2007（12）：75-84，183-184.

② 董子铭，杨凯.框架与座架：数字助推对用户行为的塑造及伦理思考［J］.当代传播，2023（2）：104-107，112.

要的是集体记忆的感性体验，而不是精确的个体历史事实。块茎是反系谱学的，是短暂的记忆或反记忆，虽然它们共同指向了怀旧情绪，但其内容本身是似梦境般的缥缈，只是提供了记忆与怀旧的感觉。从这个意义上讲，块茎式书写是媒介生产机器，它通过变异、拓展、征服、捕获、分衍而运作，无论是具有地方独特性的空间还是早期互联网的媒介使用经历，它们都在"中式梦核"的记忆之场中得到了自传式书写，形成了多元互补的集体记忆状况。

对于"中式梦核"，不仅要看到其有关物质与现象的叙事，更要回到实践再生产背后考察怀旧主题如何重新建构起社会身份与空间身份。①Z世代群体借助"中式梦核"的视觉形式进行独特的文化表达，他们将自身的记忆拼图置于这种美学形式中，将自身向社交媒体平台完全打开。例如，有被访者称：

> 这个视频的根本原因是我有一种情绪去表达，大三升大四的过渡期非常焦虑和迷茫。然后我想把它记录下来。但就像一颗石子投向平静的湖面，我确实没有想到好像大家都很不开心。（F1）
>
> 我只是感慨一种今不如昔，通过梦核视频，我找到了一种和伤痕文学类似的缅怀方式来反思我们这一代人经历的生活。（M3）

现代性给予记忆以新的时间观念、新的体验和新的迷茫，拥有了体验却丧失了意义。从大众媒介时代到如今的媒介化时代，意义的丧失成为习惯性的行为，社会制造的议程和形象使我们质疑对于现实的认识。"中式梦核"的媒介生产无疑赋予了Z世代重新争夺对过去的阐释权以及建立和保留过去、现在与未来之间精神连续的可能性。

对于创作者本身，个体记忆的社会性与历史性维度得到彰显，一种自我与他者的互动性和主体间性得到复苏。创作者经由社交媒体平台可以去结构化地、开放式地探寻各自家庭与时代的故事，向各个方向延伸可能的出口及意义，包括在符号、个人与群体、社会文化等层面上向外联结而生成的际遇，是

① 刘于思.从"记忆的技术"到"技术的记忆"：技术怀旧的文化实践、情感方式与关系进路［J］.南京社会科学，2018(5)：121-127，135.

一种带有介入性、实践性的社会文化书写。

通过媒介进入历史的目的从来不仅仅是怀旧，非个人化的记忆和情感档案经由媒介图绘出相似的代际经历。成长与创伤、期待与失望、幸福与压抑，“中式梦核”让那些非梦的、细致的情感被重新发现，由此，被打捞上来的失落声音和另类理想，便成了可以被转运和投送的能量——一个时间的南水北调，包含了年轻一代的梦想、情感和生命历程，也包含着中国社会变迁的重量。

（三）技术怀旧空间：媒介逻辑下的记忆实践

从文本类型到生产逻辑，“中式梦核”离不开媒介本身的技术体系和文化偏向。和“舞台”不适配的“脚本”无法进行表演，而“舞台”上的一切决定了“脚本”支配下的内容如何被解读。在“中式梦核”的技术怀旧空间中，媒介实则勾连着其他一切社会场域，它作为其他所有场域的基础性“技术座架”，重构社会行动空间，邀约各种社会关系加入，进而孵化出不同的关系类型和社会类型，重塑社会场域。[①]我们瞄准的是，文化现象与主体如何在媒介逻辑的引导下实现技术怀旧并将过去重新解释和融入当下的青年文化语境中。

当理解记忆实践时，它往往是对象或客体呈现在我们心灵中的一种意象。我们在心灵中观看着过去被记住并呈现出来的“中式梦核”风格图像。通过这些图像，我们能够得到本真记忆与梦境再现之间所具有的非同一性，记忆便与视觉图像行为产生了差异，主体、视觉性与记忆由此产生了裂隙。观看与回忆的区别是：观看的图像是处于心灵之外，回忆的对象却处于心灵之内；观看是观看在场之物，回忆则是回忆缺席之物。回忆与图像视觉行为是具有完全不同意向性的，图像行为关注的仅仅是所描绘出来的对象。就像我们看一幅画时，总是在看画中的事物，而非承载着画的纸，更不会看到“这个纸在承载着这幅画”的整体。回忆实践则不同，它直指回忆的对象，因而可以说，回忆是在知觉某个事物，而非把事物图像化。回忆的过程就是幻象被储存成记忆的知觉的

---

① 胡翼青，郭静.自律与他律：理解媒介化社会的第三条路径［J］.湖南师范大学社会科学报，2019，48（6）：128-135.

过程。就此，通过回忆，过去获得重生，这种重生伴随的是特殊的缺席，是我们永远无法跨越的缺席。然而直到通过技术怀旧，"中式梦核"的视觉性与主体的欲望缝合后才得到实现，怀旧对象产生了新的维度，也产生了主体自我的新维度。Z世代群体自我的构成，不是过去的我，也不是现在的我，而体现在过程不断生产的同一性。如果没有记忆实践和技术怀旧所带来的移置，我们就不会作为主体而得到充分实现。

本雅明的启示是：机械复制时代是现代界面媒介的开端，表演是通过整套技术设备传递给公众的，它要服务于一套光学测试。而公众只要与技术设施处于和谐的共振状态就能认同演员的表演。因此，媒介并不是部分的、偶然的、暂时的记忆形塑者，而是根本意义上改变了何谓记忆以及记忆如何可能。如果处于前互联网时代，我们或许无法体会视觉媒介给历时性记忆的冲击力。而如今，媒介不仅是怀旧的中介，为怀旧实践提供聚合性的数字平台，还为怀旧所依赖的物质性基础以及主体间性的装配提供一种延续的可能，其风格化视听元素与多元化意向表达在社交平台上不断获得认同。

正如德勒兹的"块茎"模式协调了批判与建构之间的关系①，Z世代群体在记忆实践中同样蕴含着"主体性"与"匮乏"的两极。在"中式梦核"视频创作者中，没有对回到似梦的过去的热切渴望，而是清醒地意识到不能沉浸其中。他们更关注过去在当下文化中的重新建构，因而这里的怀旧不是简单对过去时间的回溯，而是立足于当下的技术怀旧，体现了一种主体化模式的丰富性。很多被访者都表达了这种情感：

> 我看到视频下面的评论有些是表示怀念的，但也有些是负能量的。我觉得过去，我们可以去怀念它，但不能被困住，生活还是向前走的。（F2）
>
> 这种表现形式当然有对过去的美化、选择性的遗忘，我自己剪视频难道不知道原来素材有好有坏吗？（M3）

① 吴静.德勒兹的"块茎"与阿多诺的"星丛"概念之比较［J］.南京社会科学，2012（2）：49-56.

> 我想我的梦核视频最终也指向一个点，那就是它可以是一个避风港，但你不能永远在避风港里。（M4）
>
> 我想这些视频播放的最常见场景就是：白天特别累以后，晚上刷视频寻找治愈的感觉。但它会改变任何的现实吗？当然不会。过去的美好，不可能再体验一遍。我们也不是说一定停在过去，沉溺在过去吧。（M5）

经过后结构主义学术思潮的洗礼，我们可以理解主体的铭刻是在他者场域遭遇异化的过程中，是被视为彻底的非主体性过程导致的，其强调重点放在了每个人不同的“体验”“生存”模式上。言下之意，每个人都以不同的模式“体验”或“经历”自己作为历史过程的主体、行动者所处的位置。正如福柯所说，主体依据不同的模式采纳了自己的主体位置。因此，他着迷于建构独特主体性模式的边缘化的生活方式。[①]Z世代群体搭建的技术怀旧空间也成为一块投影屏幕，它承载着先验的文化实践陶醉以及寻求解决时代精神危机的样本。

然而，如果我们去掉不同主体化模式全部的丰富性，将Z世代群体从形式丰富的技术怀旧实践中抽离出来，那么剩下的就是要以这种丰富性填补的空位，符号结构的匮乏。因此，我们需要把Z世代主体性的获得与主体化效应严格区分开来。媒介技术一方面具有真理的面向，无须预设Z世代的抵抗性和另类立场，就可以将其置于技术怀旧当中，在中心和边缘、内部和外部探讨个人与社会的互构；另一方面，它也是“集一置”，是对危险的伪装，它意味着Z世代群体努力达到但由于社会场域的他律力量而从未降临的本体论的基础。因此，“中式梦核”呈现的始终是主体符号化的失败，铭刻、环绕主体的空位，因为主体只是符号化再现过程的障碍点。作为实在界的客体归根结底只是一种限制：可以超越它，甩开它，但无法追上它。

“中式梦核”不能也不应只是疗伤的视觉机器，它固然想要为Z世代提供

① 张一兵.不可能性：后马克思思潮的政治立场［J］.求是学刊，2004（1）：13-19.

一个走出似梦镜城的策略，但对镜城幻影的痴迷已然成为存在或生活世界的一部分，因此，只能在"已然"的宿命中一次次地逃逸。[①]"中式梦核"的形式局限性以及媒介实践的复杂性，都是值得深入探讨的维度。

五、结论与讨论

"中式梦核"视频通过碎片拼接、技术模拟与数字档案建构，展现了Z世代群体的日常经验与早期互联网记忆建构起的似梦的怀旧空间。而通过剖析其块茎式书写下的文化表达，"中式梦核"不仅承载着Z世代群体非梦的、现实的情感结构，也促成了社交媒体平台上记忆的共同书写。当我们将主体和文化现象同媒介逻辑相勾连时，我们发现媒介不仅是怀旧的中介，也为怀旧实践提供聚合性的数字平台，为怀旧所依赖的物质性基础以及主体间性的装配提供一种延续的可能，但它向个体允诺的丰富主体化模式始终掩盖着符号结构的匮乏，最终成为铭刻和环绕主体的空位。

不同于以往聚焦于青年文化现象建构群体主体性的理论进路，本研究没有因"中式梦核"富有创造性的媒介生产以及其美好意愿就将其证成，也没有因技术怀旧中体现的镜像异化而将其置否，它迫使我们在描述与阐释中不断寻找Z世代群体的状态。它以一种对富有意义的青年描绘的过去持自我消除的犬儒主义为特点，在一个似梦非梦的媒介环境中变成风靡一时的审美潮流。Z世代不再仅仅通过现实话语权的争夺来表达自身，媒介生产的局部行动在每种文化语境中被倡导，而这种或许天真或许不乏局限性的激情仍值得被尊重。

附　"Z世代与'中式梦核'视频生产"主题访谈提纲

1.请问您的年龄、职业、学历、所居住城市？

2.请简要概述您关于中国互联网的早期记忆或者是印象。

---

① 吴琼.视觉文化研究：谱系、对象与议题［J］.文艺理论研究，2015，35(4)：25-38.

3. 您是如何定义“中式梦核”视频的，它和其他核类视频有何不同？

4. 请描述您创作“中式梦核”视频的过程。

5. 请描述您创作“中式梦核”视频的心路历程。

6. 您所收集的“中式梦核”素材从哪里来？

7. 您如何分类收集到的视频文本素材？

8. 您是否认为创作“中式梦核”视频是一个“套路化”的过程？

9. 创作“中式梦核”视频的标题命名有什么含义？灵感来自哪里？

10. 您为什么要创作“中式梦核”视频？

11. 您创作“中式梦核”视频是因为受到身边人的影响吗？

12. 您了解关于“梦”的理论吗？

13. 请您描述一个让您印象深刻的梦境。

14. 请您描述家中早期座机、录音机、大头电视等旧电子产品。这些旧物件给您留下什么印象？

15. 您小时候使用的电脑是什么样子的？

16. 您是否认为过去和现在存在着落差？

17. 请结合自己和同龄人的经验，谈谈应该如何对待怀旧这种情感？

18. 您童年时期印象深刻的场景有哪些？这些场景出现在您的视频中了吗？

19. 视频中所出现的幼儿园、小区等场景给您什么样的情感体验？

20. 您认为“中式梦核”这种视频呈现方式与当下比较流行的猫meme视频是否存在关联？

图书在版编目（CIP）数据

媒介文化研究 / 方晓恬编著. --北京：中国国际广播出版社，2024.12. -- ISBN 978-7-5078-5666-8

Ⅰ. G206.2

中国国家版本馆CIP数据核字第20244AW357号

媒介文化研究

编　　著	方晓恬
责任编辑	筴学婧
校　　对	张　娜
版式设计	邢秀娟
封面设计	王广福
出版发行	中国国际广播出版社有限公司［010-89508207（传真）］
社　　址	北京市丰台区榴乡路88号石榴中心2号楼1701 邮编：100079
印　　刷	环球东方（北京）印务有限公司
开　　本	710×1000　1/16
字　　数	380千字
印　　张	20
版　　次	2024 年 12 月 北京第一版
印　　次	2024 年 12 月 第一次印刷
定　　价	58.00 元